博士文库

—法理学—

社区矫正制度系统功能论
以我国社会治理为视角

李纪亮 著

知识产权出版社
全国百佳图书出版单位
—北京—

图书在版编目（CIP）数据

社区矫正制度系统功能论：以我国社会治理为视角／李纪亮著．—北京：知识产权出版社，2023.9
ISBN 978－7－5130－8572－4

Ⅰ.①社… Ⅱ.①李… Ⅲ.①社区—监督改造—研究—中国 Ⅳ.①D926.74

中国国家版本馆 CIP 数据核字（2023）第 002010 号

责任编辑：张　荣　　　　　　　　　　责任校对：谷　洋
封面设计：智兴设计室　　　　　　　　责任印制：孙婷婷

社区矫正制度系统功能论：以我国社会治理为视角
李纪亮　著

出版发行：	知识产权出版社有限责任公司	网　　址：	http：//www.ipph.cn
社　　址：	北京市海淀区气象路 50 号院	邮　　编：	100081
责编电话：	010－82000860 转 8109	责编邮箱：	107392336@qq.com
发行电话：	010－82000860 转 8101/8102	发行传真：	010－82000893/82005070/82000270
印　　刷：	北京九州迅驰传媒文化有限公司	经　　销：	新华书店、各大网上书店及相关专业书店
开　　本：	880mm×1230mm　1/32	印　　张：	10.25
版　　次：	2023 年 9 月第 1 版	印　　次：	2023 年 9 月第 1 次印刷
字　　数：	246 千字	定　　价：	68.00 元
ISBN 978－7－5130－8572－4			

出版权专有　侵权必究
如有印装质量问题，本社负责调换。

目录

导论 …………………………………………… 1
 一、研究缘起 …………………………………… 1
 二、研究现状 …………………………………… 6
 三、社会学中的系统功能理论 ………………… 11

第一章 社区矫正制度概述 ……………………… 17
第一节 社区矫正制度的基本范畴 …………… 17
 一、社区矫正制度的缘起与发展 ……………… 18
 二、社区矫正制度的内涵与外延 ……………… 23
 三、社区矫正制度的特点 ……………………… 28
 四、社区矫正制度性质再认识 ………………… 31

第二节 社区矫正制度的理论基础 …………… 37
 一、刑事法治人道主义 ………………………… 37
 二、目的刑、教育刑论 ………………………… 40
 三、再社会化理论 ……………………………… 42
 四、恢复性司法理论 …………………………… 45

第三节 我国社区矫正制度的历史沿革 ……… 49
 一、我国古代社区矫正的萌芽 ………………… 49
 二、我国近现代社区矫正制度的发展 ………… 52

1

三、我国社区矫正试点工作期间的实践探索 ………… 55
四、关于我国社区矫正制度历史沿革的思考 ………… 59

第二章 我国社区矫正制度的系统功能分析 ………… 63
第一节 社区矫正制度的功能界定 ………… 64
一、功能与目的、价值的界分 ………… 66
二、社区矫正制度的系统功能分化 ………… 69
三、社区矫正制度的系统耦合机理 ………… 80
第二节 我国社区矫正制度的系统功能缺陷 ………… 85
一、法律系统功能：以惩罚犯罪为主，定位单一 ………… 85
二、个体系统功能：以监督管控为主，流于形式 ………… 90
三、社会系统功能：以风险防范为主，增加隔阂 ………… 95
第三节 我国社区矫正制度功能缺陷引发的现实困境 ……… 101
一、法律系统制度缺失：程序机制缺乏整合衔接 ………… 101
二、个体系统孤岛困局：标签效应引发弱势叠加 ………… 107
三、社会系统误解质疑：社会公众存在认识偏差 ………… 110

第三章 我国社区矫正制度功能的结构化形塑 ………… 114
第一节 理念革新：基于治理体系现代化的模式演进 ……… 114
一、单极化治理模式演进 ………… 115
二、单极化治理模式面临严峻挑战 ………… 124
三、建立合作治理模式寻求规制创新 ………… 128
第二节 重心转移：我国社区矫正制度的功能选择 ……… 132
一、法律系统功能：从惩罚制裁到加强人权保障 ………… 132
二、个体系统功能：从监督管控走向教育帮扶 ………… 135
三、社会系统功能：从隔离防范走向合作治理 ………… 140

目 录

第三节 多元统合：我国社区矫正制度功能的实现进路 …… 143
一、基于刑事一体化的理论与实践统合 …… 143
二、基于社会治理共同体的治理模式多元化 …… 145
三、社区矫正制度功能体系的结构调整 …… 147
四、系统的功能互惠与分层实现 …… 151

第四章 人权保障功能视角下我国社区矫正程序机制构建 …… 154

第一节 健全调查评估机制 …… 155
一、风险评估和需求评估相结合 …… 155
二、定性分析与定量分析相结合 …… 157
三、调查评估与诉讼程序合理对接 …… 162

第二节 扩大社区矫正适用范围 …… 166
一、调整管制刑的适用范围及内容 …… 167
二、将资格刑纳入适用范围 …… 169
三、对劳动教养制度的承接适用 …… 174

第三节 完善决定适用程序 …… 179
一、社区矫正的决定模式 …… 179
二、审前程序转处适用社区矫正 …… 184
三、法律责任转化与标签效应阻隔 …… 191

第四节 强化人权保障和救济 …… 194
一、完善接受社区矫正者的法定称谓 …… 195
二、尊重社区矫正人员作为人民的主体地位 …… 198
三、加强程序性权利保障和救济 …… 201
四、保障社区矫正人员在社会中的其他合法权利 …… 204

第五章 教育帮扶功能视角下我国社区矫正实体措施改良 ················· 207

第一节 优化监督管理措施 ························· 209
一、分类管理科学化 ····························· 209
二、分级管理精细化 ····························· 212
三、无感监管信息化 ····························· 214

第二节 改进矫正教育措施 ························· 217
一、从"改造"到"教育"的理念转变 ··············· 217
二、社区矫正教育内容的更新 ····················· 220
三、社区矫正教育形式的创新 ····················· 223

第三节 丰富帮扶支持措施 ························· 226
一、咨询支持全覆盖 ····························· 226
二、转变生活帮扶理念 ··························· 228
三、强化社会融入支持 ··························· 231

第四节 建立特殊矫正措施 ························· 234
一、青少年专项矫正计划：学习教育为主线 ········· 235
二、瘾癖矫正专项计划：戒除治疗为主线 ··········· 241
三、精神卫生专项计划：康复回归为主线 ··········· 244

第六章 合作治理功能视角下我国社区矫正治理场域完善 ················· 250

第一节 明确职能分工：组织机构体系建设 ··········· 251
一、完善社区矫正组织领导体系 ··················· 251
二、加强社区矫正部门协同体系建设 ··············· 253
三、社区矫正机构的角色再造 ····················· 256

第二节　加强权力制衡：监督体系健全完善 259
一、人大监督 259
二、检察监督 262
三、公共监督 266

第三节　共建和谐社区：协同治理体系整合 268
一、社区矫正与社区网格化治理 270
二、社区矫正与基层党团组织 274
三、社区矫正的社会资源整合利用 275

结　语 279
一、我国社区矫正制度的性质界定 280
二、我国社区矫正制度的系统功能分析 280
三、我国社区矫正制度的结构化形塑 281
四、我国社区矫正制度的功能实现路径 283

参考文献 287

导 论

一、研究缘起

纵观人类社会发展，自犯罪有法律规制以来，大体经历了从肉刑到监禁刑再到缓刑等非监禁刑治理阶段。社区矫正制度创设始于近代人类社会对刑罚制度的反思和对犯罪治理手段的改进，制度内涵也随社会发展进步得到了极大的丰富和完善。

我国对社区矫正的系统性研究起步较晚，中共十六届六中全会明确提出了宽严相济刑事政策，同时要求推行社区矫正。由"从重从快"到"宽严相济"，这种刑事政策的改革调整是适应国家构建社会主义和谐社会的必然结果，也促进了对社区矫正制度的研究和发展的完善。作为"轻缓""宽容"的体现，社区矫正制度是国家加强人权保障和推动司法改革的重要抓手，也是推进国家治理现代化的一项重要举措。自 2003 年起，最高法、最高检、公安部、司法部多次联合发布社区矫正制度试点的相关规范性文件，由地区试点逐步走向全国试行，经过深入实践和摸索总结，社区矫正制度进一步被立法所确认。①

受西方各国对社区矫正概念分歧的影响，我国学界在早期对社区矫正的概念界定比较混乱，对这一制度的性质认识和顶层设计局限于刑罚执行论，存在诸多不合理之处，以致该制度并未达到预期的治理效果。社区矫正制度的功能应当与监禁刑的功能形成互补而不是重复建设。以改革的目的和发展的眼光对社区矫正制度展开功能研究，首先必须厘清作为研究对象的社区矫正制度的基本范畴。对社区矫正制度的内涵、特点、性质等问题研究都属于整体性把握和描绘，而从不同的视角对这些内容进行观察会有不同的结论。

"法律是功能性的。"② 对一项法律制度而言，功能与目的当有所区别。后者属于应然性范畴，为立法者创制法律期望达到的社会理想；而前者则属于实然性范畴，为法律对人的行为和社会生活发展的实际影响作用。③ 因此，功能的本质是对象能够满足某种需求的一种客观属性。社区矫正制度作为我国一项新近立法的制度，其生命力取决于最终执行的客观效果（主体需求满足），也就是功能的实现。现实情况是我国社区矫正制度的功能发展仅靠法教义学已经很难寻找到更多增长点，法之理既在法内又在法外，必须兼容并蓄其他相关学科的研究成果，做到内外结合。除了着眼于既有的法律条文之外，更需从"法外"探究法理。西方社会学界百年来对功能理论进行了深入研究，斯宾塞、涂尔干、帕森斯、卢曼等学者有着丰硕理论成果。而通过文献收集发现，我国

---

① 2011年《刑法修正案（八）》中，明确规定了对判处管制、缓刑以及假释的罪犯依法实行社区矫正；2012年修改后的《刑事诉讼法》也就社区矫正事项做出专门规定，增加了"暂予监外执行"这一矫正适用情形。
② 波斯纳：《法理学问题》，苏力译，中国政法大学出版社，1994年，第578页。
③ 詹建红：《论刑事诉讼功能的契约化嬗变》，《中国刑事法杂志》2011年第5期。

学界对法律制度功能关注明显不足，且倾向于从法理学角度开展整体研究，将功能理论等社会学理论应用于社区矫正这种具体法律制度的研究较少。可查阅到的著作文献中即便有提及社区矫正制度功能也多直接罗列西方国家常见的社区矫正制度功能定位，而并未考虑不同国家、不同时期的社区矫正制度具有目的波动性，以及制度功能实现时也绝非一成不变的。正是因为对社区矫正制度功能理论研究的匮乏，导致立法和司法实践缺乏系统的、科学的指导。

现代社会对社区矫正制度不再是简单的"管得住""不脱管"，而是如何真正帮助接受矫正者改变社会认知和行为模式，达到矫正行为偏差个体、恢复社会关系、建立法治秩序的效果。面对这一新生而又困难的社会治理需求，需要重新审视社区矫正制度的概念和性质，深入研究社区矫正制度的功能界定，为实现制度功能多元化发展提供理论支撑。通过严谨、扎实的研究推进社区矫正制度能够切实地发挥效用，并确保其中制度创新内容能够符合功能目标需求。

功能分化的现代社会标志之一就在于多元理性的社会弥散与"去中心化"的相互共生。我国社区矫正制度实现现代化过程中需要认真检视问题，从法律、社会和个体三个层面进行功能的结构化形塑，以探明未来的发展方向。法律制度扎根于一国的文化传统和实践活动之中，以政治、经济、文化和社会环境为土壤，不存在"放之四海而皆准"的模板。社区矫正制度更是大幅跨越法律和社会之间、抽象与具体之间，最终直接聚焦于每一个受矫正的个体，面对的问题更显出复杂和吊诡。国内学界在对"社区矫正"概念的舶来引入过程中，借鉴移植多于内涵发展，在试点和立法过程中，借鉴移植呈现分割破碎状，包括审前转处在内的许多程序机制并未出现在当前国内的法律体系中。这些问题的解决牵涉甚广，不仅需要转变治理理念、方法，还需要在相应的程序机制建设和配套保障方面久久为功。

徒法不足以自行。目前，在我国推进国家治理体系和治理能力现代化的重要历史时期，改革和完善社区矫正制度能够有效补齐犯罪控制和社会治理的短板，促进政府、社会、公民协调配合，形成多领域协同合作的良法善治格局。近年来，随着我国全面深化改革进程的推进，社会发展日新月异，司法改革进入深水区，社区矫正制度的功能必须与时俱进，顺应当前时代多元主体的内生需求。同时，对这一制度的改革完善也是一项牵涉甚广的系统工程。基于此，本书旨在以系统功能理论为视角，从复杂系统结构切入，深入地研究我国当前究竟需要何种社区矫正制度，需要着重发挥哪些功能效用，并围绕这一命题探索在我国社会治理背景下社区矫正制度功能实现的相关问题。本研究的理论意义主要体现在以下三个方面。

一是有助于促进刑事一体化研究。目前，对社区矫正制度的理论研究多为刑事实体法角度，从程序机制角度开展的研究相对欠缺。社区矫正制度功能及其实现的研究也是刑事一体化的一个很好的支点，通过制度内部的诸系统融合促进学科交叉和融合，贯通立法、司法、执行等各环节，其中不仅包含刑事政策的宏观把握，还有实体法的理论基础问题，又涉及程序法的现实运行问题，能够加强刑事法学间的整合完善。

二是有助于理性认识刑罚执行的目的及其局限性，从而超越刑罚执行视角去理解违法犯罪控制和社会治理。[①] 监禁刑不论是在教育改造还是犯罪预防方面的局限性早已被普遍证实，社区矫正

[①] 从社会治理层面来说，不论是犯罪行为或是其他不法行为都属于对社会规制秩序的破坏，需要予以治理，而刑罚只是法律责任的承担形式，属于社会治理的路径之一，并不一定就是最优解。

制度的功能定位应当与监禁刑的功能形成互补而不是重复建设。社区矫正制度目前在我国《中华人民共和国社区矫正法》（以下简称《社区矫正法》）中界定为非监禁刑罚执行制度，基于这一性质定位，制度功能设计侧重于惩罚制裁和监督管控。矫正效果优劣并不易观测，但是出现监管问题则必然会追责，地方社区矫正机构因现实考虑多以防止社区矫正人员脱管为首要目标，以便利刑罚执行的思维来解读政策并制定实施细则。而这种以监管为重点开展的社区矫正工作一定程度上忽略了社区矫正人员接受教育帮扶和融入社会的内在需求。

三是有助于从程序法角度进一步审视社区矫正制度。有学者倡导司法机关应将刑事诉讼和社会管理创新相结合，在坚持法治原则的基础上面对社会转型中出现的复杂问题积极回应，能动地拓展或延伸各自职能，找到切实可行的司法方式和实践路径。① 目前，我国社区矫正制度只是沿着传统的定罪——量刑——行刑程序进程推进，经审前阶段转处后适用社区矫正在我国还不完善，与认罪认罚从宽制度、未成年人附条件不起诉制度、监察调查制度有效衔接不畅，没有充分发挥程序分流的作用。② 社区矫正制度功能进一步丰富完善，能够在犯罪治理领域进行渠道拓展，构建形成一种理念引导—法治规制—个体自治—社会共治的多元社会治理体系，进而提高社会控制效能，有效预防犯罪，为维护社会和谐稳定做出积极贡献。

---

① 詹建红：《社会管理创新中的刑事诉讼理念展开》，《社会治理法治前沿年刊》2012年第1期。
② 刑事实体法在对犯罪圈进行界定是采取静态理性扩张和刑罚强度的结构性减弱的同时，必须在刑事程序法层面进行动态适度限缩。

二、研究现状

截至目前，社区矫正制度在英美等西方国家已有百余年发展历史，很多社区矫正制度的理论基础都诞生于西方国家，同时对西方各国的刑事司法产生了较为广泛的影响。相对国内的研究，国外对社区矫正的研究更持久深入和专业化，成果积淀也更丰富。

自近代思想启蒙运动起，为防止罪刑擅断从而保障公民的自由与权利，西方萌发出刑法谦抑理念，逐步从肉刑向自由刑和非监禁化发展演变。1870年全美监狱大会通过的《原则宣言》（Declaration of Principles Adopted and Promulgated by the Congress），将刑罚的目的界定为改造罪犯，改造的方式分为狱内改造和社会改造两种形式，总结认为宗教是最重要的改造手段，教育是罪犯改造的首要手段；随后1872年伦敦第一届国际监狱会议，全面继承了《原则宣言》精神，促进了刑罚目的的根本转变，由"惩罚"向"改造（矫正）"转变。[①]

社区矫正理论的萌芽时期是作为非监禁刑理论视野下的一种刑罚替代理论，呈分散式发展并不成体系。在这一时期，刑事法学研究受科技飞速进步和社会迅猛发展所促进，在理论基础和研究方法上产生了重大变革，在社会学、医学等其他领域也对犯罪与刑罚进行了探究，提出了很多沿用至今的理念与制度。[②] 人们认

---

① 高德胜、贾晓旭：《从报复到矫正的历史经典——1870年美国监狱大会〈原则宣言〉的考据》，《社会科学战线》2016年第5期。
② 例如，贝卡利亚等古典刑法学家认为，只有当避免的伤害大于强加给罪犯的伤害时才是公正的，惩罚难免增加人类的痛苦，但只有这种惩罚能够威慑犯罪才是合理的。惩罚只有在能够服务于更大的社会利益，特别是在预防的前提下才是公正的。参见刘强：《美国社区矫正演变史研究——以犯罪刑罚控制为视角》，法律出版社，2009年，第24-25页。

识到对不法行为仅有惩罚是不够的,还应当预防此时的预防就包括特殊预防和一般预防。刑法近代学派率先将视角转向具体的犯罪人,主张首先应当预防犯罪人的产生,而不是惩罚犯罪人,这种治理理念与古典学派大相径庭,也引发了新的理论反思。社会防卫学派对现代社区矫正制度的思想也有巨大的影响。社会防卫的理论出发点在于改善复归,意大利刑法学家格·拉马蒂卡的理论学说与近代其他学派有共同的目标,都希望对社会进行防卫和保护,但是区别在于前者将目的设定在人(罪错者),所采取的措施都是致力于帮助犯罪人改邪归正重回社会;而后者多将目的聚焦在社会本身,让犯罪人不再损害社会。[1]

20世纪初,生物科学对犯罪成因的新认识促使惩罚和矫正理念也随之转变,实证犯罪学派将犯罪认识为疾病驱使,即犯罪是由于某些个体有特定的、先天的、不受自我控制的生理特征,非其自主理性选择所引发。[2] 此时,康复性矫正(Rehabilitation)理论就是从罪犯的生理或病理因素着手,针对性地开展个体治疗,个体康复成为当时社区矫正的重要目的。虽然犯罪原因仅归结于个体原因(生物学、心理学)失之偏颇,但必须承认,酗酒、吸毒等瘾癖和严重心理问题确实会导致个体更容易产生过激行为卷入犯罪,时至今日涉及治疗康复的相关矫正措施在各国社区矫正制度中始终占有一席之地。

期间累犯率被各项研究作为检验社区矫正效果的一项重要观

---

[1] 格·拉马蒂卡认为社会防卫更本质的目的在于改善反社会的人,使之复归于社会。做一简单的对比,大致可以认为,格·拉马蒂卡在这一问题上所秉持的是彻彻底底的康德式的"人不是手段而是目的"的理念,而典型的近代学派学者们在这一问题上更倾向于功利主义的态度。参见马克昌:《近代西方刑法学说史略》,中国检察出版社,2004年,第344-354页。

[2] 江山河:《犯罪学理论》,上海人民出版社,2008年,第20页。

测点，从20世纪50年代到20世纪90年代初，仅美国就对缓刑犯的累犯率进行了30项左右的研究。尽管对个体而言，引发累犯的原因多种多样，有可能包括社会和个人、生理和心理等多方面原因交织，但是从受矫正的群体着眼，累犯率的统计数据最终还是能够反映特定群体在接受某种社区矫正后重新回归社会的效果。

随着市场经济以及经济学的发展，法经济学提供了研究法律问题的崭新视角，成本评估分析蔚然兴起，大量的实证研究数据为社区矫正增加了推广实施动力，尤其是对监狱人满为患、财政不堪重负的国家而言，更是不容回避的现实困境。正如美国犯罪学家克利尔指出的，社区矫正较监禁刑能够显著节约行刑成本：一个人监禁一年的花费，要比把一个人安置在社区监督下一年的花费，多20~25倍以上。① 不论从主观还是客观上，国家都更有持续的动力去研究核算社区矫正相对于监禁所节约的经济成本。

社会环境、犯罪率等因素同样会影响国家对犯罪的认知和应对处遇态度，决定了社区矫正的研究走向。20世纪70年代前后，美国反种族歧视、反越战等各种民权运动此起彼伏，康复模式也受到各种质疑或批评。美国社会学家马丁森等人在1976年就社区矫正发表的《有什么效果？关于监狱改革的问题与答案》报告产生了极大影响，其中提出康复模式无用论（也称马丁森炸弹）："除少数例外，康复模式对降低再犯率无效"。② 这一论断受到社会广泛支持传播，公众不满越战、高通胀、高失业率、高犯罪率，要求平等公正的呼声越来越高，政治家们因上述原因只能趋向保守

---

① 吴宗宪：《社区矫正导论》，中国人民大学出版社，2011年，第43-44页。
② 该报告对1945—1967年发表的231份关于各类矫正项目的研究报告进行了系统梳理和反思，认为除了极少数和个别的例外，所报告的所有关于改造的努力在控制罪犯的重犯方面没有什么可以评估的效果。参见连春亮：《行刑公正模式的向度分析》，《中国监狱学刊》2013年第3期。

主义。反映在社区矫正方面,则体现为治理犯罪采取更为严厉的公正模式,重惩罚、重控制、重威慑的制裁措施逐渐占据社区矫正措施的主流。

马丁森等人的康复无用论也受到不少学者质疑。美国犯罪学家威尔逊就社区矫正的实际效用进行了较为客观的分析,证明矫正效果并非取决于制裁严厉程度,而是对不同犯罪者采取与之相适应的社区矫正措施有可能取得积极效果;当采取不匹配的社区矫正措施时,就很可能无法奏效。① 20世纪90年代,美国马里兰大学研究团队提出确保社区矫正措施有效性的要点,包括目标明确、针对性强、结构化、多措施并举、注重培养各种学业、职业、社交技能,采取"认知—行为"的矫正方法,在矫正效果方面最多可减少20%的再犯率。② 而那些目标模糊、缺乏针对性、执行水平低的矫正项目,则体现不出在减少重新犯罪方面的功效。一些国家也曾就各种矫正措施开展矫正效果的横向比较,不断优化调整矫正措施的有效性。

与社区矫正相类似的萌芽措施在我国古代就已经长期分散存在,早在秦汉时期就有非监禁性的劳动刑罚"城旦舂""鬼薪白粲"。尽管中华人民共和国成立后对管制、缓刑等制度进行了相关立法和实践,但是并未在"社区矫正"的概念范畴内进行系统性设计和研究。通过对知网数据库检索可以发现,随着我国社区矫正试点和立法工作不断推进,学界研究成果日渐丰富,但存在以下局限性:

---

① 吴宗宪:《国外罪犯心理矫治》,中国轻工业出版社,2004年,第386-388页。
② Sherman L. W., Gottfredson M. K. D., Mackenzie D. L., et al., Preventing crime: what works, what doesn't, what's promising? Bureau of justice statistics. 1997.

一是学科覆盖广而不专。社区矫正制度研究涉及刑法学、诉讼法学等法学专业和社会学、管理学等社科专业，同时还涉及计算机科学、生物学、医学等方面，总体来看研究较为分散。从根本上讲，社区矫正制度研究首先是一个刑事司法领域命题。目前，从刑事司法领域开展的研究相对不足，而系统考察社区矫正制度功能并研究其实现路径的几乎未见。

二是研究视域较局限。当前的诸多研究成果中，细枝末节研究居多，对复杂问题进行宏观整体把握较少。在单一学科背景下的研究较多，交叉学科研究较少，目前更多是将社区矫正的研究视作单纯法律问题，很少将其纳入当前国家治理体系与治理能力现代化的大背景下去考察，缺乏与其他法律制度和社会治理机制间的联动，研究多处于割裂状态，缺乏系统整体性和结构性，单独着眼于法律制度或社会工作都无法充分发挥社区矫正制度在法律、个体和社会三个系统之间的桥梁连接作用。实际上基于刑事一体化研究，已有学者新近提出"立体刑法学"等刑事法律综合型研究理论，主张打破学科藩篱。[①] 包括刑事诉讼法学在内的其他研究同样需要有这种跨学科视野，社区矫正制度不宜继续作为归属于刑法学或行刑学的专属概念，而是要置于整个刑事法体系中作为一种刑事一体概念进行系统性研究。

三是指导实践效果有局限。缺乏以系统理论为基础、以实践应用为导向的功能研究，关于司法制度的研究不应只是取悦自身的理论思辨，而是需要不断发展，丰富完善其功能，以应对日趋

[①] 该理论认为刑法学研究要前瞻后望（前瞻犯罪学，后望行刑学），左看右盼（左看刑事诉讼法，右盼民法、行政法等部门法）、上下兼顾（上对宪法和国际公约，下对治安处罚和劳动教养）、内外结合（对内加强对刑法的解释，对外要重视刑法的运作环境）。参见刘仁文：《立体刑法学》，中国社会科学出版社，2018年，前言。

复杂的社会治理形势。在《社区矫正法》颁布后并非一劳永逸，仍然面临许多理论困惑和实践困境，非常有必要继续修正与完善这一制度，使其更具有指导性及现实意义，以解决现实的社会问题。当务之急是在认清目前社区矫正工作实际困难和现实社会需求的前提下，建构形成能够切实发挥功能作用的社区矫正制度。

目前，国内社区矫正制度的相关研究主要集中于社区矫正制度本身来探讨，没有将其纳入社会治理的宏观背景中考察。问题之所以成为问题，就在于它的复杂性，而靠单一的学科知识已经不可能解决现代社会的各种复杂问题。国内对社区矫正制度功能的研究多采取简单罗列的方式，缺乏内在的系统逻辑，还有不少研究将目的或价值当作功能来进行分析。

尽管《社区矫正法》已颁布实施三年有余，但是学界在社区矫正制度的基本范畴和性质归属等理论问题上都还存在较大争议，目前尚无系统性对我国社区矫正制度（尤其是《社区矫正法》立法之后）功能及其实现问题进行考察研究的论著。在功能实现的意义上由于缺乏足够的理论支撑，社区矫正制度只能徘徊于低质量的发展阶段。目前，从当代社会学研究成果来看，功能与系统和结构这两个概念高度绑定，我国社区矫正制度的系统功能结构问题始终没有厘清明确界限，其复杂性自然无从化约，难以实现内部均衡和抗衡外部压力。我们需要引入系统思维，以系统功能理论为切入点，以一种法律关系论的崭新视角去分析社区矫正制度，以整体、联系、动态的观点借助社区矫正这一平台进行跨学科多元化研究，合理地组织对违法犯罪的反应。

三、社会学中的系统功能理论

社会学中的系统功能理论研究涉及方方面面，国内外不少学者就此进行了多年专门研究,因为法律对社会的影响实际上取决于法律功能的状态和实现结果,只要把法律和社会相联系,法律的功能问题就必须正面研究解答,从某种意义上来讲没有功能理论就没有法社会学。

19世纪70年代,英国社会学家斯宾塞在《社会学原理》一书中,将社会学与生物学类比,最早提出了"社会有机体"概念,由此之后社会学研究开始把事物引起的社会后果称为功能。随后,社会学重要奠基者涂尔干在此基础上强调结构的分化伴随着功能分化,而社会是超于个体的客观实体,并将功能概括为某些运动与有机体的某种需要之间的相应关系,这一观点提出后启动了当代功能研究的系统发展。[1] 英国社会学家马林诺斯基作为功能学派创始人之一,认为功能的概念是描述性的,经由社会制度的功能分类可以分析社会制度结构,每一种概念、思想、信仰、物质都是社会整体不可或缺的部分,具有重要功能,这种观点也被称为功能主义。[2]

20世纪30年代,功能理论的代表人物——美国社会学家塔尔科特·帕森斯对传统功能论进行了批判和发展,并建立了一套完整的系统功能理论。他认为,如果要了解任何一定的结构,就必须揭示这个结构在社会中发挥的功能,人类社会有很多结构联合在一起发生功能,以维持整个社会均衡和整合。[3] 他将社会生活在

---

[1] 埃米尔·涂尔干:《社会分工论》,渠敬东译,生活·读书·新知三联书店,2020年,第13-32页。
[2] B. Malinowski:《文化论》,费孝通等译,商务印书馆,1946年,第8-10页。
[3] 帕森斯认为,均衡和整合是现代社会的中心问题,均衡是社会系统运行的最终方向和目标,而整合是系统内各部分关系和谐,能够维持稳定避免变迁,同时对抗外来的压力。参见宋林飞:《西方社会学理论》,南京大学出版社,1997年,第97页。

分析意义上划分为人格系统、社会系统和文化系统,在其社会学体系中也对法律功能做了探讨,认为法律不是对真实具体行为的描述,而是适用于行为、个人角色及集体的模式及规则,要在社会体系各功能要素的关系网中明确法律的位置。同时包括法律系统在内的任何行动体系都可以通过四功能分析和多维交换模型进行研究,包括维模功能、整合功能、求达目的功能、适应调节功能,功能层序也依次递减。①

美国社会学家罗伯特·金·默顿作为帕森斯的学生,学术观点与其一脉相承,他把"功能"一词界定为研究者所观察到的一个行动模式或社会结构对其所属之较大社会或文化体系的客观后果。他对功能分析的突出贡献主要有三点:一是在功能概念上进一步区分正功能和负功能、显性功能和隐性功能、非功能等概念;二是提出了一整套共11个方面的功能分析范式,对行为模式的主观动机和客观后果进行了区分;三是对传统功能论中的功能统一性、普遍性和不可替代性这三个错误假定进行了反思,提出功能需要实际上是多样性的,它存在着"功能选择""功能替代"等情况。②

德国社会学家尼克拉斯·卢曼是当代西方功能理论的集大成者,其思想也同样传承于帕森斯,著有《社会分化》《法律社会学理论》等经典著作,他超出社会学的传统范围,从信息系统论、控制论、生命系统理论等跨学科领域汲取"养分",在帕森斯的"结构功能论"基础上提出了"功能结构论",主张"功能"应置

---

① 杰弗里·C. 亚历山大:《社会学的理论逻辑(第四卷)·古典思想的现代重构:塔尔科特·帕森斯》,赵立玮译,商务印书馆,2016年,第90-144页。
② 罗伯特·金·默顿:《论理论社会学》,何凡兴、李卫红、王丽娟译,华夏出版社,1990年,第137-144页。

于"结构"之前,将结构本身作为问题去探究其形成的意义和功能,建立起系统与环境之间的界限,化简系统复杂性。在卢曼看来,系统无处不在,自然是系统、社会是系统,我们生命体也是一个个独立的系统,各有其复杂性、独特性和自律运作功能,同时又广泛联系和沟通,成为其他系统的"环境"。① 卢曼认为从此种意义上,心理系统(个体系统)和社会系统、法律系统同为意义系统,都是通过外部和自我指涉的耦合来工作。卢曼的社会系统理论进一步解释了法律制度内部的系统功能分化现象。

英国社会学家吉登斯试图克服功能主义/结构主义与解释学(即客体主义与主体主义)之间的二元对立,提出的"结构化理论",以"实践意识"作为关键概念,理解个人——社会——结构之间的关系。他认为,个人与社会(或行动与结构)不过是人们社会实践的"一体两面",但它们之间的关系仍然可以从两个方面来加以认识。一方面,社会及结构是通过个人行动而不断得以构成或再生产出来的;另一方面,社会及结构又不仅是使个人行动得以实施的中介,而且还以不同的方式对个人行动具有一定的制约作用。这两个层次在许多社会学家那里常常被称为社会生活的"微观"和"宏观"层次。②

法社会学家也依据功能理论对法律的功能更深入地开展分类研究,如英国法哲学家约瑟夫·拉兹从法律实证主义角度对法律功能进行了全面分类,将其分为法律的规范功能和社会功能,社会功能又可以进一步分为间接功能和直接功能,直接功能又可以

---

① 高宣扬:《鲁曼社会系统理论与现代性》,中国人民大学出版社,2016年,第5-20页。
② 谢立中:《主体性、实践意识、结构化:吉登斯"结构化"理论再审视》,《学海》2019年第4期。

再分为首位功能和次位功能。①

观近代西方法学的发展史,自然法学派和自由法学派常从法律的应然价值进行认识和评价,属于主观价值判断范畴;而社会学法学则就法学自身提出了功能问题,法学的功能不仅是对法律现象进行认识,更重要的是它应就法律对社会、对人自身的意义进行评价,以便进行均衡和调整,实现三者之间相互适应、相互促进,以实现更好的社会控制,解决工业文明带来的复杂问题和利益冲突。② 功能理论作为一种研究社会整体的理论,认为每个社会都是一个持久而相对稳定的结构,诸多社会要素紧密地联系在一起并构成和谐的整体;这个整体的每个要素都有一定的功能,其任务是开展一定的活动,以便能对保持现有的整体做出贡献。③ 在功能理论中的社会系统理论则是探索解决当代社会复杂问题的可行方案,试图协调原生性逻辑和整合型逻辑,并借助前者探讨社会中不同角色所产生的各种结构的机制,而借助后者研究一个社会系统引发其不同子系统充分发挥各自不同功能的机制。④

为了廓清我国社区矫正制度适用的诸多疑义并形成层次分明、结构合理、一以贯之的建构逻辑,有必要回归问题原点进行概念性质再认识,以客观性较强的功能研究为视角,将社区矫正制度置于社会大系统之中,去考察若干子系统相互嵌套、发挥功能的机理,并从多元视角进行制度功能划分和选择,重构证成符合我国国情的

---

① Raz J., On the Functions of Law. In A. W. B. Simpson, Oxford Essays in Jurisprudence, Oxford University Press, 1973, pp. 278 - 304.
② 例如美国著名社会学家庞德就把法律视为社会控制工具,从法律的作用和任务上研究法律功能问题。参见罗·庞德:《通过法律的社会控制、法律的任务》,沈宗灵译:商务印书馆,1984年,第22页。
③ 付子堂:《法律功能论》,中国政法大学出版社,1999年,第21-30页。
④ 高宣扬:《鲁曼社会系统理论与现代性》,中国人民大学出版社,2016年,第6页。

社区矫正制度的功能实现路径。因此，笔者坚持对社区矫正制度及相关刑事政策做广义理解，主张超越刑罚学范畴研究如何有效设计和实现社区矫正制度的功能，借鉴李斯特所言"最好的社会政策就是最好的刑事政策"，犯罪现象作为一个社会问题必须同步寻求社会的对策；同时作为一名刑事诉讼法学研究者，又需要从刑事政策出发探讨社区矫正制度。围绕社区矫正制度的正当性、有效性、规范性展开研究，坚持立足于刑事司法立场考察国家运用刑事法手段预防和控制犯罪的立法实践，并从系统功能论视角对社区矫正制度进行功能、结构分析，试图勾勒描绘一个更为科学、理想的社区矫正制度理论框架，期冀能为完善我国社区矫正制度、促进社区矫正工作的规范化建设和科学发展略尽绵薄之力。本书研究视角与传统部门法学视角有差异，但是法律制度改革创新也远非一日之功，一些观点需要留待时间和实践检验，希望读者能够在思想上兼容并包。同时，本书研究和写作逻辑属于交织的网络结构而非单一线性结构，很多观点都是广泛联系、相互呼应的，需要对照前后文耐心阅读。交叉学科的研究中涉及不少社会学、教育学、管理学的概念、内容，对传统部门法学研究者也存在一定的阅读理解门槛。

第一章　社区矫正制度概述

第一节　社区矫正制度的基本范畴

"概念有助于我们分析现实制度并且使制度成为可以理解的对象。"① 以改革的目的和发展态度对社区矫正制度展开功能研究，必须厘清作为研究对象的社区矫正制度的基本范畴。对社区矫正制度的内涵、特点、性质的研究都属于整体性把握和描绘，从不同的视角、不同的理论学派、不同的历史阶段对其进行观察会有不同的结论。因此对社区矫正制度基本范畴的研究绝非多此一举，而是本研究进行功能系统结构划分的基础，是在特定的理论学说和时代背景下做出制度发展和功能选择判断的依据。

从源头出发厘清该制度的缘起及嬗变，还需要内外结合明确其内涵与外延，同时与外部因素进行区分并梳理其特点，进而结合我国社会环境和司法实践，需要保持在理论上的与时俱进，采用概念思

---

① 米尔伊安·R. 达玛什卡：《司法和国家权力的多种面孔——比较视野中的法律程序》，郑戈译，中国政法大学出版社，2004年，导论第9页。

维与类型思维相结合的方法对社区矫正制度的性质进行再认识。只有清晰地理解了当前社区矫正制度的内涵、特点和性质等基本范畴，才能够深刻理解在当前时代背景下社区矫正制度功能分化演进的方向。通过对理论基础的概括梳理，可以帮助我们对制度功能和结构更清晰地进行分析解读和价值判断。对我国社区矫正制度历史沿革的回顾，可以更好地借鉴历史经验和发展规律找准在当前时代背景下的功能定位。

一、社区矫正制度的缘起与发展

社区矫正（Community correction, Community - based correction），是近现代在世界范围内一种新生法律制度，截至目前社区矫正制度在英美等西方国家已有一百多年发展历史，对西方各国的刑事司法产生了较为广泛的影响。如果从社区矫正制度的缘起进行考察，会发现其相较刑罚的诞生机制存在很多独特之处。

人类社会自远古以来很长时期对犯罪基本上以不同形式延续"以眼还眼，以牙还牙"的复仇式惩罚，惩罚是为了使犯罪者受苦，并未指望从中获益，有时还殃及犯罪者亲友等无辜，通过惩罚形成情感上的对抗，最终使内心的愤怒得以发泄平息。[1] 不论是"刑始于兵"或"刑始于神明裁判"的起源解释都表明刑罚是人类社会发展到一定阶段的产物。[2] 由此产生的报应主义长期在人类社会占据主导地位。在西方文明史中，按照圣经的宗教观处遇犯罪并指导刑事司法的现象持续了若干世纪。直至近代启蒙运动（即理性主义运动）中明确刑罚应基于社会目的而非宗教目的，为了保

---

[1] 埃米尔·涂尔干：《社会分工论》，渠敬东译，生活·读书·新知三联书店，2020年，第48-49页。
[2] 陶广峰：《"刑"的起源新解》，《兰州大学学报》1989年第2期。

障人权，萌发出更人道宽和的刑法谦抑等理念，逐步从肉刑向自由刑发展演变，因此限制死刑、取消肉刑并用监禁刑替代的观点获得了当时许多刑罚改革家的支持。①

自由刑的本质特征就是将犯罪者隔离于社会之外并割裂其社会关系，甚至在刑事人类学派眼中对某些犯罪人的再社会化也没有意义。龙勃卢梭提出："对于天生犯罪人而言矫正起不到作用，将罪犯流放于荒岛是好的解决办法。"②直到1870年全美监狱大会通过《原则宣言》，将刑罚的目的界定为改造罪犯，并在狱内改造之外提出社会改造的基本形式，总结认为宗教是最重要的改造手段，教育是罪犯改造的首要手段；1872年伦敦第一届国际监狱会议，则全面继承了《原则宣言》精神，促进了刑罚目的观的根本转变，由"惩罚"向"改造（矫正）"转变。③

社区矫正制度主要始于英美两国，经历三个阶段嬗变：第一阶段即社区矫正的雏形在中世纪英国出现，多基于宗教目的，这与当时的犯罪观相符；第二阶段在美国司法实践中推广运用并发展成熟，此时法律与宗教部分分离，但仍带有宗教救赎色彩；第三阶段是其他国家根据社会实际需要，发展与吸收英美相关经验，对社区矫正制度的内涵、功能及特质的理解逐步分化，此时理论基础呈社会化和多元化趋势。

但宗教在西方国家近现代的社区矫正制度中仍旧发挥着重要作用，这源于宗教的社会治理观在犯罪控制过程中的展开，其看似

---

① Kuntz, W. F. *Criminal Sentencing in three 19th Century Cities: Social History of Punishment in New York, Boston, and Philadelphia, 1830–1880*. New York: Garland. 1988.

② 切萨雷·龙勃卢梭：《犯罪人论》，黄风译，中国法制出版社，2000年，第13页。

③ 高德胜，贾晓旭：《从报复到矫正的历史经典——1870年美国监狱大会〈原则宣言〉的考据》，《社会科学战线》2016年第5期。

偶然，实则是历史必然。因为宗教与当时英美等国家的社会环境紧密联系。① 宗教能够明确指引人们应有的道德观念和行为规范，简便直接地对人的思想行为产生影响，被统治者视为一种非常有效的社会教育和控制手段，宗教不可避免地融入西方国家法律中成为法律和社会传统，在其近现代犯罪治理中仍然沿袭这一历史惯性。

英国社区矫正的历史雏形追溯相对久远，早在公元10世纪的法律（A Law of King Athelstan）中就有规定。② 而后包括神职人员及其他能够朗读圣经《诗篇》中第51首以"宽恕我"开头的诗歌的人可中止审判移送教会处理。③ 在美国马萨诸塞州，"现代缓刑之父"约翰·奥古斯塔斯以参加宗教性禁酒运动而著称，1841年他为一名酗酒男子担保并开始尝试缓刑实践，在一个月内给予保释并监督考察将这名男子矫正了过来，法庭则未再宣告该男子有罪，实际是以暂缓宣告代替了刑罚执行。④ 伴随着监狱改革运动在英国、美国以及欧洲大陆普遍展开，先后产生了如缓刑、假释等制度，在美国称为社区矫正，在英国称社区刑罚，在欧洲大陆称社区制裁。19世纪中期至20世纪初，形成了监禁刑罚与非监禁处遇并

---

① 例如，美国自殖民地时期起就面临非常现实的问题，在一个新的以移民为主体的社会中，社会秩序如何维系？宗教在当时的社会秩序控制和民众教化中起到了第一防线的作用，家庭、社区和教堂的结合支配着当时的社会生活。参见刘强：《美国社区矫正演变史研究——以犯罪刑罚控制为视角》，法律出版社，2009年，第4页。

② 其中规定，应处死刑之15岁少年，不执行其刑而委托僧侣（Bishop）进行监督，倘其再有触法行为，始处其原曾判决之死刑。参见房传钰：《现代观护制度之理论与实际》，三民书局，1976年，第57页。

③ Webster, Charles W. "The Evolution of Probation in American Law", *Buffalo Law Review*, 1952, Vol. 3, No. 3, p251.

④ Donald Winchester Moreland. *John Augustus and his successors in Marjorie Bell*, Probation and Parole Progress: Yearbook, New York, The National Probation Association.

立的格局。

一方面,社区矫正的理论基础不仅包括刑罚学、犯罪学,理论界还在法学视域外尝试从社会学、心理学、生物学等多种角度重新审视犯罪这一社会现象,借此社区矫正的理论和实践得到了蓬勃发展,从审前转处到执行完毕后的更生保护均有涉及。但是在不同时期、不同国家地区,对社区矫正概念的界定始终存在分歧,在学术研究和司法实践中的理解也不尽相同,对实现同一目标存在着不同的道路和模式选择,很难进行高低对错之分。

正如有学者指出:"一部人类惩罚的历史,正好象征着惩罚本身逐渐凋零的历史。"[1] 社区矫正制度的创设始于近代人类社会对刑罚制度的反思和改进,动力则是源于社会的发展变革,经过上百年的不断发展,其内涵也随社会发展进步得到了极大的丰富和完善。"从人类社会早期的私诉观念,走向封建专制国家的司法专横观,再到现代宪政国家人权保障观的发展转变过程,实际上也是人类文明的进化过程。"[2] 尽管已有众多关于行刑的理论,但都是围绕以下两点展开的:第一点是如何理解行刑的法律性质,具体而言行刑是否同时包括惩罚与矫正,国家是否应对受刑者强制处遇;第二点是如果可以对受刑者进行处遇,那么处遇的具体内容和方法应是什么。[3] 采取法律主义、科学主义或人间主义对上述问题进行回答会产生不同的理论解释。[4]

唯物辩证法主张事物的发展是基于事物的内部运动,各事物都是普遍联系并相互影响的,应从事物内部和事物间的关联去研

---

[1] 陈秉璋、陈信木:《道德社会学》,(台湾)桂冠图书股份有限公司,1988年,第336页。
[2] 詹建红:《论刑事诉讼功能的契约化嬗变》,《中国刑事法杂志》2011年第5期。
[3] 王云海:《"法治式劳动改造"论》,《中国刑事法杂志》2002年第5期。
[4] 法律主义以实定法内权利义务关系解释,科学主义以自然科学解释,人间主义以人的感觉信念解释。

究发展。① 外因是事物变化的条件，内因是变化的根据，内因往往取决于事物本身的性质。一条清晰的主线串起了社区矫正制度的发展嬗变，即社会实践的不断变革引起人类社会思想观念和生存环境的转变，这种转变受科技、宗教、阶级等因素的影响。奴隶制社会、封建社会和资本主义社会对犯罪的性质界定因统治阶级不同而存在着本质区别。这些转变带来了犯罪中的内部矛盾转化，进而导致法律制度的性质悄然发生改变，一些传统的刑罚方法不再适应当时的社会实践需要，自然需要新的处遇措施补位。

另一方面，社区矫正制度的蓬勃发展也与社会发展的高度复杂性以及社会分工的不断分化有密切关系。法国社会学家埃米尔·涂尔干认为，法律随社会的发展而改变，社会发展呈块状分化向功能分化（segmentärer in funktionale differenzierung）的社会渐进重构，块状分化是以家庭氏族等相似单位对社会进行分割，功能分化则是以专门功能系统和劳动分工单位对社会进行划分。在块状分化主导的社会（例如，传统农业社会），通过共享以道德规则形式而存在的集体良心获得整合形成"机械团结"，凡破坏这些道德规则的行为将遭到集体压制。在功能分化主导的社会，集体代表的共同性消解后"机械团结"被一种"有机团结"（类似有机体一样促进社会各部分间协调的团结类型）取代，法律的功能随之朝恢复性制裁演变，制裁的目的侧重重建社会功能，不再坚持压制报复破坏集体良心的行为，因而不再需要公愤（colère publique），社会分化和各分支系统充分专门化，成为损害限制和计算的前提条件。② 这种由压制向重建的功能需求转变也为社区矫正制度的发展

---

① 毛泽东：《毛泽东选集》（第一卷），人民出版社，2008年，第301–302页。
② 埃米尔·涂尔干：《社会分工论》，渠敬东译，生活·读书·新知三联书店，2020年，第33–92页。

提供了巨大空间。

二、社区矫正制度的内涵与外延

目前，我国所称"社区矫正"一词可以认为是一个外来术语，社区矫正的基本内涵包括两个概念，即"社区"和"矫正"。前者源于拉丁语，德国社会学家 F. 滕尼斯较早对社区概念作了经典阐述。① "社区矫正"是由英语"community corrections"直译得来的。在研究之初还需对相关联的概念予以梳理，英美法系国家长期以来认为，行刑的目的就是矫正受刑人，"矫正"往往与"行刑"存在密切关联或通用，"correction"一词有时既指矫正又指行刑，但是随着时代的发展变迁，人们认识到行刑的目的并非都是矫正，行刑主要侧重对刑法所规定的刑罚的执行，而矫正则以改变人格、意识、行为、习惯为目标。与矫正相关的概念还有"处遇""复归"等，它们都源于医学概念，由"医疗行刑模式"背景下对疾病的治疗和康复活动所引申而来。

从国际社会情况来看，在很多情况下，社区矫正被视为刑罚的替代措施而非刑罚本身，是在开放的社区环境中进行管理和教育矫正。各国因政治体制和司法传统的差异，对社区矫正制度的内涵与外延理解不尽相同，其中一项主要差别就是社区矫正制度的本体论认识问题。即它本质上究竟是什么，是被界定为一种刑罚本身（刑种说），还是一种刑罚执行方式（行刑说），或是对超出刑罚范畴的一种处遇措施（社会处遇说）。

刑种说将社区矫正措施视为刑罚体系中独立的刑种，在适用

---

① 即一种基于情感、内心倾向而建立起来的富有人情味的、具有共同价值观念、关系亲密的由同质人口组成的社会生活共同体。参见安小刚：《社区矫正运行机制研究》，中南财经政法大学2018级博士学位论文，第12页。

时属于在刑罚 A 或 B 之间进行选择，A 和 B 都有相对确定的形式内容，具有代表性的是英国的社区矫正制度。① 行刑说认为社区矫正是一种刑罚执行活动，即虽适用刑罚 A，但是对 A 的执行形式内容进行了替换或条件变更。② 还有对以上两种观点进行综合的，认为社区矫正不仅是替代监禁刑的行刑方式，还应当是"刑种、量刑与行刑制度的结合，是一种综合性的，主要偏重于执行的措施或制度。"③ 笔者并不赞同定义社区矫正制度时与监禁刑进行对应绑定。④ 我国现行《中华人民共和国刑法》（以下简称《刑法》）规定中，除管制刑外，常见的缓刑、假释等社区矫正措施都没有列为刑种，同时也将其他国家常见的戒毒计划、治疗令等非刑罚社区矫正措施排除在外，从我国社区矫正的适用范围不难看出，主要认为它还是一种非监禁的，或暂缓监禁的刑罚执行活动。在我国社区矫正工作试点中的规范性法律文件也基本持此观点。⑤

此外，还有矫正教育论等观点，侧重于社区矫正的价值取向，

---

① 社区矫正刑在英国是一个多元化的刑种群，立法中确立了多种单项社区矫正令，包括社区恢复令、社区惩罚令、社区惩罚及恢复令、宵禁令、毒品治疗与检测令、出席中心令、监督令和行为规划令等。参见司法部基层工作指导司：《英国社区矫正制度》，《中国司法》2004 年第 11 期。

② 如有学者综合西方学界一些代表性观点，认为"社区矫正是促进犯罪者过守法生活的刑罚执行活动。"参见吴宗宪：《未成年犯矫正研究》，北京师范大学出版社，2012 年，第 10 页。

③ 郭建安、郑霞泽：《社区矫正通论》，法律出版社，2004 年，第 68 页。

④ 倘有国家类似美国殖民地时期因不便实施监禁而采取无监禁刑的刑罚体系结构，同样有资格移植建立社区矫正制度，不会因为替代对象是肉刑、驱逐出境等非监禁刑罚而丧失社区矫正属性。

⑤ 此种定义源自司法部社区矫正制度研究课题组 2002 年 10 月向司法部提交的课题报告《关于改革和完善我国社区矫正制度的研究报告》，其中提出社区矫正就是与监禁矫正相对的行刑方式，是指将符合条件的罪犯置于社区内，由专门的国家机关……在判决、裁定或决定确定的期限内，矫正其犯罪心理和行为恶习，并促进其顺利回归社会的非监禁刑罚执行活动。

认为社区矫正是由司法行政部门主导，借助社会力量矫正教育社区矫正对象，使其改邪归正的活动。① 从理论研究角度来看，上述概念界定仍然无法涵盖刑罚执行结束之后的社区矫正措施（更生保护制度等）。为此有学者提出刑事执法及出狱人保护说和含更生保护的社会内处遇说。② 有学者认为，社区矫正不仅包括犯罪者履行刑罚义务，还涉及思想和行为教育矫正，刑罚执行是主属性，社会工作是从属性。③

总体来看，当前学界对社区矫正制度概念的认识具有多样性，根据其具体界定的范围有狭义和广义之分。作狭义理解时将社区矫正制度局限为刑罚执行活动，忽略了其他的适用范围；而作广义理解时还包括了非刑罚处遇及社会工作等内容。西方各国社区矫正制度经过较长时间的发展演变，形成了较为成熟的体系且各具特点，少有对社区矫正制度持狭义理解，通常其社区矫正适用范围和对象也不局限于经审判定罪的罪犯，在审前阶段和刑罚执行完毕后也有不同形式的社区矫正，包括审前转处、审前释放、更生保护等，其适用范围包含了犯罪嫌疑人（被告人）、刑满释放人员等。这些经审前程序分流的社区矫正和罪犯刑满释放后的更生保护与刑罚的执行并无直接关联。以美国审前转处制度为例，

---

① 玉光吉：《整合资源、创新形式：社区矫正教育工作新思路》，《中国社会工作》2018年第36期。
② 前者认为社区矫正是指由国家专门机关领导，充分发动社区群众的力量、整合社区所有资源，对在社区中服刑和处遇的罪犯给予教育、挽救、改造、保护的刑事执法活动以及对出狱人进行帮扶、保护的社会工作的统称。后者犯罪人处遇分为社会内处遇和设施内处遇两种类型，其中社会内处遇包括社区服务令、被害人赔偿令、假释、保护观察以及时效和恩赦等。参见何显兵：《论社区矫正的根据》，《广西政法管理干部学院学报》2005年第2期；大谷实：《刑政策学》，黎宏译，法律出版社，2000年，第258页。
③ 但未丽：《社区矫正概念的反思与重构》，《武汉理工大学学报（社会科学版）》2008年第1期。

检察官可以在确定终局的起诉或不起诉决定之外有其他选择，即采取"Diversion"作为替代，暂缓起诉犯罪嫌疑人，并随附某些法律义务作为条件交换，包括参与社区矫正计划，当完成之后就不再起诉，但会保存逮捕记录。[①] 此时在社区矫正中所需要履行的义务并非来自法院的审判和定罪量刑，而是源自一种刑事契约关系。如果将社区矫正狭义地理解为某种刑罚或刑罚的执行方式，根据无罪推定原则，不论是刑种说还是行刑说都无法涵盖这些社区矫正形式。因此，社区矫正制度不仅要从刑事实体法角度理解和研究，还应从程序法角度考察其内涵。

由于行刑说、刑种说都过于强调执行刑罚，在整个系统结构中，社会系统和个体系统还易受到忽视或在刑罚执行过程沦为从属地位，只是换了场所行刑，偏离社区矫正制度的建立初衷。此外，社区矫正的程序功能和价值也不容忽视，应该说放眼世界范围，社区矫正制度并非只是单纯的执行程序，还包括调查评估、程序分流、量刑建议、恢复性司法等作用，直接影响到司法程序的走向和刑事裁判的形成，在程序阶段上跨度较大，从审前阶段到刑罚执行完毕均有涉及。单纯的矫正教育论忽视了在社区矫正中纠纷解决和责任转化的过程，如我国《刑法》第76条规定中的社区矫正就是对"原判的刑罚"的一种替代转换。[②] 刑罚（尤其是监禁刑）只是当前比较成熟稳定并容易为社会公众接受的一种犯罪刑罚控制模式。

刑事规制的对象虽然主要是犯罪行为，但是也包括其他行为，

[①] 陈玲：《美国刑事诉讼法》，上海社会科学院出版社，2016年，第120页。
[②] 《刑法》第76条规定，对宣告缓刑的犯罪分子，在缓刑考验期限内，依法实行社区矫正，如果没有本法第77条规定的情形，缓刑考验期满，原判的刑罚就不再执行，并公开予以宣告。

如无刑事责任能力人所实施的"准犯罪行为",或者按照"定性+定量"的界定标准,在情节或金额上处于犯罪和行政违法界限之间的行为。广义的"刑事制裁"还包括刑事诉讼法中的强制医疗程序、未成年人专门矫治教育等。[1] 随着我国司法改革进程不断深入,包括认罪认罚从宽制度在内的各种制度创新成果不断,在刑事司法改革过程中势必需要考虑不起诉之后"是否罚"以及"如何罚"的问题,同时也必须关注到不起诉只是对犯罪追诉的告一段落,绝不代表被告人不需要矫正和帮助。由此看来,我国社区矫正制度目前仍未达到理想的治理状态。

人类文明在不断发展,思想观念也在不断进步,在监禁刑普及之前,人们会认为对犯罪者施以肉体上的伤害或毁灭是罪有应得;受启蒙运动思想广泛影响,监禁刑普及后,民众又会认为将犯罪者监禁隔离是罚当其罪。社区矫正解决的不仅是刑事责任,而且还应当涵盖赔偿损失、继续履行、恢复名誉等恢复性的法律责任。[2] 应该说社区矫正首先是一种依照法律进行矫正的活动,其次是提供了对违法犯罪行为人法律责任的判定和解决机制。不施以传统的刑罚不代表社区矫正人员不需要付出成本和代价,只是换以其他较为和缓形式承担应尽的责任义务,对被害人或社会进行偿付,最终达到重构正常社会关系的效果。一项新的法律制度是否完善优越,需要靠实践检验,检验其治理能力是否较以往有所提升,而不是死守条条框框。

另外,社区矫正制度也有必要与保安处分制度做区分,两者

---

[1] 敦宁:《刑事制裁体系变革论》,法律出版社,2018年,序第2页。
[2] 社区矫正的性质也不能过度泛化,还是应聚焦于具有法律约束力的矫正活动,但不包括个体自觉自发开展的自我矫正行为(如自行预约心理咨询、自学法律知识、自主参加职业培训等活动)。

虽在部分措施上有很多相似或重合之处，但在制度的设计理念和功能上就存在明显差别。保安处分制度虽然也是近代刑罚观由报应刑向教育刑转变的产物[1]，但出发点在于事前预防，以预判先制行为人的社会危险性为基础，侧重点在于保护社会治安，同时适当兼顾对个体的改造。[2] 而社区矫正制度出发点在于事后重塑，以罪错行为人矫正复归为基础，侧重点在于对个体的改善净化，随后实现对社会的修复。因此，在治理路径选择上，虽然都是通过法律程序进行处遇，但社区矫正是由个体及社会，而保安处分则是由社会及个体。从远古人类的报复主义到黑格尔等价报应论，都旨在向前回溯，对已发生的犯罪行为进行评价进而关联到对犯罪人等质等量的报应衡量。社区矫正的价值更多体现在考虑将来的发展变化，以人为本将恢复、建设作为价值导向，通过教育、治疗、帮助变负向影响为正向影响，惩罚的目的实现顺位应当向后顺延或替换，不再以回溯报应为主要衡量标准。这种恢复、建设不仅关注接受矫正的个体，还关注个体融入社会群体和谐共处的情况，着眼于构建和谐稳定的社会秩序和法律秩序。

三、社区矫正制度的特点

谈及社区矫正制度的特点，国内外诸多学者从不同角度进行了观察并做出多种归纳，如美国犯罪学家将社区矫正常见特点概括为七点：创新性；服务内容可减少犯罪；改善犯罪人与社区关

---

[1] 一般认为保安处分是指国家基于保护社会的秩序与安全的需要，除行使刑罚权之外，对于具有社会危险性的特定的行为人，适用的医疗、禁戒、强制工作、监禁、禁止驾驶、禁止执业、监督素行、驱逐出境等具有司法处分性质的保安措施。参见邹瑜：《法学大辞典》，中国政法大学出版社，1991年，第863页。

[2] 屈学武：《保安处分与中国刑法改革》，《法学研究》1996年第5期。

系；需要社区支持；避免使用监禁机构；制裁性；矫正选择多样性。① 有学者从社区矫正制度与传统的监禁处遇之间区别的角度进行归纳，提出包括人道性、经济性、恢复性、和谐性等其他基本特征或特点。② 国内学界目前对社区矫正制度的特点尽管在理解和表述上存在一定差异，但概括相对聚焦于非监禁性、惩罚宽和、刑事执行、社会（区）参与等方面。③

此外，社区矫正制度还具有多元统合性，包括功能效用、程序机制等多个方面的多元统合。社区矫正制度从功能效用上统合惩罚、福利、教育和治疗等多元为一体，如果以社会系统分化理论视角进行考察，会发现社区矫正制度的系统功能在发展过程中逐步分化，以致其组织机构形态、任务目标体系、价值衡量标准都呈现出多元特性，较其他刑事法律制度而言，置身于更为复杂多变的环境中，同时需要均衡实体价值和程序价值，兼顾社会价值和个人价值。在程序统合方面，社区矫正制度在实践中的运行应兼容与之相关的各种程序机制，不宜孤立发展。④

而学界对社区矫正制度核心特征存在较大争议，按照这一制度的嬗变过程来看，"非监禁性"始终使社区矫正制度醒目区分于其他制度并作为一项独立运行的法律制度存在，不少学者也将社区矫正混同于非监禁刑进行探讨。但是也有学者认为社区矫正的本质特征是社会力量广泛参与矫正⑤，因为如果没有在社区中进行监督管理

---

① David E. Duffee. *Community corrections: A community field approach*, Cincinnati, OH: Anderson Publishing Co., 1990, pp. 3 – 4.
② 王顺安:《社区矫正理论研究》，中国政法大学 2007 年博士学位论文，第 20－21 页。
③ 郭建安、郑泽霞主编:《社区矫正通论》，法律出版社，2004 年，第 7－10 页。
④ George L. Kelling and Catherine M. Coles: *Fixing Broken Windows – Restoring Order and Reducing Crime in Our Communities*, New York, Free Press, 1996, pp. 158.
⑤ 狄小华:《关于社区矫正若干问题的思考》，《犯罪与改造》2005 年第 6 期。

和教育矫正的环节，而是如罚金刑、鞭刑、死刑等以惩罚为主要内容一次性执行的非监禁性刑罚，则同样不能称之为社区矫正。

社区矫正制度的特点应当在时代发展背景下呈较为稳定状态，透过各种现象直击本性和共性，不轻易发生变动。笔者认为，社区矫正制度区别于监禁刑的特点主要有四：一是在目的上，以教育矫正为特点；二是在结果上，以实践考察为特点；三是在内容上，以开放参与为特点；四是在结构上，以多元统合为特点。在违法犯罪处遇过程中，同时具备这些特点的机制措施应当都可以纳入社区矫正制度范畴。

而现代社区矫正制度最为核心的特征应是开放参与，理由有几点：首先是社区矫正与监禁相比，最根本的区别在于矫正环境的差别，即社区矫正是在开放的社区（社会）环境内开展的。其次是社会多主体参与可以保障矫正措施具有多样性。犯罪是多种因素综合作用的结果，其中社会因素占据主要地位。[1] 最后是非监禁性的特点也是由开放参与所决定，从因果关系来说，对犯罪者实施矫正并实现再社会化，最为直接的需求即开放参与，所适用的教育帮扶等措施也并非简单传授知识，而是要矫正其思想行为，使其重归社会主流，只有在社会环境中参与社会互动和重建社会关系才能检验矫正效果，在监禁环境中无法实现这些效果。"因材施教"思想同样适用于社区矫正，要结合个体情况具体问题具体分析，做到对症下药。一方面，需要充分考虑对复杂多样的社会学的

---

[1] 首先是社会学因素，包括人口密集、公共舆论、公共态度、宗教、家庭情况、教育制度、工业状况、酗酒、经济、政治、公共管理、司法、警察、一般立法状况、民事和刑事法律制度等；其次是人类学因素，包括罪犯的脑异常等生理状况、情感异常等心理状况、种族等生物学状况、职业等生物社会学状况；最后是自然因素，包括气候、温度、四季等状况。参见恩里科·菲利：《犯罪社会学》，郭建安译，中国人民公安大学出版社，1990年，第41-42页。

"犯因性"环境的诊断与重塑;另一方面,还要试图将复杂的个体心理机制导入正轨,使内部心理与外部环境形成良性交互。最终社区矫正制度的系统结构因上述原因呈现出多元统合之特点,即以法律系统为立身之根基,同时统合个体系统和社会系统,最终形成一种能够应对开放复杂环境的制度体系。

四、社区矫正制度性质再认识

社区矫正制度在理论上不断整合而在实践中发散创新,其性质界定自然存有内在张力。社区矫正制度的性质在国外也存在争议,基于不同的法律文化背景和人文环境,大陆法系和英美法系在社区矫正的实践与法律规范上亦有所差异。[1] 就如同"代糖"是不是"糖"的命题判断,我们也需要思考"代刑"是不是"刑"的问题。从刑罚和刑法制度起源的"神明裁判"时期起,刑罚一直被视为犯罪的最为重要,乃至唯一的治理手段,大部分历史时期犯罪与刑罚两者被深度绑定相提并论。但是随着人类社会对犯罪本质的认识逐渐深入,惩罚或处遇的方式也在不断多元化。正如贝卡里亚所言,犯罪的本质随着年代和地点的不同而变化,需要对不同种类的犯罪以及惩罚它们的方式研究并区分,什么是预防犯罪的最好方法,同样的刑罚是否在任何时候都是同样有利的,这些问题都值得反思。[2]

首先,社区矫正制度的创设虽然始于近代人类社会对监禁刑的反思和替代,但经过上百年的不断发展,其内涵也得到了极大的丰富和完善。首先,从刑法理论的历史发展来看,报应刑论到目的刑论再到教育刑论有着清晰的演进脉络,应当说社区矫正制

---

[1] 王顺安:《社区矫正理论研究》,中国政法大学2007年博士学位论文,第23-26页。
[2] 贝卡里亚:《论犯罪与刑罚》,黄风译,中国法制出版社,2002年,第8页。

度是从刑罚制度经功能分化而来，其自然蕴含了刑罚所具有的教育、预防、惩罚等综合功能，两者之间始终有着千丝万缕的联系。但正是因为旧的刑罚体系难以实现某些既定的矫正目的，所以发生了功能分化，两项制度必然沿着新的专业化路线各自发展完善（以新的内核进行自我观察和自我指涉），其性质也必然从初期的模糊混同变得逐渐界限清晰。如果坚持保守地将社区矫正制度的性质定义为一种刑罚制度，那么无疑是违背发展规律的，在思想上属于止步不前甚至后退。

其次，从刑事司法制度的发展演变来看，刑事诉讼作为一种社会控制和纠纷解决机制，尽管"定罪—量刑—行刑"的传统犯罪治理模式仍占据主导地位，但现代法治国家不可避免地需要不断丰富完善刑事诉讼程序并根据案件类型、特点予以刑事程序分流。这一点在我国《刑法》第76条的规定中也有所体现。[①] 实际上此处的社区矫正就是对"原判刑罚"的一种替代转换。从理论上说，如果通过附条件不起诉等程序分流措施后施以矫正，未经审判即分流，则更是与刑罚执行无直接关联。仅基于刑罚执行论来判断，那么"现代缓刑之父"奥古斯塔斯就不能匹配这一称谓，这种矛盾有违国际学界对社区矫正制度历史沿革的共识。因为当时美国缓刑案件按照普通法司法惯例，所适用的是暂缓宣告而非暂缓执行，法官并未做出有罪判决，而是在保留追诉权利的基础上直接交付缓刑考验。适用缓诉、缓判等程序分流机制处理的案件一般较普通刑事案件而言相对轻微，其犯罪嫌疑人相对具有更高的矫正可能和挽回价值。而社区矫正的目的在于教育改造，与

[①] 《刑法》第76条规定："对宣告缓刑的犯罪分子，在缓刑考验期限内，依法实行社区矫正，如果没有本法第七十七条规定的情形，缓刑考验期满，原判的刑罚就不再执行，并公开予以宣告。"

监禁刑相比明显更为宽和轻缓。如果必须以法院定罪量刑（刑罚执行论）为界定标准，那么就会产生一个明显违背法律原则和思维逻辑的现象，即原本设计用于轻缓处遇的社区矫正制度却不能适用于相对更轻微的刑事案件，不能教育改造更有矫正价值的犯罪者。

在犯罪控制策略上本应是更为刚性稳定的刑事实体法配合更为灵活多变的程序法共同发挥作用，以应对复杂多变、快速发展的社会环境，持刑罚执行论的社区矫正制度则在很大程度上限制了现代刑事司法程序的能动性空间。如著名法谚所言"司法并不起源于国家，其在国家存在之前就已经产生。"[1] 现代刑事司法制度不再局限于对某项犯罪行为的制裁，同时也关注对违法犯罪人的保护、矫正和帮助。违法犯罪既是刑事司法领域的问题，更是人类社会所共同面临的治理问题，对社区矫正的概念界定也需要与时俱进，超越刑罚执行视野，从社会治理层面去认识和解读。当然，对社区矫正以单纯的矫正教育论定性又忽视了在社区矫正中纠纷解决和责任转化的过程。对社区矫正的理解不单是刑罚的执行，更是广义理解为社区矫正人员所需要承担的法律责任和付出的代价，这种成本代价除刑罚外也可以通过其他方式承担。

社区矫正并不是放纵犯罪，因其治理方式发生了转变，监禁刑带有强烈的惩罚性和隔离性。而在社区矫正过程中惩罚或报复不再是主要目的，如果从对权利的限制来看，在社区矫正中的限制时长可能会更胜于监禁刑，如存在严重不良癖好或精神问题的社区矫正人员，会有很长一段不确定的时期需要接受矫正，这并不意味着社区矫正的惩罚程度超出了监禁刑，此时的限制和监督

---

[1] 尤根·埃利希：《法律社会学基本原理》，中国社会科学出版社，2011年，第102页。

也是为了更好地提供教育、引导和帮助。社区矫正制度解决的也不仅是刑事责任，同时还应涵盖赔偿损失、继续履行、恢复名誉等民事责任。应该说社区矫正首先是一种依照法律进行矫正帮助的社会工作，同时提供了对违法犯罪行为人法律责任的纠纷解决机制，具有社会工作和纠纷解决双重属性。

在2022年中国政法大学犯罪与司法研究中心举办的网络研讨会中，国内多名学者也就此进行了深入探讨，其中不少观点都对社区矫正的刑罚执行性质提出了质疑。例如，王顺安教授认为广义的刑事执行贯穿于刑事诉讼的全过程，是对所有生效的刑事判决、裁定和决定，乃至赦免令等内容付诸实施的一切执行活动的总称，刑罚执行不能等同于刑事执行，二者是被包容和包容的关系，而我国社区矫正应属于刑事执行范畴，是一种依法监督管理和教育帮扶活动。何显兵教授指出，对于缓刑的法律性质是否属于刑罚执行，学界长期存有争议，持肯定说的优点在于论证了社区矫正对象人身自由受到限制的属性，取得刑罚概念的一致性，从而有利于遵循人权保障原则；否定说的优点在于强调刑罚种类的确定应当以刑法的明确规定为前提，同时有利于反击主张强化社区矫正惩罚性的观点，减少社区矫正的标签效应，有利于实现社区矫正的目的——促进社区矫正对象回归社会。[①]

因此，社区矫正性质的界定需坚持实事求是的原则，根据目前的主流思想理论和社会环境，结合本国司法传统与实践进行解析。事实证明，刑罚并非唯一治理犯罪的手段，要结合时代背景、

---

① 在我国社区矫正中缓刑目前占比90%以上，而唯一的非监禁刑——管制适用对象占比不到2%。缓刑不是刑种，其特点是既判处一定刑罚，又暂不执行，但在一定期间保留执行的可能性。参见王顺安：《刑罚执行与刑事执行是被包容和包容关系》，法大预防犯罪论坛《刑罚执行：内涵与外延》，2022年4月16日。

思想潮流和公众诉求进行综合考量。① 有学者指出,当前逐步转为以非监禁刑为主的刑罚适用,是犯罪治理领域以科学化、柔性化、社会化和多元化为内核的现代社会治理再造。② 而过于单一的制度设计无法满足日趋复杂的社会治理功能需求,法律制度的发展必须遵循社会发展规律。尤其是当前时代经济社会发展变革速度较以往有飞速提升,犯罪者遭监禁数年就很容易产生与社会脱节的问题,这些群体又无法从社会永久剥离,他们面临的再社会化问题最终仍旧成为社会沉重负担。如果事实清楚无异议,人民群众思想观念能接受,法律责任又可以在被其他方式替代履行的情况下,可以采取与刑罚之外更适应的解决机制。

从制度的发展完善来看,社区矫正不宜继续等价于刑罚,而是要作为与刑罚有部分交集,但是又具有独立性的一项法律制度,根据制度本身独立存在的价值、目的建立起相适应的系统功能结构。对社区矫正制度的性质认识从刑罚执行到刑事执行无疑是一种进步,但这种概括仍不够全面,发展空间过于局限。是否属于社区矫正制度范畴不仅需要从概念出发,还应根据其性质和特点进行多方面考察,在更为基础的层面对法学思维和方法进行改进。

随着法律语言专业化程度的提升,为适应法律用语严谨性的要求,在相当长的一个时期,受限于罪刑法定原则,刑事法学中通行的是概念思维,即以概念为核心,采用司法三段论的逻辑推

---

① 20世纪90年代以来,西方政治学为与传统的"government"相区别,提出"governance"的概念,这个词语在汉语文献中被翻译为"治理"。1992年,世界银行报告中正式提出治理的理念,指出"治理"的核心含义是政府的职能从"划船"向"掌舵"转变,更多的公共事务管理职能要从政府转移到其他社会部门。

② 田宏杰:《立法扩张与司法限缩:刑法谦抑性的展开》,《中国法学》2020年第1期。

理方式，将事实涵摄于法律概念中得出判断的思维方法。这种思维方法也因其形式主义特征受到诟病。即便是在最为坚持传统概念思维和涵摄方法的刑法教义学中，近年来也从德国引入了类型思维，开始接受类比、等置的方法。①笔者认为在应对结构简单、内容具体的案件时自然应当坚持定义性的概念思维，但是在制度发展完善过程中，应对复杂多元问题则更需要适用类型思维，深刻探索事物本质，寻求形式理性与实质理性的辩证统一。

首先，社区矫正制度并非局限于刑事执行环节，而是从侦查、起诉、审判到执行，贯穿整个刑事司法全过程的一项制度，其兼有程序性内容与实体性内容，社区矫正的正当性源于审前程序对符合条件群体的合理筛选和程序分流。其次，社区矫正的处遇范围可以包括已决犯和未决的犯罪嫌疑人（被告人），并且这一点早有诸多国际经验支持。不应忽视审前程序分流在社区矫正制度各系统之间所发挥的重要连接作用，即通过法定的分流程序可以在法律系统与社会系统间建立更为广泛而灵活的连接。最后，单纯强调刑事执行属性容易忽略社会系统所发挥的作用，社区矫正以社会系统为基础，不论是审前的调查评估还是在执行过程中的教育帮扶等措施，一旦失去社会力量支持将寸步难行，离开了社会系统的观察和指涉，法律系统也将失去自身意义。

综上所述，笔者认为社区矫正制度可以理解为通过法定程序

---

① 概念法学是以法律规定的完美无缺为前置条件，而现实中法律规范体系的不完备性及其事实涵摄的困难是不可避免的，同时也很难应对在社会快速发展背景下的各种不确定性、模糊性等复杂情况，概念越来越脱离社会事实。类型思维则在概念思维之后形成，它并不对一种现象"是什么"加以定义，而是一个归类的过程，将具有类似关系的两个事物根据属性和特点进行比对后将其归之为一类，根据事物本质进行复杂论证，是一种描述性的复合思维形态，能够解决较为复杂事项的判断。参见陈兴良：《刑法教义学中的类型思维》，《中国法律评论》2022年第4期。

将违法犯罪人的法律责任进行转化，确定矫正期间的权利义务，最终按照社会工作的运行规律开展个体矫正并修复社会关系的一项法律制度。其具备前文所述的开放参与等四项特点，性质不限于刑事执行范畴，既具有刑事司法属性，也具有社会工作属性。其系统结构包括法律系统、个体系统和社会系统，相互之间进行沟通和耦合。本书后续所有研究都是基于这种社区矫正制度性质的认识而展开。

第二节　社区矫正制度的理论基础

制度的构建和运行离不开相关理论基础的支撑，多种理论学说指导和推进各国社区矫正制度不断发展演变。对于社区矫正制度而言，这些理论学说不仅提供了方向指引，同时通过多年的司法实践反哺相关理论发展，逐渐成为验证该制度正当性、必要性及存在价值的重要依据。因此，要想正确理解社区矫正制度的功能向度，除了对其性质和特点进行剖析，还须对身后的理论基础进行全面梳理认识。

一、刑事法治人道主义

随着资本主义经济在欧洲蓬勃发展，新兴资产阶级通过发起文艺复兴运动，倡导人文主义精神，文艺复兴运动初期时尚无"人道主义"（Humanism）一词，彼时只有"人文主义"（Humanitas），并与自由、平等、博爱等思想一道成为最重要的启蒙价值观之一，其核心是以人为中心而不是以神为中心，肯定人的价值和尊严。人道主义便是由人文主义延展而来的，一直没有非常明确的定义。①根据"天赋人权""社会契约论"等人文主义思想，公民被视为国家权力的来源，刑罚等公权力是由公民权利让渡派生而来，因此公民是制定国家法律与发起刑罚的真正主体。在 1973 年 8 月，《人道主义宣言》（Ⅱ）中，确定了人的宝贵与尊严，是人道主义的中心价值。②

社会在进步，文明在提升，人道主义的影响也日渐壮大。禁止不均衡、残虐的刑罚也被认为是刑法基本原则——罪刑法定原则的重要内容之一，生命刑与身体刑逐步被自由刑、财产刑取代。③另外，为了防止刑罚的膨胀和擅权，人道主义要求对惩罚范围、方式和强度按照谦抑与轻缓的理念进行约束。④

法国学者米歇尔·福柯在《规训与惩罚》一书中探讨了西方国家自 18 世纪以后刑罚方式从公开惩罚到隐秘规训的历史变革，随着现代监狱的出现，惩罚的方式也发生了巨大的变化，惩罚更多的是通过监禁、强制劳动、苦役、限制人身自由、剥夺财产和政治权利来进行，犯人失去了对身体的自主控制权。这种惩罚手

---

① 维基百科对人道主义词条的介绍为：重视人类价值——特别是关心最基本的人的生命、基本生存状况的思想，关注的是人的幸福，强调人类之间的互助、关爱，与重视人类的价值，后来也延伸为扶助弱者的慈善精神。犯罪现象自人类社会产生以来由来已久，因人而产生，其治理也必须以人性为中心，不能依靠神性或者单纯的科学技术手段。

② 《人道主义宣言》（Ⅱ）中提到：人的宝贵与尊严，是人道主义的中心价值。人应当受到鼓励去发挥他们自己的创造性才能实现其愿望。我们抛弃一切贬低人、压制自由、钝化理智、使人丧失个性的、宗教的、意识形态的道德的准则。我们相信，个人最大限度的自主，是和社会责任一致的。参见姜敏：《对贝卡里亚刑法思想的传承和超越——〈论犯罪与刑罚〉解读》，西南政法大学 2009 年博士学位论文，第 79 页。

③ 刑罚人道主义的基本含义是，适用刑罚时应把犯罪人当人看待，保护其合法权利和人格尊严，摒弃残酷野蛮的刑罚制度，给犯罪人以人道主义的待遇。参见张德军：《刑罚人道主义研究》，《法学论坛》2008 年第 5 期。

④ 陈兴良：《刑法的格物》，北京大学出版社，2019 年，第 5 页。

段和措施的演变在福柯看来昭示了一个重要的历史时刻：首先，惩罚通过不直接接触身体的方式来进行；其次，惩罚不再是一种公开的恐怖戏剧表演；再次，惩罚的主体由简单直观的王权变成了抽象的法律法规；最后，惩罚的对象从针对实实在在的犯人身体转向对付心理和灵魂。然而这仍不是真正的人道主义，因为这种控制并没有遵循以人为本的原则，权力通过规训的方式让人们非常顺从地接受某种确定的规范。在福柯看来，资产阶级掌握政治权力之后，社会并没有变得更文明、更道德、更仁慈，或者更加尊重个人权利，他们以控制和谋利为目的，在这个社会中培养出适合资产阶级利用的那种"驯服的身体"。[1]

社区矫正制度作为刑事法领域人道主义的重要载体，国内许多学者谈及社区矫正制度的人道价值往往着眼于实体层面的刑罚人道主义，这自有其合理性，但理解并不全面。法律的宽容与尊重是对人道主义思想的制度确认，是对以人为本理念的深刻践行。刑罚人道主义只是刑事前古典学派中启蒙主义刑法理论的支流之一，是人道主义思想在古典学派刑法理论中的投影。实际经过长期发展演变，不仅是针对刑罚而言，人道主义还逐渐发展成为近现代刑事法律的基本价值目标。以刑讯逼供制度化为主要特征的纠问式诉讼程序因不符合人道主义要求早已退出历史舞台，现代法治国家刑事司法各环节均要秉持刑事法治人道主义。如德国刑法学家耶赛克指出，人道主义关怀不是恩惠，而是法治国家的义务。[2] 具体而言就是形成了包括刑事政策、实体法、程序法全面贯

---

[1] 米歇尔·福柯：《规训与惩罚》，刘北城等译，生活·读书·新知三联书店，2019年，第75-208页。
[2] 刘慧明：《催生与谨慎：社区矫正路径探寻——宽严相济刑事政策理论与实践研究之四》，《西部法学评论》2009年第6期。

通的制度要求，体现为对犯罪人的侦查、追诉、审判以及执行都要符合一定的人道化要求，以此限制和监督国家公权力的行使，同时针对不同类型的群体或案件采取与之相适应的司法程序，使控制犯罪与保障人权的任务相协调。

在治理犯罪方面，宽严相济的刑事政策中关于严的部分其实落实较为简单，最严不外乎一死，各国在历史上积累了非常多的关于严刑峻法的经验。但是对于宽的部分摸索却远远不够，尤其是如何在保证宽待违法犯罪行为人的同时还能将犯罪治理好、预防好。社区矫正制度初始只是一种替代监禁刑的措施，发展至覆盖刑事司法领域各环节的一项法律制度正是基于刑事法治人道主义指引。例如，美国针对未成年人犯罪建立了专门的未成年人司法体系和少年法院。① 审前转处分流在美国也是最早适用于未成年人，之后逐渐扩大到其他群体。刑事法治人道主义不仅体现在刑事诉讼及刑罚执行过程中，还包括对于刑满释放人员的安置帮教、更生保护等制度措施，一些国家将这些措施纳入社区矫正范畴，避免这一群体受到法律之外的社会歧视与排斥，确保其享有正常公民应享有的权利。

二、目的刑、教育刑论

刑事古典学派（旧派）形成于反对封建制度、要求权利自由的历史背景下。前期古典学派以启蒙主义的刑法理论为主，以理性主义、自由主义为基础，主张相对主义和一般预防，提出了包括罪刑法定主义、罪刑相适应原则、刑罚人道主义等沿用至今的

---

① 美国有51个少年司法系统，美国少年司法系统都有各自的历史和有自身特色的少年处遇政策与措施。参见肖姗姗：《中国特色未成年人司法体系的构建》，中南财经政法大学2018年博士学位论文，第30页。

重要思想理论，代表人物是贝卡利亚、边沁等学者。后期古典学派则以绝对主义的刑法理论为主，以超个人的民族精神、国家主义为基础，主张报应刑论，提出了意志自由论、道义责任论等思想理论，代表人物是康德、黑格尔等学者。[1] 古典学派内部在刑罚目的上就此出现了分歧，启蒙思想主张相对主义和一般预防，而康德、黑格尔所主张的绝对主义和报应主义否定刑罚的目的，强调因果报应，有犯罪则必须报应科处刑罚。[2]

报应主义对刑罚目的之否定，实质上是古代同态复仇刑罚的再现，有悖于刑罚逐步人道化、文明化发展的历史进程。最终基于历史选择，人道主义思想迅猛发展和传播，出现了近代学派（新派）理论，对主张报应主义、绝对主义的旧派理论产生了极大冲击。新派理论思想主要包括犯罪原因论、意思必至论、社会责任论、主观主义、目的刑主义以及保安处分论。其中，社会责任论和保安处分论之间有着紧密联系，侧重于防卫社会。而社区矫正制度则更多吸取了新派理论成果中目的刑主义理论，对旧派的报应刑主义进行了深刻反思。目的刑主义认为刑罚不是对犯罪的报应，而是追求一定的目的，并从预防再犯、防卫社会等刑罚目的实现的角度试图构建形成新的犯罪控制策略，在这方面，日本刑法学界做了较为细致深入并且客观的考察。

有学者概括目的刑主义时指出："刑罚不单是作为对犯罪的报应而科处之，要考察犯人的性格及围绕犯人的社会情况为了使该犯人将来不再犯罪而科处之。"[3] 由此可见，新派主张的目的刑论

---

[1] 马克昌：《近代西方刑法学说史略》，中国检察出版社，2004年，第36-43页。
[2] 有学者即指出，康德和黑格尔的思想较启蒙主义思想而言是一种后退，这种思想转变是社会、政治上德国近代化中落后于时代的保守主义倾向所导致。参见中山研一：《刑法总论》，成文堂，1989年，第23页。
[3] 久礼田益喜：《日本刑法总论》，严松堂，1925年，第28页。

是展望性的，主要强调特别预防，即行刑的目的在于通过对个体改造来预防犯罪者再犯。在目的刑论的基础上又进一步发展，意大利的兰札和德国的李普曼等学者提出教育刑论，主张刑罚目的在于对犯罪者进行再教育和人格改善，刑罚的本质在于社会防卫的人道性与再教育性。[①]

教育刑论在目的刑论的基础上，于个体改良和社会防卫等刑罚目的之间进行了顺位排序，首先聚焦于对犯罪个体的教育改造，认为教育改造是实现良好社会防卫的基础。并且笔者认为，这一理论思想变化也符合社会系统理论中关于个体系统与社会系统之间的渗透关系特点。有学者评价认为，目的刑、教育刑论与所谓特别预防论相结合之后，就能朝着展示行刑改革发展方向的改善刑进化。[②]

近代刑法理论的嬗变革新，极大地推动了相关刑罚制度的发展，根据目的主义，国家开始将犯罪者分为可能矫正者及不可能矫正者，主张对可能矫正者予以教育矫正，对不可能矫正者予以隔离处分。[③] 当刑罚制度在特定历史和社会环境中发展到一定阶段，旧有的刑罚体系及其配套措施无法满足个体系统和社会系统需要时，就促使刑罚制度开始进行功能分化和功能选择，专门注重开展教育矫正等工作的社区矫正制度则应运而生。

三、再社会化理论

基于人道主义思想源流，第二次世界大战后的西方国家在犯

---

① 木村龟二：《刑法总论》（增补版），有斐阁，1984年，第46-47页。
② 中山研一：《刑法的基本思想》，姜伟、毕英达译，国际文化出版公司，1988年，第4-5页。
③ 马克昌：《近代西方刑法学说史略》，中国检察出版社，2004年，第285页。

罪学领域还兴起了社会防卫学派。① 人道主义理论促使犯罪控制研究的视域转向，犯罪者不再只是独立被追究的对象，而是具有独立思想和权利的社会人，此时不仅需要考虑对其如何惩罚，而且需要考虑在社会中给予其相应的尊重和保障。社会防卫学派安塞尔提出，复归社会既是犯罪者的权利，也是国家肩负的义务，为避免监禁弊端应对罪犯进行"重新社会化治理"以及"非刑事化"处遇。②

人的社会化问题也一直是社会学界重点研究的领域，马克思曾就旧唯物主义与新唯物主义的落脚点进行辨析，并且揭示"人的本质是社会关系的总和"这一内涵。③ 人在社会化的过程中可能会遇到各种困难障碍乃至挫折失败，犯罪行为就是一种典型的社会化失败表现，社会化偏差、障碍或者缺陷会导致犯罪发生。④ 尽管不能由此逆推犯罪者必然可以通过矫正重新实现社会化，但是除非将犯罪者从社会彻底抹除或永久隔离，其后仍然面临着重新社会化的问题，这个过程就需要依靠再社会化理论指导。无论是

---

① 受民主、人道以及对个人权利的尊重等价值影响，第二次世界大战后兴起的强调保护社会免受犯罪侵害、对犯罪人进行再社会化和实现人道的刑事司法的理论流派，包括旧社会防卫学派，主张以"社会防卫法"取代"刑法"；新社会防卫学派主张改革刑事政策，使社会防卫运动统一到刑法之中。该学派认为刑事政策的基础在于保护个人，能够把罪犯改造成新人复归社会才是真正的、最高的人道主义。参见吴宗宪：《社区矫正导论》，中国人民大学出版社，2020年，第33页。
② 该思想具体包括：1. 非犯罪化，取消过时罪名，集中精力对付其他新型犯罪；2. 非刑罚化，在不取消罪名的情况下改变或免除刑罚；3. 受害人化，弄清刑事案件损失，做出估价并责令赔偿；4. 社会化，即将预防犯罪问题统一到整个刑法哲学和社会政策中去，用全社会的力量来保卫社会及罪犯人权。参见马克昌：《近代西方刑法学说史略》，中国检察出版社，2004年，第336-360页。
③ 中共中央马克思恩格斯列宁斯大林著作编译局：《马克思恩格斯选集》第一卷，人民出版社，1972年，第18-19页。
④ 宋敏、解连峰：《法社会学视角下的社区矫正研究》，《齐齐哈尔大学学报（社会科学版）》2016年6期。

初始社会化还是社会化失败之后的再社会化都表现为双向互动：一方面，社会对个体输出教化；另一方面，个体接受社会教化后予以内化。①"社会教化"就是将一定的世界观、人生观、价值观向个体进行传导转化的过程；"个人内化"即社会化的个体经由一定方式的教育学习，自觉接受社会教化的过程。② 社会教化为个人内化之因，提供了内化所需的社会目标、价值观、行为规范和行为方式等基础内容；个人内化又是社会教化之果，社会教化的目的在于促使个人内化吸收，社会教化和个体内化的效果将直接影响再社会化的进程。

监禁刑的封闭性、隔离性的最大优点在于能够确保犯罪者在此期间不至于脱逃或再度危害社会，执行过程也具有极高的确定性与稳定预期。但同时也面临着社会教化严重匮乏的问题，家庭、学校、媒体等社会教化的主流组织机构此时难以介入发挥作用。受角色功能定位和客观条件限制，监禁机构以监管罪犯为主要职能，所能够提供的社会教化较之开放社会环境而言非常有限，并且在封闭的监狱环境中个人对社会教化内容的内化动力和自我效能感明显不足，受到监狱化的各种干扰和影响。③ 这实际就是法律系统与社会系统之间的耦合障碍所导致的现实困境。美国的社区矫正官员认为，将一个人长期封闭监禁关押，同时让他被动接受吃饭、睡觉、工作等各种事项安排，再突然使其归于开放社会，

---

① 刘豪兴：《人的社会化》，上海人民出版社，1993年，第60-68页。
② 袁登明：《行刑社会化研究》，中国人民公安大学出版社，2005年，第21页。
③ 监狱化是犯人接受监狱的风俗、习俗、习惯和文化（包括主流文化和亚文化）的过程，其中主流文化包括国家法律法规、监狱机构的规章制度以及服刑改造为主的制度措施；亚文化则是罪犯亚群体在监禁生涯中逐渐形成、自觉或不自觉地信奉和遵行的，与主流文化偏离或对立的价值标准、行为方式和现象的综合体。参见吴宗宪：《监狱学导论》，法律出版社，2012年，第285页；许章润：《犯罪学》，中国人民公安大学出版社，1991年，第74-75页。

并期望他能够适应社会生活绝非易事。[①] 通过监禁隔离等非社会化的措施去追求实现社会化的目标，无异于南辕北辙适得其反。

为了避免监禁刑的弊端，再社会化理论秉持以使犯罪人更好地回归社会为目的，少用或者不用监禁刑，将犯罪人放在社会当中进行矫正的理念。20 世纪中期，以复归为目的的再社会化理论在美国十分盛行，成为美国社区矫正最重要的理论基础，重返社会活动能流行的一个原因是矫正官员和囚犯一般都赞成逐步地步入社会比突然进入社会更好。因为犯罪是社会及个体之间诸多复杂因素综合作用而导致，既有个人的主观意愿选择问题，同时也受社会环境交互影响，因此对犯罪者的矫正需要使其浸润于正常的社会环境之中，通过生产劳动和家庭生活维护其社会关系稳定。对犯罪处遇的重要方面是利用社区资源来帮助犯罪者复归社会，通过良好的社会支持缓解其现实压力，帮助重建其赖以为生的社会关系网络，最终达成犯罪者的再社会化目标。

从目前各国司法实践来看，在犯罪控制和处遇上，主要有三个方面的再社会化机制：一是针对轻微违法犯罪案件通过刑事程序分流直接进行非罪化或非诉讼处理，可能会同时附带一些矫正条件；二是针对已经定罪量刑的犯罪者采取非监禁刑或社会化刑事执行，如我国的管制刑、有期徒刑缓刑均属此类；三是给予已经服刑完毕或临近结束的犯罪者复归社会的适应性帮助，促使其尽可能地融入社会正常生活。

四、恢复性司法理论

"杀人偿命"这种朴素的报应观简单又直接，就仿佛人在皮肤

[①] 克莱门斯·巴特勒斯：《矫正导论》，孙晓雳等译，中国人民公安大学出版社，1991 年，第 130 页。

瘙痒时最直接的反应就是抓挠，但是抓挠显然无益于解决问题，反而会留下一道道伤痕。有时在犯罪治理上必须克服情感和直觉上的冲动，用科学理性的态度来解决问题。恢复性司法理论认为犯罪的侵害客体有三层，第一层是对个体（被害人）权利的侵害，第二层是对社会秩序（社区权利）的侵害，第三层是对法律秩序的侵害。① 目前，国内学界谈及恢复性司法更多关注的是犯罪者与被害人之间的个体性恢复。为了弥补个人损害，平息报应心理，有学者认为恢复性司法适用于个人对个人的犯罪侵害案件，将刑事损害赔偿作为恢复性司法的主要责任形式，强调对被害人因犯罪所导致的物质、精神损害的赔偿。对涉及有被害人案件，赔偿对重建被害人生活具有直接帮助的作用，尽管无法抹杀罪错行为却能减轻被害人痛苦，犯罪者也可通过恢复性司法得以早日脱离刑事司法程序，这又反过来促使双方积极参加恢复性司法程序，从而形成良性循环。② 但这种观点不够全面。

恢复性司法是一种通过恢复性程序实现恢复性后果的犯罪处理方法，在恢复性司法中，"恢复"一词不能机械理解为使事态恢复到犯罪发生前的状态，某些犯罪所造成的损害根本无法恢复原状。从社会人际关系来看，犯罪前的状态也并非值得追求的理想状态，因为在这种状态下尽管看似风平浪静，但潜藏着导致犯罪发生的矛盾冲突。"恢复"的目的在于通过某种途径重新搭建犯罪者与受侵害者（个体、社会、法律）之间的沟通交流平台，使社会关系纽带更为牢固。③ 关于刑罚的诸多理论通常认为刑罚是预防

---

① 张庆芳：《恢复性司法》，载陈兴良主编《刑事法评论》第12卷，中国政法大学出版社，2003年，第433-496页。
② 刘东根：《恢复性司法及其借鉴意义》，《环球法律评论》2006年第2期。
③ 刘东根：《恢复性司法及其借鉴意义》，《环球法律评论》2006年第2期。

和制裁犯罪的必要手段，强调惩罚、谴责，关注的是个人是否实施了犯罪行为，着眼于回溯过去。相较传统的刑事司法理论，恢复性司法理论在看待犯罪治理这一问题时则跳出了刑罚视域，在刑罚之外寻找更好的替代措施，强调解决问题，关注的是"造成了怎样的后果，应该如何消除犯罪造成的不良影响"，就是具有前瞻性的。[1]

法国社会学家涂尔干强调了社会共识对社会整合的重要性，认为集体意识不同于个人意识，"是社会的精神象征，有着自己的特性、生存环境和发展方式。"[2] 社会是建立在一种共同的道德秩序而不是理性的自我利益之上，社会产生一种共同体感觉的"集体良知"，个体会产生道德义务遵守共同体要求。[3] 犯罪的处遇结果究竟是走向惩罚剥夺还是注重恢复重建，同样取决于集体意识。就犯罪控制和治理而言，人们要克服简单直接的报复心理谈何容易，同理心会在一定社会范围内激发思想共鸣，这种社会集体意识有可能是一种对破坏规则的越轨者的同仇敌忾，进而衍生形成复仇的集体意识。例如，曾引起网络热议涉嫌拐卖九名儿童的神秘人贩子"梅姨"，其行为使社会公众产生较为一致的价值判断。[4] 尽管特定案件并未切实发生在其他社会个体身上，但此时却受道德观念影响，势必会让个体产生一种感同身受的心理现象，形成"愤慨"和"严惩"等集体意识。因此要恢复的除了受害者及其

---

[1] Howard Zehr. *The Little Book of Restorative Justice*, New York: Good Books, 2002, p. 21.
[2] 雷蒙·阿隆：《社会学主要思潮》，葛智强译，华夏出版社，2000年，第216页。
[3] 王胜利、方旭东：《迪尔凯姆"集体意识"的现代性与和谐社会》，《柳州师专学报》2008年第6期。
[4] 《"梅姨"之谜：被供出4年身份未明 9名被拐儿童4人仍未找到》，《中国青年网》2021年3月27日，https://baijiahao.baidu.com/s?id=1695375977748930191&wfr=spider&for=pc.

家庭的意识，同时也需要对集体意识和社会关系进行恢复。通过社会化的矫正，使集体在参与矫正或观察矫正过程中重新接纳认同受矫正的个体。

美国学者丹尼尔认为，在恢复性司法过程中由于犯罪所造成的多重伤害，不仅是犯罪人和被害人需要参与刑事司法的过程，政府和社区也应当参与其中，有效承担促进和谐、维护秩序的责任。[①] 因此除个人之间经济赔偿之外，在社区矫正过程中往往适用社区服务、公益劳动等相关恢复性措施，加强犯罪者与政府、社区（社会）之间的关系修复。英国在1972年的《刑事司法条例》中建立了"社区服务令"，旨在通过社区服务帮助违法者融入社会并产生社会责任感，劳动也被认为有助于防止违法者游手好闲而再犯。[②]

总体而言，恢复性司法的理念需要通过社区矫正制度予以保障实现。传统的刑事司法是倡导控辩双方对抗竞争的"零和博弈"，而恢复性司法创生了一种新的利益争端解决方式，从法律系统向个体系统和社会系统进行功能延展，将社会治理在司法领域进行应用，加强协商与合作，个人、社区、社会、政府的利益均可以通过社区矫正的过程得以兼顾，实现"非零和博弈"的局面。

[①] Daniel W. Va. Ness. *Restorative justice*, In Burt Galaway and Joe Hudson (eds.), *Criminal Justice, restitution and reconciliton*, Monsey, New York: Willow Tree Press, 1990, pp. 7 - 14.

[②] 法官可以判令被告人进行无偿的有益于社会的各种公益劳动、社区服务工作，让违法者弥补因其违法行为而给社会和个人造成的损害，从最短40个小时到最长240小时。服务种类主要包括：为年老、年幼或残障人士提供帮助，例如换锁、装修、油漆门窗、照顾残疾人或老人、清理杂草或垃圾以及为学校、医院等公益机构做劳务等。参见武玉红：《我国社区矫正中"公益劳动"的转向——基于英国社区服务令的思考》，《青少年犯罪问题》2012年第5期。

第三节　我国社区矫正制度的历史沿革

一、我国古代社区矫正的萌芽

执古之道，以御今之有；能知古始，是谓道纪。尽管现行使用的"社区矫正制度"名称译自域外，但不少学者认为我国社区矫正历史沿革当从近代史考证，其实与社区矫正制度类似的雏形早在中国奴隶制社会时期已有体现。依古代经史记载，假释的思想可以追溯到西周时期。《周礼·秋官司寇·大司寇》有云："以圜土聚教罢民，凡害人者，置之圜土而施职事焉，以明刑耻之。其能改过，反于中国，不齿三年。其不能改而出于以圜土者，杀。"《周礼·秋官司寇·司圜》又进行了具体规定，"能改者，上罪三年而舍，中罪二年而舍，下罪一年而舍……凡圜土之刑人也，不亏体；其罚人也，不亏财"。[①] 这一措施与现代社区矫正制度在思想内涵上极其相似，有我国台湾地区学者因此认为我国假释制度的渊源可推溯到周朝，周朝的做法就是将犯罪后能悔改者释放其故里，再加以一定期间之监视观察。[②]

笔者基本赞同这一观点，因《周礼》在当时礼法合一的法治形态下是最为重要的法律规范，上述措施至少有四点与现代社区矫正制度有相通之处：一是通过做工、羞辱和考察等轻缓形式替

[①] 据东汉大儒郑玄注，其中"害人者"是已触犯刑律但属过失犯者，不判刑而罚入狱城做工，同时以黑巾裹头并在其背上写明罪行进行羞辱，目的在于促使其悔改；有改过向上者，可以释归故里，但三年内权利受限不享受平民待遇。参见杨天宇：《周礼译注》，上海古籍出版社，2004年，第508－539页。
[②] 张丽卿：《假释制度的回顾与展望》，《刑法七十年之回顾与展望纪念论文集（二）》，（台湾）元照出版公司，2001年，第64页。

代当时主流的残酷肉刑；二是该措施并非一味惩罚报应，而是遵循"德治主义"①以教化民众为目的，拘禁期间不亏损身体，劳役期间不罚没财产；三是在程序上以考察"害人者"改过为程序分流标准，决定后续处遇措施和期限；四是在开放式环境中执行，具有明显的开放参与性。

秦汉时期则出现了正式的社会化劳动刑罚——秦汉徒刑，这一刑种在汉文帝实施刑罚改革后，以城旦舂为代表的秦汉徒刑开始有了具体刑期，刑罚制度改革呈更为和缓趋势。②因为在推行"休养生息"政策的社会背景下劳动生产成为统治阶级首要关心的问题，无论从经济、政治和军事方面考虑，维持劳动力人口规模都对维护统治至关重要，所以对于从事劳动生产的底层罪犯结合实际用劳动刑罚方式进行改造更为适宜。鬼薪白粲与城旦舂相似但惩罚略轻，本质也是劳役。此时尽管刑罚趋于和缓，趋于废除有失人道的肉刑，但是与西周时期注重教化民众相比明显在政策上更侧重发展生产、劳动力资源等统治阶级功利性考量，徒有矫正之形而缺乏最重要的精神内涵。③

---

① 孔子创立儒家的德治主义，主张无论人性善恶，都可用道德去感化教育，这种教化方式，是一种心理上的改造，使人心良善，知道耻辱而无奸邪之心。儒家认为，用德治主义治国，是最彻底、根本和积极的办法，是法律制裁难以实现的，应以德主刑辅。

② 也有许多学者将汉文帝改制前的徒刑称为劳役刑。秦末汉初处于肉刑向徒刑转化的过渡期，刑罚以徒刑为主，肉刑为辅；到汉文帝时期，缇萦上书救父，肉刑废除水到渠成。参见张晋藩、徐世虹：《中国法制通史·战国·秦汉》（第二卷），法律出版社，1999年，第159页。

③ 笔者认为这种趋势或与儒家思想的兴衰演变有关，周公礼乐文化乃儒学之先导，儒家思想发展为先秦诸子百家中最为重要学说之一，韩非子将儒墨并称世之显学。至秦汉时期，秦以法家思想为政权的统治思想，"焚书坑儒"后儒家思想遭遇重创，而汉朝在早期以道家黄老思想作为正统思想，至汉武帝时期董仲舒提出"罢黜百家，独尊儒术"后儒家思想重居正统直至清朝。

"存留养亲"则是中国封建社会特有并长期存在的一项法律制度，它起于晋朝，而后于北魏直至清朝末期都作为一种固定的法律制度被确立下来。① 有学者将其概括为中国特色的"刑之犹豫执行制度"，认为与现代缓刑存在实质不同，体现的是"人治"，否定的是"法治"，彰显的是帝王宏恩。② 实质上，"存留养亲"持续1500多年，且不似"八议""官当"等制度只适用于少数贵族、官僚特权阶级，而是基于某种正当目的而对特定符合条件的对象法外施恩暂缓行刑。这与儒家伦理道德思想在我国封建社会占据正统地位成为国家意识形态密切相关。在封建统治者看来，某些比惩罚犯罪更为重要的功能和价值必须通过存留养亲制度实现。孔子云："仁者，人也，亲亲为大""仁者安仁"，认为"仁"的最高境界是"博施济众"，其中又首重孝道。汉代作为以孝入法的关键朝代，这一时期"三纲五常"封建礼法逐渐成为制度核心，创立了一系列围绕孝的法律制度。③ 伏尔泰则认为孝道是中国封建统治的基础。④

既不能因当时封建社会形态或阶级属性而简单否定社区矫正萌芽存在，也不应以是否替代现代自由刑等作为标准衡量，就如同刑罚制度贯穿多个历史时期和社会形态，但是指导思想和方式内容却不尽相同，即便在近现代也存在封建君主专制国家，也同

---

① 臧荣绪作《晋书》记载：咸和二年，勾容令孔恢罪至弃市。诏曰："恢自陷刑网，罪当大辟，但以其父年老而有一子，以为恻然，可悯之。"是犯死、流、徒罪者的直系尊长老疾应侍而又家无成丁的情况下，对符合条件者准许缓刑、换刑，令犯人回家奉养尊长的一种制度。
② 徐岱：《中国刑法近代化论纲》，人民法院出版社，2003年，第152-155页。
③ 张纪寒：《存留养亲制探源》，《中南大学学报（社会科学版）》2003年第4期。
④ 古代中国的文职大官被视为地名的"父母官"，而皇帝则是帝国的君父，这种思想在人们的心目中根深蒂固，从而把这个广袤无垠的国家组视作一个家庭。参见张丽艳、苗威：《伏尔泰与中国儒家思想》，《东疆学刊》1999年第3期。

样有可能移植借鉴这一制度，有可能直接由肉刑等残酷刑罚向社区矫正制度跃进，最终还是需要将具体实践与社区矫正制度的特点进行对比观察，方能得出科学结论。不难理解，"存留养亲"可以视作封建统治者对特定条件范围内的犯罪者缓刑以彰显"孝道"这一明确价值导向。首先是对犯罪者，其次是对全社会，通过"尽孝"进行存善去恶之教化，且在执行中具备一定的开放参与性，只是在适用范围上进行了限缩。而在所适用的特定范围内，本质上还是暗合近现代教育刑思想，在执行方式上也与社区矫正制度有不少相似之处，唯在撤销条件上有所区别。但是，同样可以体现出法律、社会和个体三方主体的意志、关系和期望。

二、我国近现代社区矫正制度的发展

在近现代，我国社区矫正制度发展经历了较多波折，当英美等西方国家探索发展社区矫正制度时，同期的晚清政府尚处于闭关锁国的历史惯势之下，视西方列强为蛮夷。虽陷于内忧外患之中，《大清律例》仍承袭传统刑罚制度，大量适用"肉刑""赎刑"等非监禁性刑罚条款，此等刑罚体系与社区矫正制度所追求的人道主义在理念上相去甚远。① 而邻国日本经明治维新运动后呈现脱亚入欧之势，在刑罚改革过程中积极借鉴西方国家缓刑、假释等社会化处遇方式。至 20 世纪初，清政府在不利的政治经济局势下不得不实行新政变法，数次派遣官员赴欧洲、日本考察，现代监狱和刑罚制度所反映出的人道、文明和进步对这些官员产生了深刻影响。

---

① 乾隆五年颁布的《大清律例》中规定大量的肉刑，既可以节省国家财力避免建设大量行刑场所，又可为罪犯烙印耻辱标记进行道德谴责，以期达到预防犯罪的目的，同时鼓励罪行严重者适用赎刑，减轻收押压力同时增加政府收入。

中国通过学习借鉴日本法律间接开启了西方法律文化启蒙。随着山西巡抚赵尔巽奏请于各省通设罪犯习艺所，中国长期相沿的封建刑罚徒、流、军、遣至此改为数刑合一，对罪犯酌定年限及管理方法收所习艺并责令劳役矫正。① 清政府此轮法律移植的成果就是以《大清新刑律》为代表的一系列法律制度，充分吸收了大陆法系近代刑法原则，确立了罪刑法定、刑罚人道主义等原则，体现出礼法分离的强烈色彩，对我国传统律典"出礼入刑""明刑弼教"等礼法一体观念有重大修正。② 该法在内容上采用西方近代的刑法体例，在具体条款之中明确规定了缓刑、假释（暂释或假出狱）等制度。③ 国内学界普遍认为，此法即为中国最早出现的现代社区矫正制度，《大清新刑律》立法时曾试图沿用日本刑法的"犹豫行刑"一词，由于不符合中国的习惯，方才改称缓刑。④ 假释制度在《大清新刑律》中亦有规定。⑤ 对于《大清新刑律》中所设之缓刑、假释制度，学界给予了极高的历史评价。⑥ 北洋政府

---

① 薛梅卿等：《清末民初监狱法制辑录》，中国政法大学出版社，2017年，第19－27页。
② 陈新宇：《大清新刑律编纂与借用"外脑"》，《检察日报》2018年12月11日。
③ 《大清新刑律》正文分为总则和分则两编，总则又包括法例、不论罪、未遂罪、累犯罪、俱发罪、共犯罪、刑名、宥减、自首、酌减、加减例、缓刑、假释、恩赦、时效、时例、文例等17章共88条。参见李秀清：《法律移植与中国刑法的近代化——以〈大清新刑律〉为中心》，《法制与社会发展》2002年第3期。
④ 《大清新刑律》在第12章第63－65条，对缓刑的适用对象、适用条件、撤销条件以及缓刑的考验期均作了规定，其中缓刑对象包括3年以下有期徒刑与拘役者，决定适用缓刑的罪犯必须有一定的住所及职业，必须有亲属或故旧来监督犯罪人在考察期内的品行。参见徐岱：《中国刑法近代化论纲》，人民法院出版社，2003年，第250－252页。
⑤ 《大清新刑律》中规定，受徒刑之执行而有后悔实据者，无期徒刑逾十年后，有期徒刑逾二分之一后，由监狱官申达法部，得许假释出狱；但有期徒刑之执行未满三年者，不在此限。参见周少元：《论〈大清新刑律〉的刑罚制度》，《政法论坛》1995年第6期。
⑥ 左坚卫：《缓刑制度比较研究》，中国人民公安大学出版社，2004年，第18页。

时期的《中华民国暂行新刑律》和国民党统治时期的《中华民国刑法》仍沿用《大清新刑律》中缓刑、假释等制度。国民党政权败退台湾后，于1967年公布了相关制度修正案，对缓刑等规定只是略有调整。因此，我国台湾地区社区矫正制度仍较为完整地保留了上述发展脉络和制度特点。①

中国共产党对社区矫正制度进行了设计和发展。早在1932年，中央执行委员会就设立了劳动感化院；1942年，陕甘宁边区人民政府曾运用马克思主义原理创立了回村执行制度，由群众管制和教育改造犯罪分子。② 回村执行主要适用于轻微盗窃犯、悔过无再犯倾向或病释回家休养的徒刑犯；不能适用情形包括罪犯属于主观故意且被判决为汉奸者不适用，属于严重盗窃、赌博、贩毒或吸大烟的屡犯者不适用。③ 从矫正目的、功能、内容和结果分析，回村执行制度基本符合社区矫正制度相关特点，属于结合了在特殊时期环境背景下具有中国特色的社区矫正措施，走群众路线发挥基层自治优势，对犯罪者进行教育改造。④

这一时期创造性地将法律、社会与个体有效结合，不仅起到

---

① 我国台湾地区缓刑制度特点包括：1.缓刑制度采用的是犹豫执行类型；2.缓刑确定后可以交付保护观察，也可以不予保护观察；3.罚金刑可适用缓刑；4.对于年岁高、学业未成、身体有病、家累负重、须养老亲、抚育幼儿、怀胎待产、公务业务等"暂不执行为适当者"，由法官自行斟酌适用缓刑。参见郝守才：《我国海峡两岸缓刑制度的比较研究》，《法学杂志》1991年第6期。
② 晋察冀边区规定："判处5年以下徒刑，后悔有据，群众不反对，可以取保回村执行……回村执行的犯人，每月劳役不超过10日，主要从事公共建筑或为抗属及贫苦而缺乏劳力者代耕。监所应派出工作人员对他们进行考察了解，并定期召回集训教育。"
③ 梁栋：《陕甘宁边区回村执行制度对我国社区矫正的启示与借鉴》，《东岳论丛》2021年第3期。
④ 此类矫正制度的产生应该说与当时抗日民族统一战线的时代背景息息相关，旨在团结一切可能团结的力量支援抗战取得胜利。

矫正罪犯的作用，还有助于形成抗日统一战线，满足战争时期对生产建设的强烈需要，最终改善社会关系和维护社会秩序。其背后蕴含着马克思主义理论中的社会基本矛盾及其运动规律，认为人是可以改造的，多数违法犯罪者都是可以教育转变的，尤其注重发挥劳动对人的教育改造作用，这一点在中华人民共和国成立之后有多方面的司法实践应用。从此种意义上来讲法律在应对犯罪现象时，应当优先考虑对人的教育改造，不能脱离人本主义。人的本质不仅是个体本身，还包括人为创造形成的社会关系网络。

三、我国社区矫正试点工作期间的实践探索

1997年刑法颁布实施之后，一方面，我国的社区矫正制度进入一个新的发展时期，尽管仍未有社区矫正统一立法和制度框架，但是其主要内容已基本成形，缓刑等非监禁刑理论的进一步发展，刑事处遇个别化、社会化、人道化、谦抑化的理念日益受到学界的推崇，社区矫正制度的移植借鉴研究引起了立法者和实践者的关注；另一方面，尽管立法技术日趋完善，刑事司法制度不断健全，但是与之相对的司法实践则呈现另一番态势。刑罚资源投入较少与刑罚效益有所下滑成为刑事司法实践中一个明显现象，不论是重大刑事案件的发案率还是监狱在押人数，都一直居高不下。

20世纪90年代，缓刑等非监禁刑在我国刑罚体系中的适用率不论是与国际社会相比还是与国内监禁刑适用率相比，都处于低位。以监禁率和缓刑率为例，根据联合国1994年的统计，美国缓刑率约为0.536%，监禁率约为0.389%；加拿大缓刑率约为0.217%，监禁率约为0.095%；苏格兰的缓刑率约为0.117%，监禁率约为0.109%；日本缓刑率约为0.047%，监禁率约为0.03%。

国内数据显示在 1999 年，我国缓刑率则仅为 0.0208%，监禁率达到 0.116%，监禁率数倍于缓刑率。2006 年"宽严相济的刑事司法政策"正式被写入中央文件，从"从重从快"到"宽严相济"，这种刑事政策的改革调整是适应国家构建社会主义和谐社会的必然结果。以监禁刑为主体的刑罚体系明显难以适应我国宽严相济刑事政策的实践需求。在当时刑罚体系轻缓化结构缺位的背景下，司法机关受罪刑法定等原则制约难以贯彻落实宽松刑事政策。该文件还进一步指出，推进社区矫正工作正是贯彻落实宽严相济的刑事政策的有效路径。①

自 2002 年上海部分地区启动社区矫正试点开始，这一轮工作试点持续达十余年之久，两院两部发布了开展试点、扩大试点、全国试行、全面推行等共计四期通知。从国家部委层面颁布出台的若干规范性法律文件不难看出，对社区矫正的概念始终界定为与监禁刑相对应的一种非监禁性刑罚制度，在司法实践中基本接近"行刑说"的观点，试图在已有的刑事司法制度体系内进行改良优化。另外，这些文件对社区矫正的性质、适用范围、任务分工等内容也做出了规定。将社区矫正适用范围确定为五种对象：被判处管制、宣告缓刑、假释、暂予监外执行、剥夺政治权利在社会服刑的罪犯。社区矫正的工作任务虽有变化调整，但主要聚焦三个方面，一是依法执行刑罚，加强监督管理；二是开展道德法治、劳动服务、心理健康等教育矫正；三是提供社会适应性帮扶，帮助解决就业、生活和社会关系修复等问题。这些文件法律

---

① 2006 年 10 月 11 日，党的十六届六中全会通过的《关于构建社会主义和谐社会若干重大问题的决定》中则在"加强社会治安综合治理，增强人民群众安全感"中提出"实施宽严相济的刑事司法政策，改革未成年人司法制度，积极推行社区矫正。"

性质并不明确，已经超出了部门规章的范畴，具有明显的立法性质，但其发布机关并不具备立法权。

2016年12月，国务院法制办就《社区矫正法（征求意见稿）》公开征求意见，国内不少学者在各类论著和论坛中均对《社区矫正法》寄予厚望，在很多观点的争鸣和试点实践中的探索都需要通过该法给予确认和回应。《社区矫正法》颁布施行在客观上解决了相当一部分问题，就社区矫正的基本程序、内容和法律责任等做出明确规定，是制度建设的一座里程碑。同时必须承认此次立法较为审慎，还有很多思想观念冲突、体制机制矛盾需要进一步协调处理，从此种意义上讲社区矫正试点工作就此告一段落，而《社区矫正法》的颁布也标志着我国社区矫正制度的发展完善重新站上新的起点。

在西方国家的社区矫正制度中有许多具有特色的工作模式。[1]在我国社区矫正试点过程中，各地区也在结合区域特点积极建构相关社区矫正工作模式。自我国社区矫正试点工作实施初期，就逐步形成了具有代表性的"北京模式"与"上海模式"，以及随后出现的"深圳模式"，并且在社区矫正的定位与使用上呈现出显著的差别。在"北京模式"中，矫正社工为政府所聘，受政府管理，便于直接控制管理，社工缺乏独立性，总体的发展方向在于强化监管力度，类似于克洛卡斯提出的监督管理型模式。在"上海模

---

[1] 美国学者克洛卡斯将社区矫正管理模式归纳为三类：一是监督管理型模式，强调对社区矫正人员的合规性监督管理；二是矫正服务型模式，强调对矫正对象提供咨询服务、戒毒治疗、生活帮扶等影响其行为习惯；三是综合管理型模式，试图融合监督管理和矫正服务两大功能。参见 Carl B. Klockars. *A Theory of Probation Supervision. Journal of Criminal Law*, Criminology, and Police Science, 1972, 64 (4), pp. 549–557.

式"中，管理方式同时保留了监督管理和矫正服务两个行动主体，社区矫正的监管主体上移至区县司法系统，服务主体采取由社会组织管理矫正社工的形式，矫正社工的人事、薪酬、考评等所有管理内容由社会组织负责，有利于矫正社工充分发挥社会工作者的服务优势，以平等、接纳、助人自助的理念开展矫正工作。① 这种侧重加强社会服务的模式，在质性上接近于矫正服务型模式。在"深圳模式"中，创新推出政府招标购买岗位的做法，司法行政部门向民政部门申请组织公开招标社会工作服务岗位，社会工作服务机构中标后派遣社会工作者向社区矫正机构提供服务，接近于综合管理型模式。

从社区矫正工作队伍建设上看，"北京模式"属于监督直管，"上海模式"则倾向于扶持社会组织，"深圳模式"类似于市场服务公开招标。以"北京模式"为代表的监督管理型模式技术门槛相对较低，只需致力于控制社区矫正期间的重新犯罪率和避免其他风险违规行为的发生，通常依靠三方面实现：一是在适用标准上严格控制"没有再犯罪的风险"；二是严格控制在户籍和居住地接受社区矫正；三是严格加强监管措施和违规处理。不少地区受条件限制，难以达成矫正服务型或综合管理型模式，最终只能着力加强监督管理。②

在我国社区矫正试点过程中也出现不少关于社区矫正一线工作人员转警的呼声，实际上也是在表达对监督管理型模式的追求意愿。据司法部官方数据显示，随着社区矫正试点进入深水区，

---

① 但未丽：《社区矫正的"北京模式"与"上海模式"比较分析》，《中国人民公安大学学报（社会科学版）》2011年第4期。
② 此时还可以根据管理的强硬和严格程度进一步细分为两小类：执行型，即通过强力手段督促矫正对象配合执行、服从管理；消磨型，矫正对象达到遵规守纪最低要求，矫正对象不踩红线、不出问题即可。

自2013年至2017年期间,司法行政机关累计接收社区服刑人员189.6万人,累计解除174.5万人,净增长15.1万人,仅2017年1月社区服刑人员突破70万人,社区服刑人员矫正期间重新犯罪率一直处于0.2%左右的较低水平。[1] 但是这种高度审慎、限制外地户籍、严格监管的模式首先适用面非常窄,5年累计社区矫正人数只相当于1年的在押服刑人员数量。试点过程中在适用和执行中不合理限制导致重新犯罪率的数据也不能反映真实的矫正效果。有国内循证研究的对照数据分析显示,北京、上海、深圳三地区模式相互比较,"深圳模式"矫正效果最好,"上海模式"次之,证明在工作人员中社工比例的增加和专业化、组织化能够改善社区矫正人员的矫正效果。[2] 因此也验证了无论是强化警力对抗还是强化监管压制,单纯依靠严格监督管理并不能明显提升矫正效果,容易导致法律系统与社会系统的脱节。这与北美地区半个多世纪的循证研究经验大致相符,在社区矫正过程中矫正恢复等综合服务的缺失最终不利于实现社区矫正的犯罪控制目标。这些社区矫正试点期间的实践探索经验都是基于我国当前国情所做的有益探索,也为我们后续进行社区矫正制度的构建完善奠定了坚实基础。

四、关于我国社区矫正制度历史沿革的思考

研究至此不禁有疑问,为何社区矫正制度的萌芽在我国西周时期一闪即逝,即便后世自汉武帝之后儒家思想重据正统,这一

---

[1] 魏哲哲:《全国社区服刑人员突破70万人》,《人民日报》2017年1月16日第11版。
[2] 熊贵彬:《社区矫正三大管理模式及社会工作介入效果分析——基于循证矫正视角》,《浙江工商大学学报》2020年第2期。

制度却在我国法制史长河中始终难入主流，难道历朝历代统治者放弃教化民众这一重要治理手段了吗？

经翻阅史籍资料，笔者认为这一现象或与我国封建社会长期存在"皇权不下县"有一定关联。[①] 秦朝以法家思想立国，吸取周天子分封的教训，实行郡县制管理模式的初衷在于加强中央集权，对基层的管制要求可谓空前绝后。[②]《史记》记载，秦始皇每日批阅奏章"以衡石量书"。人力有时穷，面对这种局面，当权者采取严刑峻法的刑事政策，试图通过威吓预防犯罪，降低管理成本。但实际效果却南辕北辙，严刑峻法并没有解决基层问题，受国家治理能力客观限制反而引发更多问题，统治阶级一些不切实际的要求和举措最终如同火上浇油，国家继续强化惩戒形成了恶性循环，最终导致法律系统与社会系统和个体系统之间原本的正式沟通机制严重失灵。当功能实现受阻后，社会系统就会采取另外一套非法治化的模式重新寻求与个体系统之间的均衡和整合。

我国封建时期国权管辖范围始终有局限性，有学者概括为："国权不下县，县下惟宗族，宗族皆自治，自治靠伦理，伦理造乡绅。"[③] 乡绅制度才反映出封建社会真正的基层真实管理状态，到了基层自有乡绅、耆老、致仕官员、家族族长这些古代社区的领

[①] 研究"三农"问题著称的温铁军于1993年首次针对历史时期国家基层治理策略提出"皇权不下县"论断。《南方周末》2000年8月24日第2版《温铁军：以综合改革解决"三农"问题》报道："我们（指温铁军等）在1993年曾经提出过解决农民负担问题的观点和建议，认为中国自秦朝设立'郡县制'以来2000年的封建社会都是'皇权不下县'，政府对于小农经济最低成本的管理方式是乡村自治。"

[②] 秦朝对于县以下的基层组织，每30户设1位"里典"、1位"伍老"，乡一级设"啬夫""三老""游徼"。这些人属于政府公职人员，代表国家履行治安、征税、司法等职责，并由县级官员对其进行管理，最终大小事务权力集于皇帝一身。

[③] 秦晖：《传统中华帝国的乡村基层控制：汉唐间的乡村组织》，《中国乡村研究（第一辑）》，商务印书馆，2003年，第2—3页。

导者共同合作来教化和管理百姓。除个别重点城市外，国家的政令向下传达至基层民众，都必须通过乡绅阶层，除乡绅阶层之外，其他阶层很难承担这项任务。也就是说不需要政府刻意组织，大部分事务都能够在乡绅阶层的引领下于基层社区内部消化，明清两朝在地方上正式推行"乡规""社约"，例如明朝心学创始人王阳明在担任南赣巡抚期间，正值当地山民起义不断，遂采用"教抚并用、恩威并施"的方针，在军事压制外，还制定了《南赣乡约》从根源上解决社会治理问题，乡民们推举约长、约副、约赞等自治领袖，约长掌握彰善簿和纠过簿，实现教化乡民、规范行为和稳定秩序等目的。[1] 乡绅阶层一方面补充了地方政府行政能力的不足，另一方面又作为意见领袖代表乡民的利益，搭建起社会阶层之间承上启下的一道桥梁。一般案件可以依靠乡绅制度和乡规民约、宗族家规等得到调解、赔偿、惩罚，最终民不举官不究，少部分重大案件惊动官府才会纳入正式的追诉程序。此时，因士绅阶层往往具有举人、秀才或官员家属等半官方身份，与地方行政司法体系间有着天然联系，因此这种"皇权不下县"现象的背后其实是法律系统、社会系统、个体系统通过士绅阶层重新寻求了相互间的利益均衡和结构整合，形成了以宗族士绅为主导，以伦理道德和乡规民约为核心的机械团结。

美国社会学家弗里德曼研究指出，社会势力由利益分配而产生，但有利益需求的个人和集团并不一定求助法律机构满足他们的需要，因为法律不可能满足所有利益主体的需要。[2] 我国近代有

---

[1] 金根：《传统乡规民约的价值、经验与启示——基于〈南赣乡约〉文本分析的视角》，《中国农业大学学报（社会科学版）》2014 年第 4 期。
[2] 弗里德曼：《法律制度》，李琼英、林欣译，北京：中国政法大学出版社，1994 年，第 174 – 175 页。

些法律制度改革未能发挥预想的功能效用①，其主要原因就在于未掌握社会治理中的主要矛盾，移植的制度与当时半殖民地半封建的旧中国治理体系水土不服，并没有首先解决法律系统与社会系统和个体系统之间的耦合问题。

　　社区矫正属于典型的基层治理事务，其问题出现在基层、处置在基层、执行在基层，统治阶级不可能事无巨细地把关和参与其中。并非社会缺乏教育矫正需求，我国传统思想恰恰热衷于教育感化，而是这种需要通过正式的司法程序难以实现。因此，大量越轨行为在历史中并未纳入正式程序中予以处置，而通过其他更符合基层主体利益的自治制度替代实现了社区矫正所具备的功能，具有更强的地域特色和裁量自由。同时因缺乏正式的法律约束和程序规范，也容易滋生恣意妄为情况。一些历史惯性即便时至今日也可以在我国的基层治理中窥见其身影，所以我们在构建我国社区矫正制度的同时，一方面，要挖掘和发挥自古以来基层自治、教育感化的优良传统；另一方面，也必须清晰地认识到，一旦社区矫正制度功能不能满足基层治理需要时，在强大的历史惯性下，这一制度可能会迅速异化或沦为摆设，因此必须深入研究其中的系统间耦合和功能分化问题。

---

① 无论以沈家本为代表的受西方法律影响且具有爱国思想的封建士大夫，近代推出一系列改革刑罚执行的动议和设计，还是辛亥革命后以孙中山为首的资产阶级代表欲借鉴西方法律制度，在刑罚执行中主张矫正主义和感化主义的原则，都未取得理想的司法实效。参见杨永华、方克勤：《陕甘宁边区法制史稿（诉讼狱政篇）》，法律出版社，1987年，第245-246页。

第二章 我国社区矫正制度的系统功能分析

结构是从系统的内部描述系统的整体性质，功能则是从系统的外部观察系统整体性质。[1] 就如同手工编织的中国结，从外部观察其有复杂的纹理，想直接描述和分析都很难找到头绪。但是，如果对其内部抽丝剥茧进行结构分析之后，会发现不外乎是几缕细绳以某种规律交汇编织而成，形成了复杂的结构和图案。很多时候，人们在讨论社区矫正制度功能的时候，只是简单地对现象和结果进行描述，而忽略了功能背后的系统结构以及发展脉络，但是这两点对于我们科学地理解一项制度的功能分化以及随后的功能选择过程至关重要。在功能与结构之间存在着密切的联系，也有助于我们拨开复杂性的"迷雾"去看清制度背后的系统运行机制。

本章要研究的功能并非法律作为一个抽象整体概念在其系统内部所具备的规范功能（如法理学教

---

[1] 王雨田：《控制论、信息论、系统科学与哲学》，中国人民大学出版社，1986年，第502页。

科书中介绍的指引、评价、预测、教育、强制等功能），而是社区矫正制度这一特定制度存在于社会大系统之下的功能。社区矫正制度在实践探索初现之时呈现出较大的功能发散性和随意性，并没有形式内容统一的名称或程序机制，对矫正的效果也缺乏稳定预期。从目前国内外已有的社区矫正制度司法实践来看，功能设计常与目的、价值纠缠不清，从原始的教育改造功能逐渐分化衍生出预防犯罪、惩罚制裁和提高效率等功能，当前这些功能又有进一步分层分化和选择替代之趋势。

在研究我国社区矫正制度的功能之前，有必要对本研究中的"功能"进行界定，这种功能是一种实然状态呈现，与系统和结构紧密关联。我国社区矫正制度目前所暴露出的问题最终指向建构缺乏系统思维，仍将这一制度视为单纯的法律系统内部运行。其系统功能结构模糊并且耦合不佳，存在明显的系统功能缺陷，未能随社会复杂性增长进行功能分化和理性选择，具体运行陷入现实困境，无法满足不同层次主体的需求。笔者以法律、社会、个体三个重要子系统为划分依据，尝试对社区矫正制度进行功能的系统结构分析，并进一步考察反思其功能缺陷及现实困境，意在为系统功能的发展完善找准方向。

第一节　社区矫正制度的功能界定

在自然科学领域，历史上一般认为"结构决定功能"是自然界的普遍法则，凸透镜和凹透镜的结构决定了各自的功能区分。但是在生物学领域，情况就有一些复杂——生命被证明是动态进化的，谁决定谁就存有疑虑。例如，长颈鹿的脖子长，这个长脖子自有其功能，是否能解释为动物在生存环境中需要这个功能，所以选择出有长颈的结构性状。黄金原本只是地球上一种较为稀少的金属，只有在人类社会发展到一定阶段才被加工并赋予一般等价物的功能。作为人为创设的事物，法律制度随着社会自身的发展而改变。涂尔干把这种社会发展看成是从块状分化向功能分化的社会渐进重构，并由此推导法律从压制性制裁转变为恢复性制裁，这种变化只是消除损害并重建系统各部分功能。[1]

制度的功能研究必须对应然与实然进行区分，应然层面是制度设计时预期能够发挥的效用，是制度创设的目的而非功能；而实然层面则是在法律制度运行过程中所现实发挥的效用，这种可见的客观后果才是制度的功能。区分法律功能与目的，正是比较法中功能分析方法的理论起因。[2] 例如，刑事强制措施的目的是保障刑事诉讼活动的顺利进行，拘留、逮捕等羁押手段只是为了杜绝自杀、逃跑或者串供、毁灭、伪造证据等妨碍刑事诉讼活动的行为。在实际运行过程中，类似"以捕代侦"的现象时有发生，说明功能与目的是两个不同范畴，现实中绝非有什么立法宗旨就必然导出相应的功能，这也符合法学研究中必须具备的批判性思维。[3] 当应然的顶层设计与实然的司法实务之间存在分裂和错

---

[1] 尼克拉斯·卢曼：《法社会学》，宾凯、赵春燕译，上海人民出版社，2013年，第55-56页。
[2] 瑞典比较法学家波格坦认为，将法律规则的政治目的（即促进一定方向的社会变革）与法律规则的功能（调整的特定生活环节）混为一谈会造成严重错误。参见沈宗灵：《比较法研究》，北京大学出版社，1998年，第18页。
[3] "以捕代侦"一般是侦查机关在查办刑事案件过程中，已经对犯罪嫌疑人采取了刑事拘留措施，因拘留期限将尽而向检察机关报请批捕，但由于犯罪证据收集尚不充分，不符合逮捕条件，检察机关按照规定应当不批准逮捕，侦查机关往往出于侦查需要，同检察机关协商，先予批准逮捕，相关犯罪证据待逮捕后再进行补充收集的行为。最高检2013年甚至专门发文明确附条件逮捕的适用标准，防止这一异象发生。

位叙事时,就需要我们认真观察、深刻反思并及时调整。

一、功能与目的、价值的界分

要进行社区矫正制度的功能研究,首先就必须厘清什么是功能,功能与目的、价值等概念在社会科学的研究过程中常易混淆滥用。根据《现代汉语词典》的解释,功能是指"事物或方法所发挥的有利的作用、效能"。[①] 目的是指"想要达到的地点或境地;想要得到的结果"。[②] 价值在这里也不是经济学概念,而是客体满足主体需要的积极意义或客体对主体的有用性价值。[③] 哲学领域对三者之间关系的界定都涉及人类实践的范畴,功能是基于客体本身具备的效用,强调其客观为主体所用,即客观满足主体,功能的主体除了人之外还有可能是更大范围或更抽象的主体;[④] 目的是立足于主体和主体需要,强调其"主观性"和"选择性",即主观选择和改造客观;价值是立足于主体与客体的对应关系,既有其客观的存在形式,又有主观的反映形式,强调其"关系性"的对立统一。[⑤]

[①] 中国社会科学院语言研究所词典编辑室:《现代汉语词典》,商务印书馆,1980年,第376页。

[②] 中国社会科学院语言研究所词典编辑室:《现代汉语词典》,商务印书馆,1980年,第801页。

[③] 马克思主义哲学认为,价值的本质是现实的主体(人)同满足其某种需要的客体(外界物——自然或社会)的属性之间的一种关系。参见陈岚:《浅论刑事诉讼的价值和目的》,《湖北社会科学》2011年第12期。

[④] 例如,臭氧层的功能包括吸收短波紫外线和加热大气等,这些功能不仅对人类有效,同样对地球所有生物和生态圈有效。植物的光合作用在人类诞生之前就已具备了自身功能属性。

[⑤] 孙正聿:《哲学通论》(修订版),复旦大学出版社,2005年,第175页。

价值与目的紧密联系，目的反映价值、价值决定目的。① 目的是一种主观而理想的目标，例如刑事诉讼目的的产生是对刑事诉讼的价值进行理性认知之后，基于主观评价而自主选择的产物。有可能某天然物因恰好具备某种功能可以满足主体需要，符合主体特定的价值需求，从而主体进行具有目的性的社会实践活动；同时也有可能是主体基于某种目的，创造出一种具有特定功能的事物，并产生价值。

法律制度的功能，取决于实践中它对社会关系进行调整的效果。② 因此在法律制度的功能与目的之间容易偏离或背反，尽管法律制度作为人为创设的事物必然带有目的性，但当某一项制度由蓝图转为实践并与复杂的外部环境相合时，其功能由主观创设向客观效用转化，此时体现出一种较为客观的因果关系，同时因其客观效用在一定程度上符合主观创设而达成合目的性。因果和目的之间并不等同，这一点在第二次世界大战后德国刑法学者威尔哲尔所提出的因果行为论向目的行为论的理论转变中就有充分的论证体现。例如，某甲于楼上高空坠物，不知某乙经过楼下，某乙被坠物砸中身亡，从因果来说乙确因甲而亡，但乙之死亡不能称之为甲的目的。"法律本身没有什么目的，目的是立法者和司法者的目的，但法律有功能，他能为立法者和司法者的目的提供某种

---

① 具体到刑事诉讼领域："刑事诉讼目的是指国家制定刑事诉讼法、进行刑事诉讼活动所期望达到的目标，是立法者根据社会主流价值观的需要并基于对刑事诉讼固有属性的认识预先设计的关于刑事诉讼结果的理想模式。""刑事诉讼价值是指刑事诉讼立法及实施能够满足国家、社会及其一般成员的特定需要而对国家、社会及其一般成员所具有的效用及意义。"参见陈光中：《刑事诉讼法学》，中国人民公安大学出版社，2004年，第75–81页。
② 詹建红：《论刑事诉讼功能的契约化嬗变》，《中国刑事法杂志》2011年第5期。

服务。"①

造成目的与功能之间"二律背反"的根源在于法律实施的内外环境所致。②当功能与目的发生"事与愿违"的偏差时，也并不绝对丧失其价值，此时不能以某一时间点去静态观察，而必须在嬗变过程中动态分析，有时立法目的也会随法律制度功能进行革新转变、丰富完善。只有背离或偏差达到一定程度时，两者才会相互影响、纠缠并再度融合，有时是因时因势对目的进行调整向功能靠拢，有时是回归"初心"确保功能合乎目的，具体通过哪种途径则取决于主体的价值衡量。近年来，人们在社会生活中感受最深的当数住房制度改革进程中的功能嬗变。③商品房从改革初期的保障居住功能逐渐衍生出投资理财、教育分层等功能，并且在一定范围内产生了积极效用。当背离程度在可控范围内时，政府从经济建设和民生改善等角度不得不接受这种功能转变，即目的向功能的妥协；但是当背离过于严重且已经妨害目的实现时，国家通过"房住不炒"等一系列政策法规调整对功能的背离进行矫枉纠偏，即为功能向目的之回归。这些调整变化的核心就是某项具体制度内容和结构的变化。

因此，功能可以理解为事物对于主体的客观效用，功能的实现则是主体对功能的主观选择与评价之过程。功能分化也需要同时考察主体与环境之间的关系，深层机理就如同水上行舟，可能

---

① 马克思、恩格斯：《马克思恩格斯全集》（第42卷），人民出版社，1979年，第96页。
② 公丕祥：《法制现代化的理论逻辑》，中国政法大学出版社，1999年，第135-136页。
③ 20世纪90年代，国家为推进这一重要改革，通过一系列法律法规和规范性文件建立了复杂的制度体系，国务院在文件中提出住房制度改革的根本目的是：建立与社会主义市场经济体制相适应的新的城镇住房制度，实现住房商品化、社会化；加快住房建设，改善居住条件，满足城镇居民不断增长的住房需求。

是船在动也可能是水在动,更大可能是两者皆发生变动。当法律制度内部各部分复杂化、专业化达到一定程度时必然存在分工。社区矫正制度的诞生本就包含特定的目的(期望),但是具备哪些功能,从不同角度观察会得出不同结论,处于一种动态且模糊的状态,并且随主体的不断选择评价和发展完善,继续呈现出分化和选择态势。

社区矫正制度功能分化的结果就是对于不同的主体需要演化出更为复杂的结构,体现出不同的底层逻辑和层次关系:在结构上可能是递进式关系,按演变过程可以分为原生功能和衍生功能;也可能呈并列式关系,按对主要目标的满足程度分为基本功能与辅助功能;如果根据社会行动的主观动机与客观后果之间关系划分,还可以分为显性功能和隐性功能等。[1]

二、社区矫正制度的系统功能分化

(一) 个体系统的教育改造功能

教育改造功能主要针对每一个具体的个体系统发挥作用,是社区矫正制度确立之初便具有的"初始功能",也是社区矫正制度自始至终追求的直接目的。虽然当时的缓刑等社区矫正措施在诞生之时都带有明显的宗教色彩,但其本质仍然是对人的思想行为按照当时的主流价值观进行教育改造。

笔者认为这一功能也是社区矫正制度得以独立存在的重要基础。因为并非所有刑罚都具备这一功能,例如死刑的执行过程就不可能蕴含教育改造功能,肉刑因其以暴制暴、野蛮残忍,只能

---

[1] Robert K. Merton, "Manifest and Latent Function" in *Social Theory and Social Structure*. N.Y., Free Press, 1968, pp. 74–91.

摧残肉体，很难取得受刑者在思想上的扭转和认同之功效。监禁刑也是发展至近代才萌发出教育改造的目的，直到1870年美国监狱大会上通过的《原则宣言》才指出，社会针对罪犯所实施的处遇是为了保护社会，处遇直接作用于罪犯而非犯罪行为，因此监禁刑的首要目标应是改造罪犯促进其道德更生，而不再是通过实施报应使其忍受折磨。① 但是宣言式的行刑目的并不一定就能够引发客观的功能性结果，单就监禁的执行过程而言，执行成功与否的判定标准首先是刑期是否顺利执行完毕，即便服刑人在思想上对教育改造内容不屑一顾，只要他顺从监禁管理，那么就没有理由去加重或延长其刑罚。在监狱的高压环境中，服刑人通常都表现得遵规守纪，教育改造的效果如何始终存疑，也缺乏足够的社会实践去验证。

当监狱机构的改造效果被证实并不理想时，自然有一部分监禁刑的教育改造功能会让渡于社区矫正制度去实现。教育改造功能可以从两个层面去理解：一方面是偏重思想观念等主观方面的教育引导，即对个体的法治教育、思想教育、劳动教育、行为规范教育等，主要是针对违法个体的内因发挥作用；另一方面是结合社会实践完成个体系统与社会系统之间的关系改造，不论是通过劳动服务或是社会工作等改造方式，都旨在针对外因进行改善，将一个与社会群体存在着矛盾冲突的个体改造为能够适应并融入新的社会关系的社会人，即在个体系统中延展而出一个与社会系统能够融洽相接的接口，为其再社会

---

① E. C. Wines. D. D., *Transactions of the National Congress on Penitentiary and Reformatory Discipline*, The Argus Company, 1871, pp. 541–547.

化做好准备。

在对社区矫正人员的教育方面,"矫正"一词常通"纠正","矫"是手段和方式,而"正"则有正本清源之意,本就蕴含着明确的教育目的,只是在执行力度上带有一定的强制性。在违法犯罪者的再社会化过程中,不论是"社会教化"抑或"个人内化"都需要通过一定的教育手段灌输以社会主流的人生观、价值观和社会文化,也就是"正"之所在;在社会制度中,政治、经济、法律等制度都是人类精神文明的产物,自有其复杂的运行规则,同样需要通过教育习得,增强社区矫正人员的思想道德素养,对错误的三观进行拨乱反正,寻求个人和社会共同发展的最大公约数,因此在社区矫正中除了要遵循法律规则,还必须遵循对个体的教育规律和社会的价值标准。

犯罪行为是在思想主导下的外化活动,从客观社会认知角度进行分析,思想可以区分为正确与错误、全面与片面、积极与消极等多元组合,思想多元化导致绝大多数社区矫正人员都是因在各种思想和行为上的偏差,最终越过法律红线。[①] 犯罪的主观方面有故意与过失之分,故意犯罪者在意识因素上已预见自己的行为可能发生危害社会的结果,在意志因素上仍积极追求或放任危害结果发生,在思想行为上已显现出明显的扭曲状态;过失犯罪者虽主观恶性和反社会性较小,但是仍存在疏忽或轻信之主观思想过错。因此,犯罪治理的关键环节在于教育思想,即扭转犯罪者三观。

对社区矫正人员的教育改造,作用机理在于从思想上摧毁原本的罪错心理结构,重新建立其正常的心理结构,从而消灭附着

---

① 连春亮:《社区矫正中文化的教化和规制》,《宜宾学院学报》2021年第3期。

于犯罪人身上的各种抽象的破坏性、消极性因素，向建设性、积极性因素转化，从根本上改造一个人的犯罪心理结构和犯罪恶习的制度和做法。① 根据教育改造的实施路径不同，又可以进一步分化为由外及内的监督管控功能和由内及外的教育帮扶功能。在现代法治国家的刑罚体系中，死刑或终身监禁始终只占据极小部分，刑事犯罪中轻罪案件则一直占据着较大比重，避免这部分犯罪者被推向社会的对立面并通过教育改造重新成为社会的建设者，具有极强的现实意义和教育意义。

（二）社会系统的预防犯罪功能

社区矫正制度的预防犯罪功能侧重于在社会系统中发挥作用，是以针对个体的教育改造功能为基础，由个体及社会进行功能分化。相较于20世纪初的犯罪康复矫正理论聚焦于病因的矫正，社会防卫理论则认为改造或矫正应满足社会系统的主体需要，同时也反对古典学派将犯罪人仅视为抽象的法律概念，在刑事诉讼中也应当对社会事实和犯罪人的人格进行研究，防止法律与社会事实和个体人格脱节。新社会防卫学派强烈主张对以监禁刑为主的刑罚制度进行改革，破除刑罚在应对犯罪、保护社会方面的垄断地位，倡导多一些"非犯罪化""非刑事化"的刑事政策。② 良好的刑事政策是尽可能地采取措施帮助犯罪者复归社会，恢复社会秩序，不宜将其推到社会的对立面。事实上的监狱与人们所期望建立的监狱相去甚远，不仅没有很好地发挥预防犯罪的作

---

① 金其高：《犯罪学》，中国方正出版社，2004年，第254页。
② 涂欣筠：《新社会防卫论及其对我国刑事政策的启示》，《理论探索》2017年第2期。

用，反而衍生出一种反社会环境，成为孕育再犯的温床。① 监狱虽然能够对潜在的犯罪者产生一定的心理威慑作用，但它并非处遇犯罪的首选措施，因为封闭的高墙阻隔了犯罪者的社会化进程，长期的监禁也会使犯罪人不能适应外界迅猛的社会发展，最终与社会格格不入而遭到排斥。社区矫正能够较好地克服这一缺陷，一是开放社会环境不影响社区矫正人员日常生活，与社会联系紧密不至于脱节；二是社区矫正工作直接作用于思想观念和行为习惯，能够有效增强社区矫正人员的社会适应性；三是社区矫正杜绝了在监狱封闭环境下亚文化传播互动和不良习性感染。

因此，笔者认为国家权力理性的表达并非只有单一渠道，除了传统的国家强制力（军队、警察）之外，还有其他的治理模式可以运用，例如国家权力与社会力量建立契约关系进行共同治理。社区矫正的理想社会效果在于有效改善个体情况，防止将来重新犯罪，从社会层面去实现犯罪治理和控制目标，保障社会安全有序。② 社区矫正制度所体现的公平正义不仅是在个体层面保障人权，还为构建和谐社会环境提供了有效途径，在更深层机理中发挥预防犯罪的作用。根据预防犯罪的理念和方法不同，这一功能随后又会随着社会发展产生新的功能分化和选择，如对社会风险进行防范隔离，或者进行化解治理（这种选择的逻辑就类似于对病变器官究竟是摘除还是治疗）。

---

① 18世纪末，人们在建立严格监狱等级制度的同时希望监狱成为惩戒性刑罚；19世纪末，人们要求监房关押能使罪犯悔过自新；20世纪，人们则企图将监狱作为一个帮助罪犯重归社会的场所。参见马克昌：《近代西方刑法学说史略》，中国检察出版社，2004年，第324页。

② 贡太雷：《惩戒·法治·人权——关于社区矫正制度的法理研究》，西南政法大学2014年博士学位论文，第66-67页。

(三) 法律系统的惩罚制裁功能

惩罚制裁功能并非社区矫正制度与生俱来的功能，而是在社区矫正制度发展过程中在法律系统功能发挥不充分时做出的一种适时调整补充。因社区矫正制度较传统刑罚制度更为和缓人道，并且制度诞生之初为了与传统刑罚相区分，将人从严酷刑罚中解脱出来，并未规划设计明显的惩罚制裁功能。[1] 在康复矫正模式下，社区矫正被视作是对犯罪者的"疾病"进行治疗，就如同对传染病人进行强制隔离、限制自由不能理解为对病人的惩罚制裁，因此这一时期社区矫正制度的法律系统自然也不存在明显的惩罚制裁功能。

第二次世界大战后兴起的社会防卫理论甚至主张废除"犯罪""刑罚"等概念。[2] 但有一句著名的法律谚语"任何人不得从自己的违法行为中获利"，具体而言，越轨的违法行为意味着对其他权利的侵犯，法律对此行为既不能给予肯定和支持，也不能不予评价或给予中立评价，必须给予否定性评价。20 世纪 70 年代，因英美等国社区矫正后重新犯罪率高，社区居民安全感下降，引发社会公众对社区矫正合理性的怀疑。[3] 现象背后的实质就在于个体

---

[1] 例如，被"缓刑之父"奥古斯塔斯带回去的酗酒青年只是在延期审判的三周内做到滴酒不沾、勤劳工作、照料亲人等良好行为规范，最终处罚也仅仅是如此。

[2] 该理论认为国家应当运用的犯罪治理具体措施是与传统的刑罚迥异的全新"一元化"措施——"社会防卫处分"，这种处分体系基于生物学、心理学、社会学等科学知识建立，没有使受处分者遭受痛苦的特点。马克昌：《近代西方刑法学说史略》，中国检察出版社，2004 年，第 345 - 347 页。

[3] 当时公众认为社区矫正制度的不合理性的焦点问题包括五点：1. 犯罪人没有被拘禁，社区居民感觉安全得不到保障；2. 罪犯放回社区不能体现等量报应，失去了法律公正性；3. 没有替被害人主持公道，对被害人形成"二次伤害"；4. 为社区矫正人员提供社会福利救济，守法公民相对受到冷遇，无法体现公平；5. 监狱行刑的安全更具有保障。参见王顺安：《社区矫正理论研究》，中国政法大学 2007 年博士学位论文，第 118 - 120 页。

系统矫正效果不佳,渗入社会系统引发强烈排斥,最后社会系统的新期望推动法律系统产生新变革。

实际上对刑事政策的宽和严的把握本就是一对矛盾关系。从犯罪的处遇结果来看,既有严厉到从肉体上永久抹除的死刑制度,也有宽大处理不予追究刑事责任的不起诉制度,在宽严程度上呈现出阶梯式上升状态,以应对各类情节轻重不一的犯罪,同时做到适应某一时期社会治理形势。社区矫正制度该如何进行否定性评价成为一项重要命题,现代主流的社会思想和公众在情感上还是无法接受完全放弃惩罚制裁的犯罪治理方式。无论从何种社区矫正目的出发,最终在制度的功能设计时必须在一定程度上满足或替代法律系统的惩罚制裁功能以实现司法公正,只是受限于人道主义要求,必须在方式上更为注重文明和人权保障。自此之后,社区矫正由康复性矫正阶段过渡至公正性矫正阶段。

20世纪80年代,为了在宽与严之间更灵活地寻找公正的平衡点,以美国为代表的国家在社区矫正中发展出了"中间制裁"(intermediate sanction)这一新形式。中间制裁一般被认为是介于传统的社区矫正和监禁刑之间的制裁形式,其惩罚严厉性比传统的缓刑或假释等形式要强,但是又比监禁刑相对轻缓。[1] 中间制裁在很大程度上是一种学术概念,具体包括严格监督型缓刑、休克监禁、间歇性监禁、休克缓刑、休克假释、复合刑罚、矫正训练营、家庭拘禁等措施。[2] 这一制度产生的时代背景正是"马丁森炸弹"使人们怀疑改造型矫正计划的效果,"公平惩罚"观念在当时

---

[1] 吴宗宪:《社区矫正比较研究》,中国人民大学出版社,2011年,第427页。
[2] Paul F. Cromwell and George G. Killinger. *Community-based corrections: Probation, parole, and intermediate sanctions*, Minneapolis/St. Paul: West Publishing Company, 1994, pp. 266-283.

学术界流行起来，并影响了许多决策者和实务工作者。人们一方面对传统社区矫正措施效果存疑，呼吁加大惩罚制裁力度；另一方面又面临监狱拥挤、环境恶化、费用增加等现实困境，在此两难之境下最终需要社区矫正制度能够具备更为人道且理性化的惩罚制裁功能。因此在法律系统进行功能分化过程中，除了具备惩罚制裁功能之外，也必然随之相对应地蕴含着一定程度的人权保障功能。

在现代化的社会治理中，很少有国家再寄希望于依靠简单的威慑、报应去治理犯罪，而是通过健全犯罪人的社会生活和修复社会关系去实现公正，在社区矫正制度中的惩罚制裁功能也应依据这一理念进行系统耦合设计。制裁既是一种对犯罪行为侵害后果的对价偿付，又需要兼顾对个体进行改造的过程。[①] 社区矫正作为一种重要的刑事处遇方式，同样也体现着法律对受矫正者人权的尊重和保障，社区矫正制度一旦背离这一目的将不再是社区矫正。对于个体来说，重回正轨和社会发展完善的追求取代了威慑报应的等价性追求，成为衡量社区矫正制度惩罚制裁理性的标准。社区矫正的公正性来自惩罚的适度和确定，并非所有社区矫正措施都要强调或体现惩罚制裁功能，从历史经验和国际经验来看这一功能可以有，却并非在所有的社区矫正阶段和所有措施中都必须有，而是要在法律系统内通过建立正当的程序机制和理性的惩罚制裁功能体系，根据情况在"宽"与"严"之间进行增减调适。

---

① 罪刑法定原则下的刑事司法判决，一方面是宣告了某种被破坏的法律秩序的基本恢复；另一方面，也是社会治理者在犯罪人法定的服刑时间内对其进行特殊管理并帮助其重建社会关系的正式开始。

(四) 经济系统的诉讼效率功能

在西方国家社区矫正制度中还有一种系统结构划分，即将经济系统也作为其中一项重要子系统，但是笔者对此始终持保留态度。效率代表着一种比值，最初作为能量输入与输出之比，随后在管理学中被引申为最有效地使用社会资源以满足人类的愿望和需要。从经济学的角度看，任何资源都是有限的，因此人类为了生存发展都理性地"追求最大化地满足自身需求"。波斯纳基于这种经济学上的理性人假设推导出三大定理：一是消费者设法通过有限资源寻求最大满足；二是出售者设法以有限资源获取最大收益；三是自由市场中资源将流向最佳运用者以获取最佳效率。[1]

古代社会个体生产力水平低下，对其施以死刑、肉刑为主的刑罚并不会产生较大的劳动力损失，尽管如此也有诸如流配、赎刑等从经济性考虑所采取的变通刑罚。在北美殖民地时期为了便利刑罚执行并节省相关成本，也多采取罚款、鞭笞、羞辱、驱逐、死刑等便于执行的刑罚。在欧洲工业革命之后，生产力水平得到极大发展，人的劳动力借助各种科学技术手段得以放大，可以创造出更多剩余价值，统治阶级认识到人力之可贵，使犯罪者接受监禁保留有用之身同时参加劳动，既有惩罚威吓之效果，又可以利用其创造财富。[2] 随着社会进一步发展，世界各国人口不断激增，犯罪总量随之增长，监禁刑所需刑罚成本越来越大，而监狱场所的修建、司法机关人员的配置很难等比例有效扩充，不少国家迫于现实的刑罚执行经济压力也不得不考虑对刑事程序分流和

---

[1] 林立：《波斯纳与法律经济分析》，上海三联书店，2005年，第43-45页。
[2] 袁登明：《行刑社会化研究》，中国人民公安大学出版社，2005年，第145页。

社区矫正等制度措施进一步优化相关资源利用和配置。

现代法治国家的司法资源在使用上也面临这一问题，诉讼和刑罚是重要的犯罪治理手段，运行需要消耗大量的社会资源，主要体现在两个方面：一是可以用数学方法计量的有形物质成本，即国家为了保障刑事法律制度的正常运行，需要在人力、物力等方面持续投入消耗，包括从侦查、起诉到审判、执行的各个环节所消耗的资源；二是难以具体计量的无形非物质成本，即因追诉犯罪而伴生的各种副作用，如羁押或监禁期间所受的影响和非正式群体的形成，犯罪者同社会的相互对立排斥情绪加剧等。因此，追诉犯罪的经济性体现在以最小投入来获得最有效的犯罪控制预防效益，必须衡酌犯罪治理的效果。

经济学分析方法引入法学、社会科学领域之后，行刑的经济化观念也与社区矫正有着密切的联系。虽然任何法律制度都必须考虑经济性，但是某些制度则更容易发挥经济性优势。监狱的行刑成本一直居高不下，社区矫正与之相比在经济性上更具优势，理性的现代国家通常会核算法治资源使用的效率与成本。从西方国家已发展较为成熟的社区矫正制度立法与实践中可以看到，大部分都融入了程序分流机制帮助优化资源配置，即针对不同的犯罪者以及不同的案件性质，决定是否予以追诉，如需追诉则适用与之相适应的追诉程序，同时也衔接社区矫正在内的处遇措施进一步节省成本。

最后必须清醒地认识到，正如福柯对资本主义潜心研究"惩罚艺术"和刑罚经济学的反思[1]，历史上一些国家在犯罪行刑和其他

---

[1] 米歇尔·福柯：《规训与惩罚》，刘北城等译，生活·读书·新知三联书店，2019年，第 111–140 页。

第二章 我国社区矫正制度的系统功能分析

处遇措施之间精打细算地计量研究经济效率也并非单纯是为了追求法律的公平正义，而是以推进改革追求正义之名，行统治阶级逐利之实，在社区矫正制度发展过程中掺杂了相当一部分利益驱动，节省下的成本也不一定用之于民，甚至在利益驱使下可能违背理论共识引发功能异化。有数据显示，自20世纪80年代以来，美国罪犯人数连创新高，公立监狱不堪重负，由政府补贴、私人出钱建造监狱的方案应运而生，美国人口仅占世界人口的4.2%，其监狱人口却占据了世界监狱人口的22%。2019年全美共有200多家私营监狱，替政府关押罪犯近12万人，监狱经营者将罪犯当作廉价劳动力强迫其劳动，经营监狱也成为一门生意，私营监狱承包商每年在资助政治候选人和政治游说上投入巨额经费，在政府纵容下私营监狱成为美国"现代奴隶制"的独特风景线。[1] 与之相矛盾的是，行刑社会化和社区矫正制度的发展在很大程度上源于美国学界的研究和推进。

因此，笔者并不赞成在我国社区矫正制度构建时，参考西方国家把经济系统作为内部独立结构进行功能研究和设计，否则容易荒腔走板。或者说经济系统不是处于社区矫正制度内部的子系统，而是应用于国家治国理政策的宏观背景下，统筹整个社会大系统中各方面的经济性，是制度与制度之间联系的桥梁。提高经济效率的功能虽然在社区矫正制度中也客观存在，但必须站在社会治理整体层面来考虑，融入司法制度、行政管理的各个环节，以优化法治和经济资源配置利用为目标，在若干法律制度之间进行综合衡量。而不是单纯计较社区矫正制度能够在替代监禁刑过程中节省多少成本、为政府减轻多少财政负担。尽管对个体的社

---

[1] 《到底是谁在强迫劳动？"现代奴隶制"在美国私营监狱里上演》，《光明网》2021年8月14日，https://m.gmw.cn/baijia/2021-08/14/1302486101.html.

区矫正较监狱行刑而言确实能够节省相当一部分看得见的成本和资源,但是并不意味着在犯罪治理方面的总成本必然下降,节省出来的成本和资源应运用到社会治理的其他方面,包括对普通公民的普法宣传,对犯罪者的教育帮扶,对社会组织的扶持,对专业人员的培训,对安防监控设施的升级,等等。这些内容的成本投入可能远大于社区矫正所节约的行刑成本,但这才是一种更富有效率的资源配置方式和争取治理效能最优化的结果。为了有效化约社区矫正制度之外的复杂性,本书后续也未将经济系统及其功能纳入研究范畴之中。

三、社区矫正制度的系统耦合机理

从前文对社区矫正制度诞生以来的功能嬗变情况分析可以看出,该制度的功能随着人们的思想的认识和社会实践的发展而逐步分化,同时基于功能分化,系统的结构也在日趋复杂化,以维系整个制度的结构系统稳定性,同时更好地对待和处置其所处人类社会现代化和全球化这一大环境的复杂性。这也完全符合社会系统理论中的核心观点,即功能分化优先于系统结构形成。

系统其实就是自我指涉和自我生产的操作网络,操作指的是设定差异和标示差异两个行动构成的一个过程。[①] 现代社会的复杂性决定了法律制度需要不断进行功能分化,时至今日社区矫正制度功能系统结构较其他法律制度更为复杂,根据前文分析笔者将其划分为法律系统、个体系统和社会系统这三个相对均衡的重要

---

① 自我指涉和自我生产是社会系统理论的核心概念,自我指涉是系统各组件不停地在相互关联和环境交互中进行自我确认和相互区分;自我生产是系统不断生产出组成其单元统一体的各个构成部分,实现组件的自我更新和重组。参见 Niklas Luhmann, Soziale Systeme. Grundriss einer allgemeiner Theorie. 1985, p. 25.

子系统。关于法律系统、社会系统的划分问题在法社会学中已有较多研究，此处不再过多论述。而对个体系统的划分于法学研究者而言相对陌生，但是在社区矫正这一具体制度中却是不容忽视的一个重要组成部分。

不少学者会质疑个体是否有资格与法律、社会等宏大复杂的概念相提并论。但是即便从最前沿的量子理论发展来看，人这种个体系统（心理系统）同样具有量子思维特点：测不准、叠加、纠缠、跳跃的言行情绪和思考状态，量子力学中的波粒二象性表现在个体系统中就是心理的不可预测和言行的非理性，为了应对这种复杂系统，甚至提出量子教育学的理论。[1] 对一项法律制度而言，个体系统功能在从前往往难以显现，这是因为法律制度常常是站在超然物外之处俯视众生，不会去过多考虑个体感受，就如同刑法条文不可避免地会对学历、职业、性格等个体偏差进行化约，执行刑罚之时也不会去考虑"南方人监禁在北方是否习惯"这等鸡毛蒜皮之事。但是这些个体偏差和主观感受对于社区矫正制度而言则有着重要的意义。

在社区矫正制度中，个体系统也应被视为一个重要组成部分，要达到矫正目的就不能忽视个体地位，必须尊重人的思想行为、活动规律。监禁刑或死刑不需要被执行人心悦诚服、积极配合也能确保顺利执行，但是社区矫正在缺乏受矫正者积极配合的前提下将彻底流于形式、失去意义。如果把犯罪人当作被追究惩罚的物化之人，那么自然无须深究其个体系统之复杂性，定罪量刑之后如何行刑通常也不在主流法学考察视野之中，但是当犯罪人成为制度的重要参与主体，并且直接影响各项功能实现之时，就不得不将其列为与法

---

[1] 王湘蓉：《教育需用生长看待并解决一切问题——专访中国工程院院士、华东师范大学校长钱旭红》，《教育家》2022年第4期。

律系统相连接的一种复杂系统进行观察和指涉。

　　这种结构关系是制度功能分化的必然产物，其实在社区矫正制度诞生之初就可见端倪。例如，缓刑之父奥古斯塔斯在法庭为酗酒青年担保时，尽管此时主要参与者只有三人，既没有建立合乎逻辑的理论框架，也没有规范的法律程序和完备的矫正措施，但是从功能结构上分析，也已经初步具备了法律、社会、个体三方因素：法官代表了国家司法权，经过发展后形成了社区矫正制度的法律系统；奥古斯塔斯代表了社会参与，经过发展后形成了社会系统；而被告人酗酒青年则代表了需要矫正的个体，属于典型的个体系统。这也验证了前文社区矫正制度的功能分化演进过程，首先，法律制度基于人道主义思想理念着眼于对个体系统的教育改造；其次，矫正的期望由个体向社会渗透，社会系统在有效参与和发展完善后产生预防犯罪功能需求；最后，社会系统推动法律系统进行功能革新，对个体系统施加新的作用和影响。

　　其中法律系统作为自创生系统是一种人为的创设物，主要包括了刑事政策、刑事法律（实体和程序）以及动态的刑事司法过程。个体系统其实是一种天然形成而相对封闭的心理系统（或称意识系统），个体虽渺小，但其复杂性、偶然性在社会学家眼中并不亚于法律系统或社会系统，法律系统和社会系统都需要通过个体系统进行沟通和交互。需要注意的是，这里的社会系统并不是包罗万象的社会大系统，而是社会学中与政治系统、法律系统、个体系统等相对的一种行动系统概念，产生于个体间"有意义的相关和联系"，包括有限场域内的集体意识、组织体系、社会关系和互动行为等。① 法律、个体和社会三个子系统在社区矫正制度范

---

① 乔纳森·特纳：《社会学理论的结构》（上），邱泽奇等译，华夏出版社2001年，第64-65页。

围内的关系以及相互间系统耦合机理值得进一步深入剖析。①

三者的结构关系看似较为复杂，每两个系统之间都存在着双重偶然性，同时也存在着多重期望，但其实也有脉络可循。② 首先，在个体系统与社会系统之间是"交互渗透"的关系，即两者互为环境交互渗透，个体是渗透的系统，社会系统是通过个体的渗透而构造成的系统。由于个体系统（心理系统）具有高度复杂性，对社会系统的构建来说意味着不确定性和或然性。③ 个体系统在建构与社会系统（环境）的关系时具有主动和能动作用，通过对社会提出期望乃至要求，个体系统持续地进行要素的自我生产，同时建构和维护与社会的各类关系。其次，社会系统则成为个体系统和法律系统的交互运行的基础和环境，将各种社会价值、社会目标又重新内化于法律系统和个体系统。

社区矫正制度的三个子系统基于功能分化不断自我生产发展至现代，各有其自身运行的底层逻辑和发挥功能的机制，各自具备了系统的自我参照性和区分性，形成了非常不同的结构化的意义脉络（Sinnzusammenhänge）。④ 法律系统的逻辑要求遵循法律法

---

① 结构耦合是指一个系统能够持续地以它的环境的某些特质为前提，并且在结构上依赖于此。在功能分化的现代社会，法律与政治、经济、个体等系统的关系是结构耦合关系，能够使封闭运作的功能子系统适应环境变化，实现共同演化。参见鲁曼：《社会中的法》，李君韬译，（台湾）五南图书出版有限责任公司，2009年，第490页。

② 双重偶然性较单一偶然性具有更为复杂的期望结构，即双方的行为并不一定符合对方的期望，此时不仅需要预见对方的行为，还要预见对方的期望，产生期望的期望。参见 Talcott Parsons. Interaction, Social Interaction, Interactional Encyclopedia of the Social Sciences, Bd. 7, 1968, pp. 429 – 441.

③ 秦明瑞：《系统的逻辑——卢曼思想研究》，商务印书馆，2019年，第325 – 326页。

④ Talcott Parsons. The Position of Identity in the General Theory of Action, in Chad Gordon and Kenneth J. Gergen (Eds.), The Self in Social Interaction. New York Usw., 1968, pp. 11 – 23.

规内在的发展规律，坚持法治标准，遵循法律原则，以依法治理为目标；社会系统的逻辑要求分析社会关系和社会交往，把握社会需求，满足社会需要，以解决社会存续为目的；个体系统的逻辑在于从人格和人性出发，承认思想行为和心理活动的复杂性，人有着自身的思维模式和活动规律，通常选择做出对自身而言有利益、有价值的选择。

社区矫正制度的法律系统功能和社会系统功能依靠每一个个体进行串联，最终实现也必须基于个体系统功能的实现，即需要通过教育帮扶达成对个体的思想行为矫正，最终确保法律系统和社会系统的功能实现。而社会系统和个体系统的功能实现又必须以法律系统作为正当性基础，受法律制度的制约和保障，提供规范期望以应对双重偶然性。① 社会系统又成为沟通法律系统与个体系统之间的重要缓冲区，在两者发生直接冲突时能够给予另一种沟通途径，同时提供治理场域和条件支持。

理想状态是最大限度地维持一定张力，三者在尽力完善自身、维持自身稳定的同时互促互进实现功能互惠。② 在三个系统中，由于法律系统是人为创设的，个体系统是天然形成的，社会系统由个体系统渗透。加强系统耦合的制度设计思路应是首先从最容易发生改变的法律系统着手，对个体系统产生积极影响，进而渗透至社会系统，最终实现三个系统之间的期望脉络同一化，达成整

---

① 社会系统理论认为，在复杂性和偶在性不断增长的世界中，社会系统需要面对期望落空提供两种可相互替代的反应可能性。参见尼克拉斯·卢曼：《法社会学》，宾凯译，上海人民出版社，2013年，第81页。
② 美国社会学家阿尔文·古尔德纳提出了功能互惠原则，功能存在于互惠中，任一结构若与其他某些结构进行互惠之功能交换，则此一结构就可能存续；结构之间的功能交换越缺少互惠，则次结构或结构之间的确定关系越不可能存续。参见付子堂：《法律功能论》，中国政法大学出版社，1999年，第19页。

个制度系统内部的有效耦合和动态均衡。

第二节 我国社区矫正制度的系统功能缺陷

实践表明，我国社区矫正制度的系统功能缺陷源于相关研究和立法未能从系统结构的角度对社区矫正制度的功能予以清晰梳理和区分，以应对简单问题的旧方法去尝试解决当前社会的复杂问题。功能缺陷是一种运行不良的实然状态体现，从表面上看原因既可能是制度设计需要完善引发，也可能是实践落实待进一步加强导致，似乎问题症结纠缠不清。但是从系统论的角度进行外部观察和整体考量，不论是设计需要完善还是执行有待强化，其实都指向了功能背后的系统结构性缺陷，有时由于某些不合时宜的目的追求所引发，社区矫正制度内部缺乏功能分化和有机整合，各子系统自行其是，于是在实践中相互间产生分离割裂，缺乏外部连接和支撑，最终导致功能缺陷等问题，以及各种实践困境。

一、法律系统功能：以惩罚犯罪为主，定位单一

法律系统功能在立法和司法过程中被烙印根植于制度之中，具体到某一时期的功能呈现需要就社区矫正制度对于立法、司法机关等主体的客观效用（而非主观目的）进行考察，首先需要解决的是法律问题。学界对社区矫正制度的法律系统功能定位问题一直以来缺乏关注和探讨，唯有在刑事司法范畴内寻找关联借鉴之处。社区矫正法的立法也并非空中楼阁，自然有宪法、刑法、刑事诉讼法等上位法作为基础。部门法的功能常随政策演变和社会发展在不同历史阶段有不同的理解和变化，并且学者间也常有

理论分歧。1979年《刑法》颁布之后，我国刑法功能被概括为"打击敌人、惩罚犯罪、保护人民"，也就是赋予其斗争、惩罚和保护三种功能。1997年《刑法》修订之后，也有学者将刑法的功能一分为二，一方面是社会保护功能，另一方面是人权保障功能。① 也有学者在这一论述基础上，提出了第三种功能——规制功能。② 对刑罚的功能，则一般概括为"惩罚与教育是刑罚的内在属性，他们从静态角度揭示了刑罚的本质特征，而刑罚的功能则是刑罚的内在属性在其运动过程中的外在表现。"③

　　学界一般认为刑事诉讼法的功能主要是惩罚犯罪和保障人权，视其为刑事诉讼过程中不可割裂的、对立统一的两个方面。④ 而前文在论述社区矫正制度功能分化过程时也探讨了法律系统中惩罚制裁功能与人权保障功能的伴生问题。借鉴第一性原理思维，不妨回归问题最开始的起点，找出事物本源。在功能定位上刑事诉讼法与刑法必然有一定的重合之处，均包含惩罚犯罪和保障人权的功能，而这两者的重合体现在社区矫正制度的法律系统中究竟是谁处于主导地位，或者说究竟谁是矛盾的主要方面，值得深入思考。按照我国在社区矫正试点阶段颁布的多份规范性法律文件所体现的观点，其中都将社区矫正制度定性为刑罚执行制度，不仅如此，官方在社区矫正机构设定等方面的表述也对社区矫正的

---

① 陈兴良：《口授刑法学》，中国人民大学出版社，2007年，第27页。
② 张明楷：《刑法学》，法律出版社，2011年，第25页。
③ 高铭暄：《刑法学原理》（第三卷），中国人民大学出版社，1994年，第32页。
④ 也有学者将2012年修订后的刑事诉讼法的功能概括为五个方面，即人权保障、犯罪惩治、权力配置、事实认定、纠纷解决五大功能定位，但主要是人权保障和犯罪惩治之间的对立统一关系。参见郭云忠：《新刑事诉讼法的功能定位》，《中国检察官》2014年第23期。

刑罚执行属性有所佐证。① 由此有学者认为，应将社区矫正的性质界定为刑事制裁，既体现了惩罚、管束的执行特点，又将制度运行限制在刑事法范畴。②

法国社会学家涂尔干曾经从社会关系角度对法律的功能进行了考察分类，其中包括与机械性连带社会关系相对应的压制型法，如刑法，认为其功能主要是惩罚错误或罪行；而与有机性连带社会关系对应的则是恢复与合作法。③ 随着社会分工发展，人与人的相互依赖关系增强，对恢复与合作的需求也愈发强烈，由此法律从惩罚法转向恢复与合作法。④ 社区矫正制度也正是这种功能转向过程中具有典型代表性的产物。若将社区矫正视作一项刑罚执行措施，必然具有对罪犯惩戒、监督、考察等法律功能，通过限制在一定范围和程度上的自由让罪犯对自己的犯罪行为承担责任或做出报偿。⑤

从前文分析可见，惩罚犯罪功能并非社区矫正制度初始就具备的功能，惩罚犯罪功能是在该制度受到社会质疑时、在功能定位摇摆不定时，不得不承接监禁刑等制度的惩罚制裁功能，是在"放"与"关"之间所采取的中间方案。我国社区矫正法立法后与

---

① 比如国家层面，社区矫正的监督和管理机关——司法部社区矫正管理局在阐述职能时就明确指出："监督管理对社区服刑人员的刑罚执行、管理教育和帮扶工作。"
② 尹露：《中国特色社区矫正的功能定位与进路选择》，《河北法学》2018年第10期。
③ 埃米尔·涂尔干：《社会分工论》，渠敬东译，生活·读书·新知三联书店，2020年，第33—48页。
④ 付子堂：《法律功能论》，中国政法大学出版社，1999年，第23页。
⑤ 《社区矫正法》第1条就指出"为了推进和规范社区矫正工作，保障刑事判决、刑事裁定和暂予监外执行决定的正确执行，提高教育矫正质量，促进社区矫正对象顺利融入社会，预防和减少犯罪，根据宪法，制定本法。"该条文为全国人民代表大会常委会审议《中华人民共和国社区矫正法（草案）》时将草案中的"正确执行刑罚"修改为"正确执行刑事判决、裁定和暂予监外执行决定"。

试点阶段存在的差异在于，立法者似乎意识到了在社区矫正制度与监禁刑制度之间应形成功能错位发展，在顶层设计上有了淡化惩罚犯罪目的的倾向，并且试图加强教育帮扶罪犯的部分，希望兼顾教育和预防的作用。晚近 20 多年，我国新增了社区矫正、禁止令等多种制度措施，促进了犯罪控制方法的多元化发展，但也有诸多矛盾冲突亟待解决。① 在社区矫正制度中同样也存在着法律系统功能需求多元化和定位单一化的矛盾。

尽管《社区矫正法》并未再像《监狱法》一样将"惩罚罪犯"直接列为主要目的，但首先谈到的还是执行对犯罪的刑罚，在应然层面还是预设了惩罚犯罪功能。最终体现在实践层面的客观效果也是各地区从社区矫正工作试点开始就围绕着刑罚执行这一属性进行了制度体系构建。而在刑事司法过程中，司法机关在选择适用社区矫正时也顾虑重重，考虑的是如何加强对社区矫正人员的管控制裁能力，刑事程序分流的实际效果并不理想。并且一些学者也坚持社区矫正的本质属性和唯一特性就是惩罚性，即认为"社区矫正"性质是社区刑罚执行，刑罚本质属性是它的惩罚性，惩罚性措施是确保矫正质量的保障。② 当法律系统的功能以惩罚犯罪为主时，该系统凭借自身就可以很容易地依靠强制力对犯罪者施以刑罚，社会参与和个体配合等因素并非决定性因素，系统耦合的质量高低都不会影响惩罚犯罪功能的顺利实现。这种单一化的功能

---

① 当前存在制裁措施多元化与犯罪结构单一化、形式多元化与实质多元化、正义价值与功利价值之间的矛盾与冲突，同时新增制裁措施内部、新增措施与已有措施之间也存在着不同程度的冲突。参见袁彬：《刑法制裁措施多元化的功能审视与结构完善》，《法学评论》2018 年第 4 期。

② 刘黎明：《社区矫正不能忽视惩罚性措施》，《检察日报》2014 年 9 月 17 日第 3 版；尹露：《中国特色社区矫正的功能定位与进路选择》，《河北法学》2018 年第 10 期。

定位最终导致法律系统缺乏与社会系统、个体系统进行耦合的内生驱动力，难以自我生产延展出进行功能互惠的"链接键"。

刑罚执行论带来的从立法到司法的制度惯性非一朝一夕能够有效扭转，在理论研究中也一直广受支持。随着我国社会治理进入新阶段，人民群众对社会发展内涵也有新期待，刑事犯罪从立法规范到司法追诉发生了深刻变化，刑事司法理念和制度建设必须全面适应、努力跟进。刑事司法（包括刑事执行）的多元化是刑事法理念变化、应对犯罪态势多样化以及刑事法与行政法不断融合的必然要求。社区矫正制度既然融合多种理念并蕴含多重价值，在制度功能定位和实现过程中自然也需要考虑包括与人道主义、社会参与、开放式处遇、教育矫正与帮困扶助等多重属性，其法律系统功能必然不是单一定位，而是呈多元化对接趋势。

社区矫正制度不能理解为对犯罪非此即彼的惩罚抑或放纵，因其治理方式发生了深刻转变。惩罚制裁应以法律系统中的刑事司法判决等为界限进行严格限制，而其他社会工作则应以个体系统和社会系统实际需要来确定，两者并非在社区矫正过程中始终相互伴随。监禁刑带有强烈的惩罚性，而在社区矫正过程中惩罚或报复不再是主要目的，如果从对权利的限制来看，有可能社区矫正的限制时长会更胜于监禁刑，但惩罚性管控和保护性管控有本质区别，并非所有管控和限制都是基于惩罚目的，如心理疾患严重的社区矫正人员，有可能会有较长时间需要接受矫正和监管，这并不意味着社区矫正的惩罚超出了监禁刑，此时矫正的目的在于对个体提供教育、引导和帮助，限制和监督是出于更好地保证社区矫正人员的矫正效果，实现人权保障。

随着我国司法改革进程不断深入，刑事程序分流制度也在积极完善和拓展，其中必须解决的争议问题就包括惩罚、矫正等在内的更为灵活而多元化的处遇方式选择。除了实体法功能外，应该说放眼世界范围，社区矫正制度还包括评估筛选、程序分流、量刑建议等程序法功能，直接影响到司法程序的走向和刑事裁判的形成，在程序阶段上跨度较大，从审前阶段到刑罚执行完毕均有涉及，然而上述这些功能没有在立法过程中得到应有的重视。社区矫正制度的法律系统功能更多体现在考虑将来的发展变化，将"以人为本"的政策制度化，以多元化为导向，通过教育、治疗、帮助变负向影响为正向影响，惩罚的实现顺位应当向后顺延，虽然我国社会主流思想期冀社区矫正带有一定惩罚性（笔者认为某些矫正措施甚至可以不体现惩罚性），却不再以回溯进行报应为主要衡量标准，一味强调惩罚功能对社区矫正制度的发展并无裨益。正是由于制度性质定位单一导致法律系统过于封闭，与其他系统耦合不足。

二、个体系统功能：以监督管控为主，流于形式

受到惩罚犯罪功能之影响，社区矫正法对受矫正个体的规定更多侧重监督管控层面，一定程度上就是追求将犯罪人监督好、管理好，确保不出问题，而这种以监管为出发点的社区矫正能否有效改造个体，能否提供真实有效的帮扶，却要打上一个问号。因为按照中国自古以来的法治思维，惩罚性、权威性、严肃性是执行刑罚过程中的应有之义，对社区矫正对象贯彻报应主义和重刑主义思想顺理成章，"怎样执行刑罚"这一命题即便从监狱转至社会空间内，唯一可供参照的对象仍旧是监狱警察执法。围绕刑罚执行而做出的制度设计，不可避免地陷入政府控制主义，认为刑罚执行权是政府所特有的权能，就应由政府行使主导权，突出政府在社区矫正领域的控制和支配地位，最主要的文化符号就是

警察的直接管理和深度介入。① 社区矫正法在制度构建时，参与论证的也以法学理论界、实务界专家为主，对于社区矫正的程序设定、机构职责、监督管理等内容有大量理论探讨和实践支撑，形成了较为周密、稳定运行的管理体系。然而对教育帮扶和再社会化却缺乏深入探讨和认识。

从立法层面考察，在《社区矫正法》内容结构中，"监督管理"在第四章占用12条（1700余字）进行了细致且明确的规定，而"教育帮扶"所在的第五章从内容篇幅上不到第四章的50%（9条共计700余字），且多为原则性、指导性意见，缺乏具体操作指引。随后配套出台的《社区矫正法实施办法》中只规定了各机关具体职责、程序、责任后果等内容，对教育帮扶没有做其他补充细化规定，如何落地和保障都未曾明确。这些都反映出当前我国社区矫正制度在教育帮扶方面仍在探索阶段，并未形成成熟的工作体系。如果仅仅为了更好地执行刑罚惩治犯罪，那么社区矫正制度根本没有独立存在的必要，这一制度的价值和生命力恰恰在于如何做好教育帮扶，切实深层化解社会矛盾问题。一旦教育帮扶功能流于形式，那么将会导致社会治理的恶性循环。

从实践层面考察，地方司法行政部门常将确保社区矫正人员在矫正期间"不犯事""不再犯"作为一项工作成绩进行宣传报道，并且将"再犯率"作为对基层社区矫正机构的关键绩效考核指标，在用数据说话的同时对社区矫正人员的矫正状况和生活状况却无从把握。有学者在调研过程中发现某地在社区矫正效果评价考核时呈现典型的监管中心主义，将再犯率高于0.1%的司法所

---

① 连春亮：《社区矫正价值取向新思维：风险管控主义》，《宜宾学院学报》2018年第11期。

直接在考核中评定为不合格。① 从我国社区矫正制度发展的历史沿革可以看出，其监督管理功能实际上就是在矫正理论一元化的影响下，为了避免和克服监禁刑存在的某些弊端，将刑罚执行活动由封闭监狱向开放社会转移阵地，期冀依靠非监禁刑实现行刑社会化，既然定位于行刑，那么在功能实现过程中就必然离不开限制、监管和强制。但是这种解题思路过于简单，没有看到社区矫正背后复杂的系统结构和深层的运行机理。

虽然在社区矫正试点期间的规范性文件中已经在着力增强教育帮扶功能，并且按照矫正教育内容来看基本以思想政治教育为主要内容，② 但是由于缺乏与法律系统、社会系统的有效沟通，目前在个体系统的教育帮扶的功能设计上，过于笼统，总体来看缺乏可操作性，既没有规定教育帮扶方案如何确定，也没有效果评估指标体系和验收环节。社区矫正教育的实践主体应包括司法行政部门、其他国家机关部门、基层自治组织、第三方社会组织等，但是在教育帮扶实践中真正被调动的只有少部分主体，并且在实践中突出反映了教育帮扶形式缺乏针对性、实施效果有限等问题。因此，我国社区矫正制度的个体系统功能仍处于以强化监督管理为主导的现实状况。正因为缺少了教育帮扶的有效内化过程，尽

---

① 四川某县对社区矫正效果考核评价制定细则规定，考核内容包括监督管理、教育帮扶、档案管理、组织保障四项，满分为100分。其中，监督管理占35分、教育帮扶占15分、档案管理占30分、组织保障占20分，教育帮扶所占比重最低。参见肖乾利、吕沐洋：《社区矫正法实施效果考察》，《宜宾学院学报》2021年第4期。

② 2012年，两院两部发布的《社区矫正实施办法》中第15条规定："社区矫正人员应当参加公共道德、法律常识、时事政策等教育学习活动，增强法治观念、道德素质和悔罪自新意识。社区矫正人员每月参加教育学习时间不少于八小时。" 2020年，两院两部在《社区矫正法实施办法》中关于社区矫正机构也明确提出除监督管理外还要履行教育帮扶的职责，并且大幅扩充了教育帮扶内容，另外还规定因人施教、实施分类教育。

管《社区矫正法》对监管的内容做出了详尽的规定，但是对内容的监管无法做到都有效实现，靠外部压制的矫正效率不高，不论是在监督管控方面还是教育帮扶方面，都存在一些问题。

从实践效果来看，我国社区矫正人员的构成范围已经相对限缩，监管内容有待丰富，社区矫正机构内部的工作机制无法确保社区矫正人员不脱管、不漏管，有时候不得不依赖外部监督帮助社区矫正机构查漏补缺。在 2022 年最高人民检察院印发的指导性案例中，社区矫正对象孙某某撤销缓刑监督案引起笔者关注，该社区矫正人员的电子监管定位轨迹出现中断，检察机关履行法律监督职能时发现其擅自外出 20 余次（最长一次达 19 天），甚至违法出境两次，导致这一离奇现象的原因在于社区矫正机构实地察访、信息核查等监督管理措施缺位。① 发生如此明显的脱管情形，司法行政机关和社区矫正机构内部均一无所知，最终是通过检察机关法律监督发现，监督管控需要强化刻不容缓。与此同时，最高人民检察院发布了"深化社区矫正法律监督助力推进平安中国建设"新闻发布会，会上通报数据显示，仅 2021 年 1 月至 11 月，全国检察机关共监督纠正脱管 7727 人，纠正漏管 5855 人。②

笔者通过走访发现，目前在社区矫正过程中开展教育帮扶不很理想：有些社区矫正机构工作人员缺乏开展社会工作的专业背景和技能储备，只能维持基本的监督管理职能，专业化水平较低。在社区矫正试点工作推进中就有基层司法所人员描述：社区矫正

---

① 最高人民检察院：《第三十三批指导性案例》，《高检网》，2022 年 2 月 14 日，https：//www.spp.gov.cn/jczdal/202202/t20220214_544449.shtml.

② 最高人民检察院：《去年前 11 月检察机关监督纠正脱管 7727 人纠正漏管 5855 人》，《高检网》，2022 年 2 月 14 日，https：//www.spp.gov.cn/spp/zdgz/202202/t20220214_544458.shtml.

制度在施行过程中受到人、财、物匮乏等各种掣肘，教育帮扶需要制度保障，工作形式主要包括报到、谈话以及少量走访，在这种运行状态下，只能以最基本的"控制"为目标，而无法奢求"教育思想"和"矫正行为"等高层次目标。[1] 这一问题在社区矫正制度发展至今有了一定程度改观，社会系统与个体系统之间搭建起有效的沟通桥梁还需时日。

同时在个体系统功能实现过程中，法律系统与社会系统之间的联动支持还需时日。以青少年学生群体帮扶为例，《社区矫正法》第37条专门做出帮助社区矫正对象中的在校学生完成学业的相关规定。[2] 此外，《社区矫正法》还规定就读学校应当协助社区矫正机构做好对社区矫正对象的教育。立法者的出发点很好，希望能够尽量维持社区矫正人员的原有生活轨迹，尤其是对学生这一可塑性非常强的群体，希望继续通过正常的教育将其偏离的人生轨迹重新拨回正轨。然而立法者对学生群体所面临现实困境的认识和考虑却并不充分。尤其是对青少年犯罪，包括未成年人和大学生群体，目前国内缺乏系统的如何帮助青少年学生犯罪后完成在校学业的政策法规。笔者参与处置过多起学生违法犯罪事件，其中相当一部分已经达到当地刑事案件立案标准，但是公安机关考虑到学生身份并未立案，常交由学校内部处理。如盗窃、诈骗等具备恢复性的轻罪案件而言，立案侦查定罪量刑则显过重，基本断绝了学生未来的发展轨迹；不立案或不起诉，仅学校给予留校察看以下处分又显轻，中间存在依法惩处和治理的断档，在确

---

[1] 张毅林：《试析社区矫正现状及发展方向》，《中国司法》2005年第3期。
[2] 《社区矫正法》第37条规定，社区矫正机构可以协调有关部门和单位，依法对就业困难的社区矫正对象开展职业技能培训、就业指导，帮助社区矫正对象中的在校学生完成学业。

保和谐稳定的同时却无形中产生了犯罪黑数。这一问题只能通过法治途径予以解决，给予其改过自新的机会，帮助其解决问题重新融入集体、融入社会。从实际情况来看，社区矫正对这些最需要教育帮扶的群体所面临的现实困境都考虑得并不充分，其他类型群体面临的社会化之路只会更为艰难。正是在个体系统中的教育帮扶的不完善，导致有些个体自我效能感不足，同时一定程度上引发了社会系统对个体系统的排斥。

三、社会系统功能：以风险防范为主，增加隔阂

社区矫正的社会系统功能长期以来主要表现为预防犯罪功能。特殊预防理论曾在社区矫正制度发展过程中发挥了举足轻重的作用，有学者认为社区矫正制度的理念及逻辑皆发端自刑法教义学意义上的特殊预防理论，该理论认为犯罪并不是个体自主选择的结果，各种社会或自然因素决定了犯罪者人身危险性，所以行刑的最终目标不是惩罚已经发生的犯罪行为，而是要治理犯罪者人身危险性和社会危害性。[①] 根据这一理论，社区矫正制度对于社会而言，首先需要发挥的功能就在于防范犯罪人对社会的侵害，基于这种防范思想，就需要聚焦微观层面，评估每名犯罪者的人身危险性等风险，根据危险性高低加以防范，在这种理论指引下的社区矫正实践屡遇难题。[②] 学术界以综合预防主义代替单纯特殊预

[①] 李川：《从特殊预防到风险管控：社区矫正之理论嬗变与进路选择》，《法律科学（西北政法大学学报）》2012年第3期。
[②] 特殊预防理论主要根据犯罪人的人身危险性进行社区矫正的适用，但是人身危险性的评估往往是在某一时间节点的静态评估，量定时的标准不可能长期管用，也不能有效预测随时发生的风险，矫正质量往往参差不齐，如在美国20世纪70年代社区矫正后的罪犯的再犯率大幅攀升正是基于这一理论指导下。

防的进路转换也因一般预防和特殊预防的理论壁垒宣告失败。①

为了解决理论上的矛盾,现代刑事政策学和刑罚学领域逐渐厌倦了以往要么强调矫正修复、要么强调报应威慑,治理模式从一极到另一极的徘徊往复,转而兴起新的犯罪"风险管控"理念。一些学者认为既然是风险管控,就可以借用最擅长应对风险的保险学理论,采用"大数法则"对潜在犯罪人群的风险建立数学模型进行精算来实现风险控制,构建以"精算司法"为核心的新型刑事司法模式。② 由此发展而来的风险管控刑罚学则不再似传统理论一样仅关注个人的惩罚或改造,而是将社会犯罪风险抽象评估,并依据犯罪风险类型和程度进行归纳和分类,对危险人口进行集中治理,最大限度去压制降低社会犯罪风险。③

这种犯罪控制理念的转变看似能有效地稳定社区矫正制度逻辑结构和目的取向,并且建立起了复杂的方法体系,不需要不断在严与宽之间、报应惩罚与矫正修复之间摇摆不定,但是从西方国家社区矫正实践可以看到,在报应威慑与教育帮扶之间此消彼长导致制度前后抵触和矛盾迭出,治理结构单一最终影响矫正效果的有效性和稳定性。多元化的风险管控理论则以社会风险叙事统合报应威慑与矫正修复并提出新的逻辑结构。④ 报应威慑可以视

---

① 因为在理论谱系上,这种不加区分的预防主义范式其实内部存在无法逻辑自洽的危险,一般预防论和特殊预防论的哲学基础、前提假设和内部逻辑都完全不同,长城般的理论壁垒决定了二者整合缺乏科学性和必要性。一般预防的哲学基础是意志自由和功利理性,通过威慑进行防范;特殊预防主义的哲学基础是实证主义和社会决定论。特别预防论者认为,人之所以犯罪是因为自然和社会因素决定的,而非人的意志自由选择的结果。
② O'Malley P. *Crime and Risk*. London, Sage, 2000, pp. 12 – 16.
③ Feeley M, Simon J. *The New Penology*: Notes on the Emerging Strategy of Corrections and Its Implications. Criminology, 1987 (2), pp. 457 – 460.
④ 皮特·雷诺:《解读社区刑罚——缓刑、政策和社会变化》,刘强、王贵芳译,中国人民公安大学出版社,2009 年,第 82 页。

为通过被害人正义主张的满足实现对当下"侵害社会风险"和"加害——被害社会撕裂风险"的管控；矫正修复可以视为通过人格和社会关系修复实现对未来长远再犯风险的管控。但是西方国家的这种风险管控模式是以危险群体中的单一个体为对象，多以保安处分的形式实现，实现方式主要依靠在一定范围内进行隔离防范，在社会治理上仍属于特定小范围的修复和风险控制，而没有考虑到社会大环境的治理修复。

实际上，不论是早期的特殊预防理论还是新近的风险防范理论，其侧重点都在于为社会建立起一道有效的"防火墙"，并且尽量想方设法地加固这道墙和减小对这道墙的冲击，属于典型的防范型策略，增加了犯罪者融入社会的难度，无形之中在个体系统和社会系统之间产生了更大隔阂。从风险叙事的视角观察社区矫正制度，不自觉地会在社会各主体间直接形成一种更为审慎的默契——由政府力量去主导社区矫正，减少社会公众参与，保护其远离风险，通过强化各种监管限制措施提前隔离防范犯罪者风险。由此考察我国相关立法内容，社区矫正的社会系统功能定位还处在由特殊预防向风险防范转变的过程中，为了维护社会和谐稳定，将社区矫正的适用范围限制在非常小的范围之内，并且调查评估也主要针对犯罪者的社会危险性和对所居住社区的影响。[①] 在运行过程中也以政府部门为主导，辅以基层自治组织和社会工作者协助，而社会其他主体如单位、学校、群众几乎没有考虑过如何实现参与。多数人并不相信社区矫正人员具有自我改善能力，而是对其犯罪者身份采取处处设防、处处监督的质疑态度，通过提前预防

[①] 《社区矫正法》第18条规定，"社区矫正决定机关根据需要可以委托社区矫正机构或者有关社会组织对被告人或者罪犯的社会危险性和对所居住社区的影响，进行调查评估提出意见，供决定社区矫正时参考。"

和严格管理控制不可预测的犯罪风险发生。① 实际上,人的恐惧常来源于对事物的未知,社会公众对社区矫正人员的恐惧除了因标签和刻板印象之外,在很大程度上也源于缺乏了解和参与,采取隔离防范策略会进一步加深社会恐惧。

对社会而言,不能为了预防犯罪而预防,与其防范风险不如治理风险。正如英国社会学奠基人H.斯宾塞所提出的社会有机体理论,社会不再是一个个零散的个体,而被视为一种如生物一般的有机体系统,社会分工也如同生物有机体各部分的分工一样,那么社区矫正制度的社会系统功能也可以看作是社区矫正制度在社会有机体这一宏观系统中所具备的功效。实践证明,社区矫正制度的功能演进史就是社会变迁和实践需求推动的犯罪治理理念递嬗史。社会变迁决定了社区矫正制度不可能一成不变,需要适应社会新需求进行理论再造和制度创新。我国社区矫正制度长期坚持犯罪预防一元论,其实就是将社区矫正理解为静态不变的法律运行范式,而忽视了社会发展变迁和多元化功能需求。

曾有学者提出,传统的教育矫正论有发生学合理性,但效果不彰易引发公正性危机而引起理论批判,社区矫正机能存在矫正理论与实践需求多元化的脱节而亟待辩证更新;理论界执着于犯罪预防一元论,但是社区矫正在开放社会环境之中运行,涉及的行动主体多、意见诉求多,特殊预防理论对矫正效果参差不齐等实证难题无法有力回应。② 笔者非常赞同上述观点,一般认为刑罚

---

① 笔者通过走访,发现社区矫正人员因其犯罪者身份受到种种限制,例如在武汉市应聘公交车、出租车、网约车司机都需要开具无犯罪记录证明,这已经超出法律规定范围,属于典型的提前扼杀风险。
② 李川:《修复、矫治与分控:社区矫正机能三重性辩证及其展开》,《中国法学》2015年第5期。

是一种国家合理的组织应对犯罪的手段,我们必须意识到刑罚这种制裁手段作为一种心理威慑力量作用的局限性,尤其在刑事法学研究过程中要清醒认识到犯罪只是果,社会矛盾才是根,刑罚所产生的外部心理压制难以匹敌社会基本矛盾这些根深蒂固的犯因性因素。[1] 因此在对个体进行矫正的同时,社会也需要进行修复和净化。社区矫正制度所适用的群体都是被认为有矫正挽回可能之人,与其建立"防火墙"隔绝风险,不如放下防备,在适度承担风险的同时消解对立和加强合作。行刑说、刑种说都过于强调执行刑罚,社会工作属性易受到忽视或在刑罚执行过程沦为从属地位,只是换个场所行刑,偏离社区矫正制度的建立初衷。随着恢复性司法理念的兴起,对已然之罪所破坏的社会关系修复成为社区矫正在内的犯罪处遇的新目标,即便作为报应论现代流行方案的公正应报论也开始主张比例均衡原则,并在内在逻辑上嫁接了社会修复、满足社会正义期待、修复社会道德理念等新内涵,试图用科学的均衡比例原则指导对应性劳役、社区展示型矫正等民众可查可感的矫正方式,强化社区心理与道德修复。[2]

我国当前刑事司法体系中的恢复性司法更多是针对被害人保护而言,如《刑事诉讼法》中专门规定了基于被害人同意的和解程序,这种修复其实是个体间的关系修复,即通过向被害人诚心悔罪来保障被害人的正义心理满足,同时通过强制犯罪人实施定向向被害人的该当补偿性处遇义务(经济、物质或劳务等)从而

---

[1] 储槐植:《认识犯罪规律,促进刑法思想现实化——对犯罪和刑罚的再思考》,《北京大学学报(哲学社会科学版)》1988年第3期。
[2] P. H. Robinson, J. Barton, M. J. Lister. "Empirical Desert, Individual Prevention, and Limiting Retributivism: A Reply", *New Criminal Law Review*, 2014, Vol. 17, pp. 315-317.

修复加害—被害关系。① 然而对于犯罪者与社区（社会）之间如何达成和解、合作并消除隔阂却缺乏制度保障和群众基础。包括社区居民对社区矫正制度多存疑或不支持，既有思想观念制约，也有社区矫正的社会基础薄弱、社会关系修复困难等问题。不少社区居民并不赞同将犯罪人放归社区，认为罪犯就应当在监狱中服刑，在共同的社会生活环境中会对居民生活造成严重影响和威胁，并且大多数社区居民不赞成社区服刑人员享受普通人的社会保障待遇。② 因以上种种隔阂，社会系统作为社区矫正制度的重要子系统却因缺乏合作基础，始终无法建立自我生产的良性循环，既不愿意过多参与法律系统的刑事司法过程，也不愿意与贴上违法犯罪标签的个体系统发生渗透关联，功能互惠自然也无从谈起。

当国家法治发展到一定阶段时，必然需要其他的配套机制跟进提供支撑，好的制度需要有好的社会环境。其中最为基础的一环应该是加强社区矫正制度的社会系统的场域构建，以合作取代隔离，引导社会力量和社会资源的投入，鼓励人民群众合理有效地参与，这样才能有效开展社会工作、增进社会福利、增强群众基础，最终提高治理效能，仅仅依靠政府部门、依靠司法机关是难以实现社会长治久安的。尽管在社会系统中看似存在多个主体共同参与，但是实际呈现出合作匮乏现象，导致社会治理功效不显著。

---

① Peter Strelan, Jan - Willem van Prooijen. "Retribution and forgiveness: The healing effects of punishing for just deserts", European Journal of Social Psychology, 2013, Vol. 43, pp. 544 - 545.

② 谢忠峰：《社区矫正制度的反思与完善——以我国某省为例》，吉林大学 2014 年博士学位论文，第 91 - 96 页。

第三节　我国社区矫正制度功能缺陷引发的现实困境

一、法律系统制度缺失：程序机制缺乏整合衔接

国内不少论著和文件报告在论及社区矫正制度的适用对象时，常使用"社区服刑人员"这一名称，对于目前《社区矫正法》中所规定适用的几类人员属于罪犯或社区服刑人员的属性在立法层面并无不妥之处，最大争论也不过是"缓刑人员属不属于社区服刑人员"。[①] 这种概念划分在现有的刑事法律制度框架内似乎顺理成章，但是这种顺理成章却并不代表科学理性。有学者从互构关系角度一针见血地指出问题所在：之所以学界对社区矫正对象和性质这两个基础问题存在巨大分歧，正是因为两者之间属于互构关系，不能单独就其中一方面进行探讨研究。[②]

上述观点分歧在于认识角度不同，取决于研究者究竟是立足法律探讨当前实然状态还是超出现行法律研究未来应然状态。根据宪法规定，社区矫正由于其具体措施中包含强制监督和权利限制的内容，必须通过立法予以规定。社区矫正制度在产生的时间轴上远落后于监禁刑制度，因此需要对监禁刑制度进行一定程度的限缩，为社区矫正制度让渡出功能发展空间。同时应当在刑事法律中一体化统筹考虑，避免两者之间发生制度打架、相互抵触的现象，合理安排制度衔接和融合。刑罚执行论的一元化定位使社区矫正的适用对象范围与社区矫正性质发生双向锚定并形成错

[①] 王平：《社区矫正对象的身份定性与汉语表达》，《中国司法》2020 年第 2 期。
[②] 郑丽萍：《互构关系中社区矫正对象与性质定位研究》，《中国法学》2020 年第 1 期。

误闭环：因为社区矫正属于刑罚执行范畴，所以其适用对象只能是罪犯；因为当前社区矫正适用对象按法律规定全部是罪犯，所以社区矫正属于刑罚执行。最终产生一种类似循环定义的逻辑错误，只能在怪圈中原地踏步，不能用发展的眼光看问题，机械地从程序机制到适用对象上排斥一切不能归于刑罚执行论范畴者。

从国际经验看，社区矫正适用对象除了罪犯之外，还包括犯罪嫌疑人和被告人等，其法律身份较为多元。正是基于将社区矫正定性为非监禁刑的立法定位，我国将审前阶段的犯罪嫌疑人、被告人完全排除在社区矫正对象之外，法律身份较为单一，由此导致程序设计也较为单一。实际上基于认罪认罚从宽制度等司法改革探索不断深入，在一定程度上提升了社区矫正制度的适用率。最高人民法院、最高人民检察院公布数据显示，2017 年适用认罪认罚从宽制度审结的刑事案中犯罪嫌疑人、被告人被判处三年有期徒刑以下刑罚的占涉案总人数的 96.2%，其中判处缓刑、管制、单处附加刑等非监禁刑的占涉案总人数的 36.3%，社区矫正在其中的适用率呈上升趋势。① 但是司法机关在实践中一旦采取酌定不起诉等程序分流机制，后续就会缺乏社区矫正制度的有效衔接。

例如，《刑事诉讼法》第 279～286 条规定了"未成年人附条件不起诉""轻罪犯罪记录封存"以及"审前社会调查"等程序，在《社区矫正法》中第七章作为独立章节对未成年人社区矫正进行了规定，这也是我国自 2003 年开展社区矫正试点工作以来，首次在立法中明确未成年人在社区矫正制度中的特殊性，不可谓不重视。然而对未成年犯罪嫌疑人附条件不起诉之后的社区矫正工作却并未做程序配套衔接，不知是否属于立法之时的疏漏。《刑事诉讼

---

① 蒲晓磊：《"两高"向全国人大常委会报告刑事案件认罪认罚从宽制度试点工作情况》，《法制日报》2017 年 12 月 24 日。

法》中规定在附条件不起诉的考验期内,由检察机关对被附条件不起诉的未成年犯罪嫌疑人进行监督考察,包括定期报告、迁移报告、矫治教育等内容,监护人配合检察机关加强管教。然而由检察机关负责对被附条件不起诉的未成年犯罪嫌疑人进行监督考察和矫治教育本就令人费解,检察机关应当是负责追诉或做出不起诉决定,并不适合进行考验期内的监督考察和矫治教育等工作。原因在于,一方面这项任务与检察机关的法律性质和定位不符,另一方面检察机关也不具备矫治教育的专业能力和队伍。被决定附条件不起诉的未成年犯罪嫌疑人不能衔接适用社区矫正的主要缘由正是其身份属于"未决犯",不在我国《社区矫正法》所规定适用范围内。

社区矫正适用对象范围过窄导致在违法犯罪治理上出现明显的程序断档,只能将监管和矫治的责任强加于检察机关或其他部门。当前,刑事诉讼法虽然通过"酌定不起诉""未成年人附条件不起诉"解决了特定犯罪嫌疑人是否定罪量刑等具体法律问题,做到罚当其罪,而社区矫正法却未考虑对这类群体在宽大处理后的社会化矫正问题,也未完成对社会关系的修复。包括2020年在《社区矫正法》之后修订的《中华人民共和国刑法修正案(十一)》[以下简称《刑法修正案》(十一)]和《中华人民共和国预防未成年人犯罪法》(以下简称《预防未成年人犯罪法》),都明确规定开展偏常行为分级干预矫治、完善专门教育体系。然而条文中所使用的仍旧是"矫治"一词,尽管"矫治"和"矫正"仅一字之差,但已显露出立法者将其与"社区矫正"相区分的明确意图,执意"另起炉灶"不愿与现有的社区矫正制度并轨。实际上二者无论是从犯罪治理层面还是社会工作层面来看,都并无本质区别。学界已有观点认为也应当考虑在成年人认罪认罚案件中适用附条件不起诉并实施社区矫正,这样在程序上可以实现分流,在预防犯罪方面可以促使犯罪嫌疑人改过自新，在社会治理上能够更好地修复社会关系。[①] 因此已有的刑事程序分流机制需要搭配衔接相应的社区矫正措施，才能更好地发挥两者的效用，增强法律系统与个体系统之耦合。

司法体制改革与政治体制改革不同，司法程序功能和运行规律也不同于政治程序和行政程序。近些年一些司法体制改革以"国家权力思维"为方法选择难免存在缺憾，即这种改革方式往往更加关注机关权力本身，却将程序设计置于权力配置的次要位置。[②] 在贯彻宽严相济刑事政策的大背景之下，社区矫正制度与认罪认罚从宽等制度同期进行相应的试点工作，然而在其中却缺乏有效的程序设计进行衔接。相应的程序机制亟待完善，应赋予司法机关分流转处的裁量权，对于已决犯可以暂缓执行（如缓刑），对审前的未决犯的转处可暂缓起诉和暂缓判决。当前仅有对未成年人的附条件不起诉是远远不够的，适用范围不仅需从未成年人犯罪向成年人犯罪扩展，包括从自然人向法人的扩张也应当在制度构建时予以考虑。当前，司法机关针对企业犯罪的相对不起诉率占比非常低，这些为数不多的单位犯罪不起诉案件中，缺乏后续监督措施和手段。具体而言，一方面是对企业的惩戒和监管不足，一些检察机关采取训诫或检察建议，即对单位犯罪不起诉之后，对企业相关负责人员进行训诫，教育其应当合规经营或指出其经营存在的违法犯罪隐患，做出不起诉决定之后缺乏法律上的后续监督措施；另一方面是犯罪预防功能和教育矫正功能不足，企业法人从某种意

[①] 李红梅、王顺安：《认罪认罚从宽制度与社区矫正制度的冲突与解决》，《学习与实践》2021年第10期。

[②] 詹建红、许晏铭：《论监察调查与刑事诉讼程序的衔接》，《社会科学战线》2019年第8期。

义上也是一种自我指涉、自我再制的系统,"不诉了之"无助于矫正企业内部治理结构,无助于建立有效的合规计划和守法的企业文化。

笔者认为,程序整合衔接问题的出现还与《刑法》《刑事诉讼法》与《社区矫正法》等法律在立法时未充分统筹考虑有关,一方面社区矫正制度在刑事立法和司法实践中始终未得到应有的重视。社区矫正对于公检法三机关并非传统主业,各单位对于工作衔接也往往考虑自身利益,衔接配合效能不足。因此需要向内向深审视梳理现有的程序规范,法律系统层面需要加强内部整合,对社区矫正与其他制度的程序衔接需要进一步明确。

另一方面需要向外拓展,尤其需要考虑劳动教养废除之后的制度空档,这一部分仍属于需要依法治理的范畴。劳动教养制度建立的初衷本是好的,以马克思主义的国家学说、无产阶级历史使命学说、劳动学说等作为理论基础提出用劳动改造解决犯罪问题的治理思路,在历史上取得了实践成效,而这些成效离不开当时社会系统的支持和个体系统的配合。随着收容遣送制度终结、"国家尊重和保障人权"入宪、全国人大常委会颁布《关于废止劳动教养法律规定的决定》,在后劳教时代以劳动教养为代表的收容性教育制度何去何从受到学界热议和关注。劳动教养制度被攻讦的根本原因在于其从教育帮扶性措施异化为罪刑失衡的监禁处罚,传统的"治安管理处罚—收容性措施—刑罚"三级制裁体系的合理性继续受到了法理和道德双重考问。而废止劳教制度的理由在于其合法性缺陷,即立法法规定限制人身自由必须由法律规定。

"发展才是硬道理"的理念不仅适用于经济基础,同样适用于政治、法律等上层建筑。我们必须用解放思想、实事求是的眼光分析矛盾问题,用发展的思路去探讨解决问题。2003 年启动社区矫正试点工作时缺乏理论论证、司法实践、组织机构和群众基础，在制度设计时也没有政体国情相似的国家可以移植借鉴，很多问题随着试点工作的深入推进才逐渐凸显。

在社会变革大背景下，刑法学者多认为应当通过扩大犯罪圈回应社会发展变化，即将一部分行政不法行为通过刑事立法转变为犯罪行为，认为这样能够应对各种新出现的违法犯罪情形治理的缺失。然而刑事实体法立法的滞后性决定了这种应对是不够及时有效的，不断对原本非罪的行为增设轻罪进行治理本身也是一种治理路径依赖，期望依靠刑罚的威慑力压制犯罪行为的产生，最终可能会助长"非罪变轻罪、轻罪变重罪"的重刑化思维。有学者呼吁建立替代劳动教养制度的诸如违法行为矫治法，至今也未出现。在我国劳教制度被废除之前，对不构成犯罪之违法行为进行行政制裁的主要方式就是治安管理处罚和劳动教养。① 原本属于劳教规制范畴的主要有两类情况：一是危害社会治安屡教不改，而《刑法》中又没有规定相应罪名的行为；另一种是在犯罪红线边缘反复试探横跳的，即基本符合犯罪构成但情节轻微不足以达到刑事处罚，对于此类行为人又不宜采取多次治安拘留进行治理。而劳动教养制度因其有违现代法治原则遭到废止，面对由此产生的违法犯罪治理结构性缺损，需要建立"由事及人"的矫正治理模式，弥补劳动教养废止后的空档。

曾经学界关于建立违法行为矫治法的呼声很高，这一立法建议也被两次纳入全国人大常委会的立法规划，但是反复讨论多年

---

① 有学者将"治安管理处罚—劳动教养—刑罚"概括为治理违法犯罪的三级制裁体系。参见敦宁：《论后劳教时代的刑事制裁体系新探》，《法商研究》2015年第2期。

始终难产。① 也有学者提议对劳动教养制度进行改革，或构建以矫治、感化、医疗、禁戒等手段为中心的保安处分制度；或以人权保障和现代法治为方向在程序上采取司法裁决的模式，建立准司法程序，将劳动教养的决定权交由法院增设的专门的治安法庭负责，可以视为建立一种对违法行为矫正的准刑事司法程序。目前来看，问题已经显露，但在思想理念和解决路径上尚存理论分歧，司法实践更是无从推进，违法犯罪治理存在的制度缺漏短期内似乎难以补全。

二、个体系统孤岛困局：标签效应引发弱势叠加

基于宽严相济的刑事政策，我国当前司法实践中有一个现实问题值得思考：是否有必要对所有（或绝大部分）犯罪嫌疑人、被告人进行严格的犯罪追诉（烙印罪犯标签）？从世界范围内来看，起诉便宜主义适用于未成年人（或青少年）犯罪时比较容易为民众理解和接受，但有不少国家对成年人犯罪也逐步推广适用这一原则。当某些违法犯罪行为并未被严格追诉时，怎样的处遇方式才是理性和有益于整个国家各个系统领域？刑法谦抑原则要求在穷尽其他方法都不能预防或治理违反法秩序的行为时，才考虑将某种行为确定为犯罪。一般认为，构成刑事犯罪属于社会治理层面中能够做出的最为严厉的一种否定性评价。现实生活中许多人对"行政拘留""刑事拘留"等专业名词没有明确的概念区分，唯对"罪犯"身份和"羁押"事实更加敏感和关注，只因犯罪者与普通人之间通常有着这两种明确清晰且容易辨识的"标

---

① 原因在于相关部门对谁来决定矫治意见不一，公安部门认为应该由公安来决定，法院认为应通过司法程序由法院决定，当决定的公平与效率无法达成一致时，该立法规划也就难有实质性进展。

签"。晚近犯罪学的标签理论揭示，对于犯罪者来说，刑罚只是诸多惩罚中的一种；对被害人而言，往往期待的报复也不是单纯的刑罚，而是刑罚背后给犯罪人所带来的名誉扫地、社会孤立、失业、失学等一系列恶性循环的叠加，这些法律之外的恶果对于后续的社会治理而言恰好属于刑罚所带来的"副作用"。

实际上，我国当前法律制度一定程度上存在着对违法犯罪者"打标签"，例如"李某某嫖娼"案引发社会广泛关注的起点就来源于北京市朝阳公安分局的一则嫖娼案件警情通报。姑且不论嫖娼行为在世界范围内合法化与非法化之学术争议，也不讨论是否有必要用法律实施道德的思辨问题，仅就不少网友质疑的公安机关警情通报是否合理合法一事，根据司法解释，刑事判决书、裁定书除涉及国家秘密、未成年人犯罪等情形之外，均应当在互联网上公布。《行政处罚法》第48条也规定具有一定社会影响的行政处罚决定应当依法公开（社会影响由公安机关自行判断），从法律层面就否定了绝大多数违法犯罪者享有所谓隐私权。

正如卢梭提出政治合法性思想，政治权力所具有的强制性、支配性需要论证自身的合法性以争取社会成员的忠诚和认同，并最终通过人的理性和情感因素为政治设置了"形式合法性"和"实质合法性"两大基础问题。

相对而言，法律责任容易清算承担，而道德的审判却仿佛永无休止，这些个体在短期羁押或监禁之后如何能融入社会，具备某方面熟练职业技能的劳动者因一时的道德问题而被全盘弃用并不利于社会发展和安定团结。标签效应的存在进一步阻碍了个体系统教育帮扶等功能的实现，个体系统自然由受歧视、受孤立转向与社会系统的不合作和对抗升级。

第二章 我国社区矫正制度的系统功能分析

在社区范围内，标签效应的强弱有无会对社区矫正的效果具有重要影响，标签理论启示我们，犯罪是被承载着统治阶级意志的法律所规定的结果，大多数人的越轨行为只是初级的。尤其是处于成长期的青少年，其思想和行为都处于尚未完全成形阶段，而犯罪标签和弱势积累会导致其产生破罐子破摔的心理，行为模式会逐渐向犯罪标签预示的内容进行演化。在标签效应的影响下个体想融入社会主流群体非常困难，融入亚文化群体则非常容易，良性社会关系与之割裂，恶性社会关系向其靠拢，最终活跃于犯罪亚文化圈内，导致由轻微越轨发展为集体性多发越轨。犯罪学研究表明，当青少年时期被贴上犯罪标签后，即使到了成年之后，社会纽带（如稳定的工作和家庭生活）也会持续遭遇系统削弱，个体的弱势不断累积，更难发生由弱转强的人生转折，最终本已脆弱的社会纽带濒临崩溃，有些行为人状况恶化引发再次犯罪或其他不幸。[1]

社区矫正除了在法律系统层面做出社会化的处遇决定之外，同样需要社会系统对社区矫正人员给予宽容和帮助，接纳其复归社会。包括基层司法所工作人员、社区居（村）委会的工作人员对社区矫正的看法、认识也将在矫正的交互过程中对个体产生深刻影响。从某大学努某事例来看，即便其构成犯罪中止未造成犯罪结果，但社会公众显然并未做好理解和接受的准备，更遑论给予帮扶，在标签效应的影响下社区矫正制度并未发挥出预设效用。理论和实践、法律与社会之间在这一问题上存在割裂，期间存在的落差需要依靠制度建设去填平。在现代社会中并不存在孤岛，除非能够将犯罪者永久消灭或放逐隔离于社会之外，否则他们的

---

[1] 杨学锋：《标签效应的衍生与整合理论之引介》，《中国刑警学院学报》2020 年第 1 期。

再社会化都是全社会必须共同面对的问题。这些个体的再社会化效果也将对社会治理产生积极或消极反馈，最终将影响到在社会环境中生存的其他个体。重惩罚和强监管可以在一定程度上迎合社会正义需求并满足罪当其罚的本能报应快感，但是侧重于对既往犯罪行为的追溯和评价，对越轨者未来的行为——认知以及社会关系修复重建并无裨益。

三、社会系统误解质疑：社会公众存在认识偏差

除了上述现实困境外，社区矫正制度一度遭到社会公众和舆论媒体误解和质疑。社会公众质疑一方面来自社区矫正制度不够完善，一定程度上存在主观滥用和徇私枉法。例如，2019年曾引发社会各界强烈愤慨和关注的云南孙某某案中就出现了暂予监外执行的滥用，本应在监狱服刑的孙某某却没有任何合法保外就医手续，也没有受到有效监管，在监外执行期间仍然发生多起严重暴力犯罪。此后陆续有类似典型事件如林某（湖北版孙某某）案、刘某（陕西版孙某某）案曝光，都是违法违规操作适用缓刑、假释等制度逃避制裁，社区矫正期间又发生恶性案件。此类舆情传播大大激化了公众的不信任和抵触情绪，最终导致公众很容易以偏概全，持怀疑主义看待正常的社区矫正适用。笔者在走访调研过程中发现一些文化程度不高的群众粗浅地认为对犯罪分子适用缓刑、暂予监外执行等社区矫正制度就是因为其"找了关系""不用坐牢""逍遥法外"。

另一方面，社会公众对于社区矫正制度的质疑和误解还源于社区矫正制度在一定程度上存在功能弱化和形式主义。按照法律规定，适用假释的罪犯假释期间应该回到居住地接受社区矫正，受司法行政部门严格监管，定期报到和汇报，且不得擅自离开居

住的县市。前文最高检发布的指导案例仅仅是脱管,并未造成社会危害后果,而 2020 年因一起贩毒案件牵连而出的社区矫正工作人员职务犯罪案件却再次挑战了法学理论界的基本认知,反映出理想和现实之间的巨大落差。据新闻媒体披露,社区矫正人员许某在矫正期间多次参与贩毒,并且其中一名同案犯经媒体报道披露同样是在矫人员。负责开展社区矫正工作的也并非偏远落后地区司法行政部门,而是武汉市主城区内的司法所,并且对许某这种严管型社区矫正人员在入矫时就制订了较为周密的监管和教育计划。[①] 根据湖北省某法院对该案公开审理情况来看,司法所两名工作人员存在诸多违规造假和玩忽职守的情况,被法院判处玩忽职守罪。[②] 这种弄虚作假的监管形式,反而为社区矫正人员在社区矫正期间实施犯罪提供了便利条件。

社会质疑和误解带来的不利影响在一定程度上引发了新的社会思想观念冲突,在法律系统和社会系统之间出现一些沟通失灵

[①] 许某为原判刑期为 10 年以上、涉毒犯罪性质恶劣的假释社区服刑人员,属典型的社区矫正重点人员,按要求应从严管理。按照地方社区矫正的管理制度,许某需在每周电话和书面向司法所汇报 1 次,且须本人到场;每周接受个别谈话 1 次,每月上交 1 次改造小结;每月社区服务不少于 24 小时;每月参加集中学习教育不少于 12 小时;每月接受司法所工作人员走访许某家庭、社区 1 次;不允许请假外出。

[②] 两名被告人在许某接受社区矫正期间,疏于对其管理,并为应对上级检查编造了大量考核资料,导致许某长期脱管,多次乘坐航班往返云南、武汉等地实施严重危害社会的毒品犯罪。而实际的执行情况却是:司法所工作人员没有时间到社区调查了解许某的实际表现,一年最多走访一两次。许某在接受社区矫正期间表现非常差,安排的社区服务、社区教育基本不参加,接志愿者电话通知后仍拒不参加。志愿者将其表现情况如实反馈司法所,司法所为了应付上级检查,要求志愿者根据考核要求将每个月社区服务数量、内容、方式等内容编造虚假资料,同时司法所工作人员做志愿者工作,违反规定为许某出具虚假证明并加盖公章,让许某考核通过。许某多次离开武汉进行贩毒活动,只请过 1 次假,档案中的请假条和保证书是事后按照司法所要求补造的假材料。

的障碍，一些正常适用社区矫正制度的案件也会引发一些社会舆论。2020年7月，《社区矫正法》正式施行当月，有一则热搜网络舆情也引起笔者关注：某大学学生努某因强奸罪，被判有期徒刑一年六个月，缓刑一年六个月，随后某大学根据法院判决和学校纪律处分规定给予努某留校察看处分。① 此事迅速在网络发酵并受到公众的广泛关注，网友对涉事学生进行了人肉搜索和曝光，同时也对法院和学校进行了批评攻击，舆情主要聚焦于"强奸犯"怎能容忍轻饶，怎能缓刑，怎能继续留在校园，法律尊严何在，等等。从披露曝光的该案件判决书来看，法院基于犯罪中止、自首、认罪认罚等量刑情节判处努某缓刑并无不妥，不应受网民攻讦；而按照社区矫正法的立法精神和制度设计，努某下一步应当在社区矫正过程中认真接受监管和教育，同时该生受教育权利仍受法律保护，某大学也愿意给予其改过自新、留校察看的机会。实际情况是，在舆情广泛关注施压下，学校对该生重新给予开除学籍处分②，就此将该生引入另外一条截然不同的人生轨迹，这折射出当前我国社区矫正制度面临的强大社会舆论压力和思想观念阻力。当社会公众对一项制度产生明显认识偏差时，如果不及时予以调整转变，那么社会系统最终不仅不会参与、理解和支持法律系统，反而会进行干扰和反制。

---

① 《浙大通报学生努某某受留校察看处分事件》，《光明网》2020年7月21日，https://m.gmw.cn/baijia/2020-07/21/1301386201.html。
② 某大学最后所通报的开除学籍理由也较为模糊牵强，称努某存在多项违纪违规行为，究竟是迟到、旷课还是考试舞弊，何种程度违纪违规行为某大学并未明言，从行为严重程度上是否比犯罪行为更为严重，才致使处分升级？在实践中，一般受到留校察看处分的学生，之前学习生活中难免还有其他违纪违规行为，学校通常从一重者进行处分，只有对留校察看期间仍不思悔改有新的违纪行为的学生，才给予开除学籍处分。

正是基于上述现实困境，我国社区矫正制度亟待进行功能结构化形塑予以回应，由各自为政的"散装"状态变为在科学治理理念指引下的有效连接"整装"状态，不断推动治理理念的转型升级，分别针对法律系统、个体系统、社会系统的功能缺陷进行新的功能选择，并加强系统间的多元统合。

第三章　我国社区矫正制度功能的结构化形塑

第一节　理念革新：基于治理体系现代化的模式演进

有道无术，术尚可求，有术无道，止于术。通过分析社区矫正现实困境，可见社区矫正制度功能结构形塑的背后首先蕴含着国家对治理理念和模式的选择。现代社会的一项基本事实就是分化，是根据不同社会领域的独特性而逐渐被固定的。这意味着与古代的区隔社会、前现代的层级社会相比，分化的标准是多元的，不再有唯一性，而只有复杂性。当前已被现实化的可能性只是其中之一，未来所指向的可能性有可能与系统期望的可能性不符，这也充分体现了无处不在的偶然性。[①] 国家治理是一个系统工程，如果按"依靠什么手段进行治理"的方法体系可以划分为政治手段、经济手段、行政手段、

---

① 尼克拉斯·卢曼：《法社会学》，宾凯等译，上海人民出版社，2020年，第182–261页。

法律手段、道德手段、教育手段等六类。① 具体到以违法犯罪控制为目标的犯罪治理领域也需要多元方法和手段的协同使用。功能分化的现代社会其标志之一就在于多元理性的社会弥散与"去中心化"的相互共生。

中共十八届三中全会以来提出了"国家治理体系和治理能力现代化"的重大命题，探索如何治理社会主义社会这样全新的社会的实践路径。这对完善社区矫正制度的中国化治理模式和功能系统结构大有裨益。

当前，我国首先要在治理理念上顺应社会发展做出革新，只有在明确适合的治理理念和模式的基础上，才能据此进行功能结构化形塑，包括进一步对我国社区矫正制度法律系统、社会系统、个体系统的功能选择和重心转移进行探讨，构建起功能互惠、合作治理的环形结构，最后结合社会发展趋势提出符合新时代多元统合需要的功能实现思路。

一、单极化治理模式演进

从我国刑事司法制度发展的历史沿革可以看出，我国对于违法犯罪的治理模式因社会历史环境变化已经经历了三个阶段，即"政治治理—行政治理—法律治理"，尽管在每个阶段这三种治理

---

① 1. 政治手段。功能在于对行动的现实控制，也即以权力为媒介做出有集体约束力的决定，解决现在的突发性问题或者紧迫的冲突问题，按照哈贝马斯观点，政治系统"可以为全社会整合问题起亏损担保作用"。2. 经济手段。采取财政、税收、货币、价格等符合价值规律的经济手段，引导宏观经济的协调高效发展。3. 行政手段。在经济、社会等多个领域，通过行政体系适时采取高效的行政命令、指示、规定等措施。4. 法律手段。创建法治型国家，对违反法律的一切行动，都依法严厉打击和制止。5. 道德手段。依法治国和以德治国并重，加强社会公德建设，引导个体加强自我约束，实现社会和谐。6. 教育手段。除了正规的学历和职业教育，更强调各行各业开展继续教育和民众社会教育。

手段或多或少都交叉并存，但是始终处于一种不均衡的状态，即每一时期治理模式都有着非常清晰明确的功能预设目标，进而选择出最适合达成该目标的手段作为主导，呈现"一主多从"的结构，最终表现出结构单极化的特点。

（一）政治治理主导模式

这一模式主要集中体现在中华人民共和国成立初期到中共十一届三中全会前。由于国家初创、立法滞后、革命未尽等历史原因使得执政党成为国家建设的主导力量，并且蔓延统领其他治理系统，行政和司法的力量不可避免地被削弱。[1] 期间多以党内文件、通知等政治动员方式直接对当时突出的社会问题进行治理和干预，如1949年通过的《中国人民政治协商会议共同纲领》就属于依靠政治协商确立的宪法性文件，明确了我国的国家性质任务及各方面的总方针、政策和原则，起到临时宪法作用。[2] 这一阶段尽管也建立了相应的行政、司法组织机构，但总体来看行政组织、法律组织并不独立，高度依附于政治系统，并且继续沿用甚至还发展了战争年代的政治领导制度，尚未实现真正的功能分立。在组织建构和社会治理上也多以政治任务为动因，如1949—1956年我国着力健全基层司法机关内部管理体系，并且加强组织领导，明确法院受同级党政领导监督，基层司法体制由此定型。

1954年《宪法》和《中华人民共和国人民法院组织法》颁行后，法院名义上独立进行审判只对同级人大负责并报告工作，实际上法院依然高度行政化，表现为受党委和政府节制管理，各类事项

---

[1] 强世功：《法制与治理——国家转型中的法律》，中国政法大学出版社，2003年，第151-152页。
[2] 中共中央文献研究室、中央档案馆：《建党以来重要文献选编（1921—1949）》第二十六册，中央文献出版社，2011年，第758页。

需要请示汇报，政府则将法院视作下辖的职能部门之一。① 从治理过程来看，违法犯罪治理带有明确的政治目的，中央先有明确指示精神，随后行政部门和司法机关再予以跟进。例如对于"枫桥经验"的发现、总结、推广也基本是延续这一路径得以实施。

从中华人民共和国成立到改革开放之前，国家治理实际上并不存在政党、政府与社会之间的明显区分，治理中政治挂帅、思想先行是普遍现象。在城市的社会治理中以党政一体的机关或国营单位为基础，在农村的社会治理中以公社等政权组织和经济组织二合一的集体为基础，国家建立起纵向集中与渗透，高度统一的治理体制，人的衣食住行、生老病死都依存于一个个单位（集体）。② 因此在政治高度集中、经济高度统一的计划经济时代，个体被单位（集体）社会所凝结在一起。即便在法律制度中，法律系统、社会系统和个体系统在这一时期也混沌未分，呈现高度统一的状态。在这种情况下，对犯罪的治理过程中刑罚执行权全部集中都归属于国家单位（集体）。在这一阶段实际存在着大量带有矫正性的犯罪处遇机制，也确实取得了显著效果，其中重要的原因就在于时代特殊性造成单位（集体）除了专业工作外还要履行就业安排、住房安排、婚姻审批、计划生育、思想教育、犯罪控制等多种功能，身处单位（集体）的人处于封闭固化的熟人社会，受到上下级、同事、亲属、街坊邻居等越来越多的关系牵制，这种关系牵制对人的行动选择（包括越轨与犯罪）具有很大约束力

---

① 高其才、左炬、黄宇宁：《政治司法—1949—1961 年的华县人民法院》，法律出版社，2009 年，第 45－59 页。
② 徐勇：《现代国家的建构与村民自治的成长——对中国村民自治发生与发展的一种阐释》，《学习与探索》2006 年第 6 期。

量，同样也构成了全方位矫正教育的中坚力量。在单位社会时代，中国社会犯罪率低的主因同样是源于此处。① 如少管所、工读学校、劳改农场、工厂等都在政府部门管辖之下，单位、公社等社会组织开展矫治帮教还受国家政治权力的延伸覆盖。②

（二）行政治理主导模式

这一模式主要体现在中共十一届三中全会到中共十五大期间。改革开放以后一段时期，中央提出"党政分开"政策，推动解决以往党政职能混淆、以党代政等问题，中央领导也专门做出重要讲话指示，1987年"党政分开"被写入中共十三大政治报告中。③用社会系统理论来解读这一现象，就是政治系统开始专注于自我指涉，政治权力不再过多发挥外溢效应，去规制社会各个方面，而是成为"象征性的普遍化沟通媒介"，以一种脱域机制的象征标志（symbolic tokens）存在，权力作为媒介被严格地限定于政治系统之内。④

客观而言，这一时期在违法犯罪治理中大幅削弱政治治理的比重，开展了大规模的立法和公民普法活动，法律制度作用较之

---

① 揭爱华：《单位：一种特殊的社会生活空间》，《浙江大学学报（人文社会科学版）》2000年第5期。
② 康树华：《社区矫正的历史、现状与重大理论价值》，《法学杂志》2003年第5期。
③ 1978年12月13日，邓小平同志在中央工作会议闭幕会上的讲话指出："现在的问题是法律很不完备，很多法律还没有制定出来。往往把领导人说的话当作'法'，应该集中力量制定刑法、民法、诉讼法和其他各种必要的法律……加强检察机关和司法机关，做到有法可依，有法必依，执法必严，违法必究。"参见邓小平：《邓小平文选》（第2卷），人民出版社，1994年，第146-147页。
④ 张海涛：《功能分化社会的"去分化"？——权力生产性与权力媒介性的理论冲突及其消解》，《交大法学》2021年第2期。

前有所提升，但是从实际运行特点看法律规制仍从属于大行政体系的一部分，还停留在法制这一社会制度属于法律文化中的器物层面。中国在向现代国家转型中因为法律传统断档以及某一时期特殊原因，法治构成要素和专业人才一度非常欠缺，法律在治理过程中就容易被工具化。党政分开实施后，国家行政系统力量大为扩充强化。① 此时，党委机关并不直接参与打击违法犯罪或刑事司法等治理行为，转为以思想引领和政策指导为主，国家有了较为健全的法律制度，但是地方在具体施行时转以行政治理为主，司法机关此时基于历史惯性依旧高度行政化。② 因此，司法机关在工作中不得不服从和维护地方政府利益，有些地方政府也常以经济发展或维护稳定等原因干预司法活动。学界为此提出"司法权在性质上属于中央事权"的论断，似乎能够解释司法行政化的理论属性问题，但不能解决实践遭遇的困境。

　　行政治理最大的特点是灵活性，首先，表现为规则制定的灵活性，各种行政条例、规定、办法、通知等制定较法律更为简便。规则制定者通常是小范围内的领导班子集体决策，可以对客观变化做出快速有效反应。其次，在执行过程中，负责具体执行者在掌握规则精髓的前提下，可以发挥主观能动性，根据实际的情况决定执行的手段，而不需要过多遵循特定的法律程序和规则，执行方式也没有被要求特定化为某种程序。最后，在执行手段上也具有灵活性，既可以直接通过国家暴力机关执行，也可以发起专

---

① 李鹰：《行政主导型社会治理模式之逻辑与路径——以行政法之社会治理功能为基点》，武汉大学 2012 年博士学位论文，第 1—2 页。
② 主要表现为，司法机关的设置根据行政区域划分管辖，司法机关的财政等各方面资源由行政部门提供，在组织和人事管理上沿用地方行政主管、上级司法机关协管的传统干部管理制度，检察官、法官的待遇、晋升等均采取国家行政干部的管理模式。

项运动，还可以耐心教育引导。反向而言，这种灵活性导致治理缺乏稳定性、程序性，也会出现"朝令夕改"的现象，难以形成预期的稳定治理，权力的灵活空间较大，容易滋生腐败和权力寻租，缺乏权利对权力的有效制约。

刑事司法的行政化治理典型模式就是严打运动，不少法律规定在行政主导思维下易变更突破。20世纪80年代，我国因犯罪活动猖獗、社会治安遭严重破坏，不得已发起"严打"运动。在严厉打击刑事犯罪活动的若干行动中，公检法三机关在地位上始终是以公安机关为牵头主导，以侦查破案为中心，追求效率优先、从重从快，短期内达到整饬社会风气的目的。行动期间所有的行政资源和司法资源被集中起来，刑事司法活动按照行政管理模式进行改造处理，公检法三机关都被定位为"刀把子"，工作人员从身份上被统合为"政法干部"联合行动，共同办案和研究定罪量刑问题①。基于从重、从严、从快处理的刑事政策，审判在群体意识影响下常以民愤和群众呼声为依据。所以当时的审判效率非常之高，可以说达到了中国法制历史上的高效巅峰。② 初次"严打"运动战果辉煌，刑事发案率从1981年的0.89%，到1983年降为0.6%，到1987年降为0.5%左右。③

---

① 薛较盲：《在实际斗争中学习锻炼——我校师生结合专业实习参加严厉打击刑事犯罪斗争》，《政法论坛（中国政法大学学报）》1983年第4期。
② 根据1983年9月全国人大常委会通过的《关于严惩严重危害社会治安的犯罪分子的决定》《关于迅速审判严重危害社会治安的犯罪分子的程序的决定》，严重危害社会治安的犯罪分子，可以在刑法规定的最高刑以上处刑，直至判处死刑。对杀人、强奸、抢劫、爆炸和其他严重危害公共安全应当处死刑的犯罪分子，主要犯罪事实清楚，证据确凿，民愤极大的，应当迅速及时审判，审判可以不受刑事诉讼法规定的关于起诉书副本送达被告人期限以及各项传票、通知书送达期限的限制，上诉期限和抗诉期限由刑事诉讼法规定的10日改为3日。
③ 刘华：《论法定刑的适度与协调原则——兼评重刑化说与轻刑化说》，《政法论坛（中国政法大学学报）》1993年第3期。

我国在犯罪治理方面因长期坚持国家独占式的资源配置，相关部门已经对行政治理模式治理犯罪产生了路径依赖，当社会治安亟待整顿之时，似乎更需要多部门积极配合，对犯罪分子予以严厉打击。经过多次"严打"斗争，在整饬社会治安方面取得显著效果，也确实通过高效组织动员，迅速对特定时期内某类态势严重的犯罪进行全覆盖打击，取得立竿见影的治理效果。但受到以重刑主义为主体的刑法思想影响，"严打"也暴露出一些问题。最终学界普遍认识到犯罪是社会矛盾消极因素的综合反映，犯罪是一个复杂的社会问题，"严打"这种行政治理模式虽高效，但只治标、不治本，没有抓住社会矛盾源头问题。

根据谦抑性原则，刑事司法本是犯罪治理的最后一道防线，谦抑性在整个刑事法律范畴内都应遵循，这就包括了刑事诉讼活动。在有些审判实践中曾存在用行政手段人为限制缓刑、假释、减刑的现象，审判机关迫于一些部门压力在立法规定之外通过司法解释、内部文件形式，极力减少缓刑、假释、减刑的数量，包括设置不符合法律规定的适用条件，甚至直接规定限制数量指标，要求从严裁定适用，对符合法律规定的宣告缓刑条件的案件，按照"就高不就低"的做法判处拘役或有期徒刑等实刑。更为重要的是，对犯罪的追诉和行刑属于典型的事后救济，此时犯罪危害行为已经发生，因此不论怎样惩罚犯罪者，法益的损害都难以复原。从前文对我国社区矫正历史沿革的梳理可以看出，刑事司法对于国家而言，最终目的始终是保障人权和维护社会和谐稳定，发现犯罪并予以制裁是实现该目的的手段，严厉打击和制裁犯罪对相关部门来说简便易行且凸显成绩，而对于整个社会来说不能很好地消解矛盾冲突，无法直抵犯罪的成因及根源。

（三）法律治理主导模式

法律治理主导模式主要构建于中共十五大确立依法治国基本方略之后至中共十九届四中全会这一阶段。行政治理虽然灵活高效，但是如前所述也存在一些现实问题。法律治理与之相比虽缺乏灵活性，但更具稳定性，也更容易代表广大人民意志去实现公平正义。有学者认为，当代中国社会转型的标志在于通过法治解决社会冲突，国家通过建立科层化的组织体系和稳定的制度体系依法治理。① 这一观点将我国法律治理主导模式与西方社会学中"科层主义"治理模式进行了类比。②

由行政治理主导下的"法制"到法律治理主导下的"法治"，尽管都是在法律的框架下开展相关活动、实现相关管理，可是"制"是制度、是钳制，将法律制度作为国家权力调整和治理社会的器物使用，未上升到动态治理层面；"治"是在法律制约下的科学有效治理，包含对法治精神的贯彻落实，对法治行为的实时监督，对司法公正的不懈追求。在法律治理模式下，政党和政府不再借助国家权力直接调整和治理矛盾纠纷，而是借助法律规范这一中介载体，严格遵循一般化的程序方法，即便执行人员有一定的自由裁量权，也有相应的标准进行规制。1997年9月，党的十

---

① 唐皇凤：《常态社会与运动式治理——中国社会治安治理中的"严打"政策研究》，《开放时代》2007年第3期。
② 即马克思·韦伯所说的"法制型支配"或"科层（官僚）制"，根据科层制治理模式，现代社会在"祛魅"之后必然趋向于通过形式理性的法律规则及其解释理论，或者交往理性的法定程序及其沟通伦理，以普遍平等的方式维系秩序，科层法治因此强调法律作为一种专业知识和职业活动，具有对内的统一性和对外的自主性。因此，中国从惩罚社会迈入常态社会的一个典型表征必然是作为法律规则实施载体的司法系统重新回归到社会治理的前台。参见陈洪杰：《运动式治理中的法院功能嬗变》（下），《交大法学》2015年第1期。

五大报告中明确提出"依法治国"的指导思想和目标。① 我国自此正式开启了由行政治理向法律治理的新变革，期间法学理论界也兴起了关于各种问题的法律治理研究热潮。

我国二十多年来的法治建设，其实就是将法律逐步从治理工具角色定位中解放出来，成为一种具有独立自主性的权威治理力量。在传统的法学家视野中，法制与政治之间是有明显界限的，法律是法律，是解决法律问题的技术性规范；而政治是政治，不宜在法律问题研究中过多探讨政治问题。在法律治理模式下更为注重去除政治和行政对司法的干扰，保障司法权的独立性，尊重司法权是判断权的基本属性，同时更加注重人权保障，这也是我国推进司法改革的重要动因。② 在现有法律制度框架内深挖并释放各种治理潜能方面取得了显著成效。但是在治理上仍存在手段单一的缺点，仅靠树立法律治理的权威性并不能解决社会治理中各个方面的问题，控制犯罪的背后总有许多领域是法律手段难以深入触及的，在这些领域法律治理运行效率上可能还不及政治治理或行政治理。当原本确保公平正义底线的诉讼被推到治理前台变成了定分止争的主要途径，法院就会面临诉讼增加之下的"不可承受之重"。很多新出现的社会问题都期望通过法律渠道去寻求公正权威的解答，如"消费者诉火车餐车不开发票"之类案件层出不

---

① 报告指出，"进一步扩大社会主义民主，健全社会主义法治，依法治国，建设社会主义法治国家"。参见江泽民：《江泽民文选》（第 2 卷），人民出版社，2006年，第 8 页。
② 20 世纪 90 年代末，司法话语中"司法公正"概念的出现重塑新的法律形象。为了满足和适应依法治国的新要求，我国以司法改革为核心，通过对司法系统、制度以维护司法公正为目标，以优化司法职权配置、加强人权保障、提高司法能力、践行司法为民为重点实行改革，扩大司法民主，推行司法公开，保证司法公正，为社会发展、和谐稳定提供有力的司法保障。

穷，而这些问题其实本可以通过其他渠道有效沟通解决。[1]

出现这种情况的问题主要症结在于，刑法谦抑性具有限制机能，法律治理对日益增长的违法犯罪只能被动应对，且不擅长抓住源头主动出击、防微杜渐，有些家庭邻里矛盾纠纷甚至完全不在法律规制范畴；在实际工作中部分公安机关工作重点是重抓破案、抓打击，忽视抓防范、抓源头，习惯于专项斗争、集中行动的突击性方法来解决治安问题，有些司法机关在治理环节中较公安机关更为靠后；在法律治理环节中有些基层单位工作基础薄弱。因此政府相关部门由此提出了一些解决具体问题的治理新思路[2]，但还需要从治理理念和模式上进行丰富和完善，因为当前法治建设面对的问题不可能仅靠法律系统独立解决。

二、单极化治理模式面临严峻挑战

不少学者将一些社区矫正工作的执行偏差、监管缺位归咎于制度不完善或工作人员思想认识错误，对一些脱管对象也无法有效控制或施以惩罚，认为这种现象会使"从宽处罚"异化为"免于处罚"，一定程度上无法保证实现各项功能。[3] 产生这种问题的原因在于，基于传统管理理念的政治治理主导、行政治理主导或法律治理主导模式，都是注重发挥国家机关力量，强调以官方为主导，与开放社会环境下的大量的社会治理需求之间存在一些供

---

[1] 《消费者诉火车餐车不开发票被判败诉》，《搜狐网》2005年3月9日，https://business.sohu.com/20050309/n224599409.shtml.
[2] 如将警力资源下沉至社区，加强对危害社会治安的人员（包括刑释解教人员、治安危险人员、轻微违法犯罪青少年及其他重点人口）做好摸底排查工作，纳入视线，加强管理、教育与控制，扩大对吸毒人员收戒容量，确保全员收戒，组织劳动康复，走可持续发展之路等。
[3] 郭航：《社区矫正与认罪认罚从宽制度衔接问题研究》，《新疆大学学报（哲学人文社会科学版）》2018年第5期。

需错位。按照目前"大政府小社会"的模式运行，以现有公务员配置无法保障社区矫正工作都能落地落实。有学者指出，我国目前社区矫正的特点在于"官办为主，民间协助"，现实中存在政府力量投入不足、社会力量有效培植和参与有待加强的问题。[1]

在试点实施过程中有调研显示，2010年成都市共有司法所316个，其中3人以上所（含3人）有15个，而绝大部分都是1人所或无人所（无直属编制所72个），在乡镇（街道）一级的司法所工作人员除了肩负包括社区矫正在内的多项职能外，还有大量精力要接受统筹参与基层党政机关安排的其他任务，并且队伍更迭频繁。[2]还有学者提出，基层司法行政部门工作职能在不断增加，规定为"9+N"，但工作队伍并未随之增加。[3]官方数据显示，截至2016年全国司法所当年累计接收社区服刑人员292.67万人，累计解除矫正223.45万人，在册社区服刑人员69.37万人；而全国司法所工作人员仅12.3万人，所均工作人员3.1人，按政法专项编制的分配情况划分，无人所（即没有编制的）3027个，占全国司法所的7.50%；1人所14269个，占35.34%；2人所14156个，占35.07%；3人以上所8919个，占22.09%。[4]根据《中国法律年鉴》相关数据，2017—2019年，全国司法所工作人员数量并没有明显增长。

这些统计数据反映了司法所的整体人员配置情况，显示编制

---

[1] 连春亮：《我国社区矫正基本理念的冲突与裂变》，《河南司法警官职业学院学报》2018年第1期。
[2] 但未丽：《社区矫正的"北京模式"与"上海模式"比较分析》，《中国人民公安大学学报（社会科学版）》2011年第4期。
[3] 梅义征：《社区矫正制度的移植、嵌入与重构——中国特色社区矫正制度研究》，中国民主法制出版社，2015年，第65–66页。
[4] 司法部基层工作指导司：《2016年度司法所工作统计分析报告》，《司法所工作》2017年第6期。

配置很紧张。① 按照笔者走访调研的情况来看,"社区矫正法"颁布实施之后,虽然明确了社区矫正机构的地位和职能,但是并未在基层发生实质性的变革,目前很多地区的司法行政部门仍然面临社区矫正工作人手短缺的情况,尽管区县一级基本已经在司法局下设了专门的社区矫正局,但是社区矫正一线的总体职位数配置短缺状况并未缓解,除少数管辖范围或人数规模较大的所外,基层司法所通常配置为1名公务员、1名社工和1名人民调解员,后两者多为社会招聘而来,虽然设置岗位在名义上有所区分,但在实际工作中所内3人需要打通各自职责并包干处理一切基层司法行政事务,包括社区矫正、刑满释放人员安置帮教、法律援助、人民调解等,此外还需协同配合乡镇或街道进行基层网格化治理、普法教育宣传以及一些辖区内重要活动。按照在目前刑事司法轻缓化背景下社区矫正制度适用不断铺开推广的情况测算,适用社区矫正的案件数量很可能会逐年递增,并且还有数倍于社区矫正人员的刑满释放安置帮教人员,基层司法所的工作负担只会更为艰巨。受公务员编制限制,在短期内政府很难大规模招考社区矫正机构工作人员去应对这种新形势,一些地方还存在因女性工作人员休产假、工作人员被上级部门借调等正当事由,加剧了社区矫正机构工作人员局部短缺,甚至形成在一段时间的治理空转。当有限的司法和行政资源投入一项明显超出承载能力的若干主管事务之中,可能会出现"摊大饼式"的解决方案,会抓不住工作重点和要点。

从社区矫正的财政经费支持来看,目前省市一级财政支持力度非常有限,由各区县地方财政自行担负主要费用。尽管社会工

---

① 根据司法部2009年11月26日发布的《关于加强司法所规范化建设的意见》规定,司法所主要承担九项职能,社区矫正工作只是工作人员诸多任务其中一项。

作者不受公务员编制限制，但受制于地方财政状况及领导的重视支持力度。据笔者走访了解，即便在某些人口过千万的超大城市和省会城市，截至目前建立专门的社区矫正社工组织还较少。

从实践情况看，在2017年，实务部门出现了抽调3300名警力支援社区矫正工作的做法和社区矫正队伍警察化的呼声，遭到法学界许多专家学者反对。[①] 政府各部门行政编制都非常紧张，这一问题近年来始终未有效缓解，不论是司法行政部门还是公安部门的基层公务员面临的普遍问题就是工作任务繁重压力大，依靠有限的在编行政人员应对无法预估的工作量有一定的难度。

政府部门也曾意识到社会力量参与社区矫正工作的重要性，司法部等六部委专门发文鼓励引导社会力量参与。[②] 但需要对参与社区矫正的社会力量的权利义务、参与方式、组织形式、评价方式、普惠政策、经费筹集和使用等有明确的规定，以增加可操作性。针对试点过程中较为突出的反映社区矫正机构和人员配置的问题，不少地方司法行政部门在实践中多通过第三方劳务派遣方式招聘"社区矫正专职社工"引入社会力量参与。这支社工队伍除了社区矫正工作外，绝大多数都还从事安置帮教和后续照管等工作。有地方社区矫正局工作人员在网上写道："这是一群待遇不是很高，事情却是很多，责任不是一般的大的人。当我们前往各个基层司法所进行调研的时候，常常发现如果矫正社工不在，那

---

① 2017年全国司法厅（局）长座谈会后，全国有27个省份通过抽调、转岗、挂职等方式选派3300余名监狱、戒毒警察参与社区矫正工作。参见张苏军等：《中国法律年鉴2018》，中国法律年鉴出版社，2018年，第214—231页。

② 2014年印发的《关于组织社会力量参与社区矫正工作的意见》中要求，进一步鼓励引导社会力量参与社区矫正工作，包括政府购买社会工作服务、引导社会组织参与、发挥基层群众性自治组织的作用、加强志愿者队伍建设等多个方面内容。

很多关于社区服刑人员的事情就没人能够真正说得清楚。"①

《社区矫正法》第二章"机构、人员和职责"只规定了专门国家工作人员履行监督管理、教育帮扶等执法职责，同时"社区矫正机构根据需要，组织具有法律、教育、心理、社会工作等专业知识或者实践经验的社会工作者开展社区矫正相关工作"，对于社区矫正专职社工并未明确其身份、职责等内容。从各地反映的情况看，专职社工仍以个体为主，实质上属于司法行政部门的编外聘用人员，应归属于法律系统而非社会系统。这一群体多开展事务性工作，做到行动命令听指挥，他们的独立自主性、组织化、职业化、专业化还有待加强，其社会工作属性难以充分发挥，并且这种高压高负荷的工作状态并没有因《社区矫正法》立法而得到明显缓解。笔者在走访调研过程中发现，社区矫正机构一线工作人员多认为社工的身份和待遇并未因此有所改善，而工作任务却在增加，尤其是因为身份不明确，在实际工作中承担了许多琐碎杂事，投入社区矫正专项工作中的精力有限，如此，将会导致部分社区矫正机构工作人员出现内在情绪焦虑、外在专业不强、过程疲于应付、结果动作变形等现实困境。

三、建立合作治理模式寻求规制创新

笔者所提出的社区矫正合作治理模式以合作治理为基本理念，符合我国当前的社会环境基础和治理体系的发展目标，是全方位最大限度地寻求合作，不是前几种治理模式的简单叠加。除了政党、政府、司法机关等国家力量合作之外，还包括国家与社会、

---

① 曾长方：《如果，我是一名社区矫正社工》，《搜狐网》2019年5月9日，https://www.sohu.com/a/312737841_660595。

第三章　我国社区矫正制度功能的结构化形塑

社会与个体之间的合作，尤其是必须将社区矫正人员的合作自治也充分考虑进来，政治手段、行政手段、法律手段、教育手段等治理手段多措并举，通过合作寻求不同主体之间的"最大公约数"。

现代理性官僚制（科层制）作为一种适应现代化生产方式和社会治理需求的行政管理模式，曾被认为普遍有效。但在西方国家相继进入后工业社会，在市场经济、政治体制相对完善和信息技术、知识经济相对发达的条件下，人们对现代理性官僚制提出了质疑并试图在总结反思的基础上进入一种后官僚制时代。[1]

近年来，国内外学术研究中较多提到"新治理"（new governance）一词，这也就是我们常说的善治。[2] 其特点就在于重塑政府与公民之间的合作关系，共同追求公共利益最大化。[3] 党的十八大以来，党和国家大力建设服务型政府和法治型政府。[4]"国家治理体系和治理能力现代化"和"社会治理"等理念在2013年首次被正式提出。[5] 从此前"社会管理"到"社会治理"的概念变

---

[1] 后官僚制时代意味着在组织内部和组织周围发生了革命性的变革。在组织内部，组织模型变得多样化和复杂化。在组织外部，新技术时代——特别是信息技术为代表的高科技正在日益改变和调整着各种社会关系。组织的多样性，组织利益的多元性，内部关系的错综复杂与不稳定的结构使得模型的选择不再是唯一的，这种情况下，实现善治就成为模型选择的唯一的标准。
[2] 新治理强调不同利益相关方对规制过程的参与，通过公私合作、权力下放和权力授出，整体性地审视各项法律法规，更灵活、弹性制定和执行政策，对政策适时调适和修正，实现从命令控制向规制治理的转型。参见冯中越：《社会性规制评论》（第2辑），中国财政经济出版社，2014年，第127–145页。
[3] 国家将简政放权、放管结合、优化服务作为行政体制改革的"先手棋"和"组合拳"。参见范绍庆：《现代理性官僚制在中国的命运》，华中师范大学2005年硕士学位论文，第1–2页。
[4] 张再生、李鑫涛：《治理体系现代化的路径探索——基于天津市行政管理体制改革实践的分析》，《行政管理改革》2016年第10期。
[5] 2013年中共十八届三中全会在《中共中央关于全面深化改革若干重大问题的决定》中提出"全面深化改革的总目标是完善和发展中国特色社会主义制度，推进国家治理体系和治理能力现代化""加快形成科学有效的社会治理体制"。

129

化，展现出国家在治理理念上的转型升级，在科学的治理机制下构建形成多主体、多元化、协同合作的治理模式，打造"共建、共治、共享"的社会治理格局以适应现代化治理需求。①建设全能型政府早已被证明是不切实际的，政府与社会之间需要进行权力分享和资源共享，这就需要广泛寻求合作治理伙伴，促进各类组织化或非组织化的社会参与，建设起社会治理共同体。②

治理体系和治理能力现代化的顶层设计最终会广泛应用于国家治理和社会治理的各个方面，也为社区矫正制度的发展指明了道路。依法治国基本方略虽然确立了法律治理的权威性和稳定性，但国之重器不可轻用、不可滥用。司法本应成为维护公平正义的最后一道门槛，主要从事法律治理的司法机关就是"守门员"，在法律治理之前，还需要其他治理手段协同一起在场上发挥作用，否则就会变成"唯法治国"。应当建立一种系统性思维主导下的社区矫正合作治理网络，不再是由 A 到 B 再到 C "各领风骚数十年"的治理模式单一转型，而是从单一到多元的治理功能结构转型，进而追求系统整体性功能大于部分功能之和治理效果（"1＋1＞2"）的。合作治理网络是对传统行政治理和法律治理的有益补充，通过调动社会中各种主体共同组成具有思想、利益和机构的"混

---

① "共建"回答社会治理依靠谁的问题，即社会治理是社会各方的责任。"共治"回答社会治理怎么开展的问题，即通过党委领导、政府负责、民主协商、社会协同、公众参与、法治保障、科技支撑实现社会治理的社会化、法治化、智能化、专业化。"共享"回答社会治理为了谁的问题，即通过社会治理确保人民安居乐业、社会安定有序，实现社会治理成果共同享有。参见姜晓萍：《社会治理须坚持共建共治共享》，《人民日报》2020 年 9 月 16 日第 9 版。

② 根据《中共中央关于坚持和完善中国特色社会主义制度推进国家治理体系和治理能力现代化若干重大问题的决定》，社会治理是国家治理的重要方面，须加强和创新社会治理，完善党委领导、政府负责、民主协商、社会协同、公众参与、法治保障、科技支撑的社会治理体系，建设人人有责、人人尽责、人人享有的社会治理共同体，确保人民安居乐业、社会安定有序，建设更高水平的平安中国。

合规制体系",合作形成和执行政策,进而提升治理能力。[1]

社区矫正制度由试点到立法正是我国犯罪治理模式由高度集中向多主体协同合作治理转变的一个信号。基于"共建共治共享"社会治理观之下的社区矫正制度也验证了三者之间有机统一的互构关系。首先,"共建"是前提,社区矫正制度需要统合完善程序机制和法治资源,尽可能搭建一个较为宽广的平台,通过法律系统明确各方角色地位和权责。其次,"共治"是过程,是按照目前的社区矫正法相关内容确定的关于如何在社会场域内分工合作的运行机制,尽管在治理主体上已经初步促成了司法机关、政府部门和社会组织之间的合作,启动了法律治理与行政治理的部分融合,但融合度和平等性都不够,还需将政治治理有效融入进来,从理论上来讲全体社会成员(政府、社会组织、人民群众)包括社区矫正人员理论上都有治理参与权,尽管在社区矫正具体活动中分工不同,但是应当确保各主体在社会系统内平等合作地位。最后,"共享"是成果,通过多元主体共同开展社区矫正工作,实现受矫正的个体系统能够得到有效人权保障并真切通过矫正发生质变,此外社会每个成员都能共享和谐社会建设成果,为治理成效的检验也进一步提供发展动力。

社区矫正制度的合作治理与规制创新不是"大杂烩",每种治理功能手段都要通过系统耦合在体系中发挥其擅长的规制作用,打破科层组织的结构性壁垒,破解治理碎片化、治理封闭化和治理等级化造成的基层治理困境。例如,政治治理起到把舵明确方向的作用,依靠政治引领功能促进价值整合,通过政治动员实现政策话语转换为实践驱动;行政治理灵活高效、覆盖广的特点可

---

[1] Jacob Torfing. *Governance Networks*, in David Levi-Faur (Editor), Oxford Handbook of Governance, Oxford University Press, 2012, p. 103.

以有效组织力量并助推社区网格建构和社会组织建设,再造社会团结;法律治理负责守住公平正义底线,划清社会运行规则和红线,即通过法律划定政府、社会、个体之间的行动界限,并为三者互动提供支撑性规则指引,在合作治理模式建立之后,因合作而自然产生新的联系沟通需求,也会促使法律系统、个体系统、社会系统进行功能分化和功能选择,产生更适宜系统耦合和功能互惠的系统结构。

第二节 重心转移:我国社区矫正制度的功能选择

一、法律系统功能:从惩罚制裁到加强人权保障

司法机关在"一罚了之"与"一放了之"两个极端间常左右为难,在刑罚和释放之间存在一个巨大的空白地带,此时需要社区矫正制度填补,只有"一治"才能了之。因此在两种处遇方式之间需要有明显的功能区分,从制度的法律系统功能设计上就进行区分,监禁刑属于强力的监管加上有限的矫正,社区矫正属于有限的监管加上强力的矫正。社区矫正中的惩罚制裁并不是第一位的,惩罚制裁实际执行的轻重也并不完全与犯罪情节轻重挂钩。假使犯罪情节相对较重的社区矫正人员能够积极参与矫正,快速有效地完成了自我革新,那么相应的限制措施就应当随之调减或免除,受到的惩罚制裁就相对较轻;如果犯罪情节相对较轻的社区矫正人员消极对抗矫正,始终不能完成矫正任务,那么有可能限制措施会逐步递增直至完全监禁。因此,惩罚制裁的轻重先由人的矫正态度和效果所决定。在淡化惩罚制裁功能的同时,应当加强人权保障功能。

第三章　我国社区矫正制度功能的结构化形塑

《社区矫正法》在第一章开宗明义强调社区矫正工作应当保障人权。[①] 有学者认为社区矫正目的旨在帮助受矫正者复归社会[②]，并且与《监狱法》明确了"执行刑罚、惩罚和改造罪犯"的目的有所区别，《社区矫正法》通篇均未提及"惩罚""刑罚"，但有多处提到"保障""人权""权利""帮助""不受歧视"等概念。由此分析立法者的本意，是希望为社区矫正人员提供保障和帮助，从发展历程上回溯立法目的是坚持"以人为本""预防和减少犯罪""促进再社会化"等治理目标。

目前，有学者提出，社区矫正需要重塑惩罚功能与重构惩罚机制，认为当前社区矫正制度一定程度上存在偏离刑罚本质所引发的惩罚功能缺失和惩罚机制弱化现象。[③] 产生这种矛盾的原因在于，社区矫正制度本就属于一种基于人道主义的轻缓化刑事司法制度，惩罚犯罪功能较死刑、监禁刑已经呈大幅度弱化状态，在这方面有既定上限，不可能接近或强于监禁刑，发展空间非常有限，强调社区矫正的惩罚犯罪功能不如去丰富完善监禁刑制度。惩罚犯罪功能一定程度上的缺失和弱化症结根源其实在制度功能设计层面，重惩罚本就偏离社区矫正本意，缺乏有效的监督约束手段，也缺乏必需的保障支持。在社区矫正立法层面，进一步加强人权保障、从书面走向实践、从功能虚化到功能实现既是大势所趋，也是下一步改革的重点方向。这里的人权保障功能通过合

---

① 《社区矫正法》第4条规定，"社区矫正工作应当依法进行，尊重和保障人权，社区矫正对象依法享有的人身权利、财产权利和其他权利不受侵犯，在就业、就学和享受社会保障等方面不受歧视"。
② 刘毅、王义兵：《社区矫正创新机制探析——兼论江苏省南通市"矫务长制"》，《中国司法》2021年第4期。
③ 这其实还是基于一般预防理论主导下的犯罪控制路径。参见刘政：《社区矫正的惩罚功能重塑与惩罚机制重构》，《法学论坛》2019年第6期。

理设计可以吸收惩罚制裁背后的刑罚目的，其中有一个重要面向就是保障社区矫正人员改过自新不再危害社会。笔者认为，社区矫正制度中人权保障功能具体有三层含义。

一是让应当进入社区矫正的人能够经过科学评估筛选进入社区矫正程序，一些情节较轻的人也被适用监禁刑在一定程度上也是对人权的侵害，即便是罪犯也要保障其受到人道、文明和适当的处置的权利。而不适宜进入社区矫正程序的人应当被精准滤筛后挡于门外，这是追求公平正义的最大保障。在决定是否适用社区矫正制度之前，决定应当建立在全面调查科学评估的基础上，而不是寄希望于审判机关自行决断。[①] 应当将调查评估制度由目前的"选择性启动"调整为"以应当启动为原则，以不启动为例外"，没有特殊情况均由相应的调查评估机构对违法犯罪者的犯罪背景情况和成长环境、生活情况、个性特点、家庭情况等一系列社会关系及社会表现做出详细调查。

二是被适用社区矫正制度的人能够享有合理正当的程序性权利，社区矫正制度的法律程序之功能与价值同样不容忽视。在刑事司法活动范畴内，要加强对辩护权的保障，辩护的职能主要在于维护犯罪嫌疑人、被告人的合法权益，其中自然也包括争取更为轻缓的犯罪处遇或选择更为适当的司法程序，在适用社区矫正确定权利义务关系时为犯罪嫌疑人、被告人提供专业的法律意见等基本内容。另外，社区矫正制度虽然不像监禁刑一般剥夺人身

[①] 在实践中，部分审判机关有时会存在"先判后补"的问题，即先宣告缓刑、假释，后续补充调查报告。在这种情况下，审前报告完全流于形式，对于矫正工作的开展没有任何帮助，还有部分审判机关经常不委托开展审前调查评估，根据自己掌握的情况做出判决，上述情况一旦将不适宜采用矫正的犯罪人员放在社区，还会加大对社区群众的人身和财产安全的威胁程度。

自由，但是也会对一些重要的人身权利和个人利益做出限制，如职业禁止、活动场所限制、迁徙限制、公益劳动服务等。如果这些执行的内容不是经法院审理和判决得出，那么至少其中对个人具有较大影响性的部分要通过听证程序决定。[①] 要允许社区矫正人员就权利义务关系有重大影响的决定可以陈述、申辩和质证，有效的行使抗辩权，可以保证未经司法审查的行政决定的适当性与合法性。

三是执行阶段应当保障人权，给予社区矫正人员适合的教育帮扶，不受歧视和侵犯。刑事执行作为刑事诉讼的一个重要环节，同样关系到刑事诉讼目的的实现，也关系到被执行者合法权益的维护。[②] 我国宪法规定了公民的基本权利，非经法定程序剥夺和限制的部分同样受国家保护，社区矫正人员在矫正过程中包括人格尊严、通信自由、劳动权利、教育权利、社会保障权利、监督权等很容易因其身份受到不公正的对待，此时也需要健全相应的保障和服务机制，通过政府购买服务等形式加强律师参与，提供必要的法律服务和法律援助。

二、个体系统功能：从监督管控走向教育帮扶

现代化的核心是人的现代化。[③] 随着社会本身的演化，个体的

---

① 听证制度是一个含义颇为广泛的概念，其一般在行政法领域及公共决策领域被使用。行政听证一般是指行政机关在做出影响行政相对人合法权益的决定前，由行政机关告知相对人听证权利，行政相对人参与听证、表达意见、提供证据以及行政机关听取意见、接纳证据等内容所构成的一种法律制度。参见徐艳群，吴国亮：《关于完善我国行政听证制度的思考——从圆明园湖底防渗工程听证会谈起》，《江西社会科学》2006年第2期。

② 梁雅丽：《刑罚执行程序的盲点——建议将辩护律师权利延伸至刑罚执行程序中》，《中国律师》2012年第6期。

③ 田芝健等：《现代化的核心是人的现代化》，《光明日报》2013年1月28日第7版。

要求变得越来越重要、越来越具有合法性，以至于在现代社会中，各社会子系统的正常运作在某种程度上都以个体能够提出和实现自己的要求，即具有个体性为前提和基础。① 社区矫正制度对于个体而言最为显著的功能莫过于教育帮扶，作用在于帮助"越轨"的违法犯罪者从思想观念到行为习惯上重回符合法律规定及社会主流认识之"正轨"。至于为何需要帮助"越轨"者重回正轨则存在诸多解释，其中最广为学界接受的是"破窗效应"理论。② "破窗效应"对犯罪治理的启示在于，一旦看似不起眼的轻微不法行为未受到有效治理，会向外界提供一个明显的信号——政府对治安的掌控能力不足，表明社会秩序存在治理漏洞（破窗），间接鼓励了原本持观望态度的计划"越轨"者去寻找或扩大当前的漏洞，从而激发更多的犯罪行为。社区居民观察到破窗的出现会认为社会秩序失控，一部分守法者选择逃离，社会控制水平下降；另一部分"越轨"者选择浑水摸鱼实施犯罪，最终导致社会秩序的崩溃。③

从"破窗效应"中，我们可以得到这样一个启示：对违法犯罪者进行监督管理或教育帮扶是国家有义务去防止其堕入更为不利的对立境地，避免积少成多，从而可能引发社会秩序崩溃。监督管控功能是通过制度施加相应的约束力和督促力，确保教育帮扶功能有

---

① 秦明瑞：《系统的逻辑——卢曼思想研究》，商务印书馆，2019年，第335页。
② 破窗效应作为一种独特的社会心理现象，在西方国家的城市执法与犯罪治理中已有广泛应用。"破窗效应"理论认为：如果有人打坏了一幢建筑物的窗户玻璃，而这扇窗户又得不到及时的维修，别人就可能受到某些示范性的纵容去打烂更多的窗户。久而久之，这些破窗户就给人造成一种无序的感觉，结果在这种公众麻木不仁的氛围中，犯罪就会滋生、猖獗。
③ James Q. Wilson, George L. "Kelling: Broken Windows", *The Atlantic Monthly*, Vol. 211, 1982, pp. 29–38.

效施行，而非单纯寄希望于社区矫正人员的主观自觉。但是监督管控功能本身并不产生价值，如老师通过课堂点名签到确保学生到课率一般，点名签到并不能传播文化知识，因此只有与教育帮扶功能结合才具有实质效用。

受中西方文化传统和意识形态影响我国与西方国家在监督管控和教育帮扶的内涵以及方式上有所不同。首先，从矫正目的来看，我国的社区矫正教育坚持以马克思主义为哲学基础，承认事物的发展性和人的可塑性，认为人都是可以被矫正的，所以是以"改造人"为宗旨，而要达到"改造人"的目的，最关键和根本的就是对人的思想观念进行改造，因此我国提出了"教育、感化、挽救"的方针指导矫正工作。[1] 在社区矫正制度中加强监督管控只能间接帮助催化解决个体层面的犯因性因素问题，而不能直接解决问题，必须与其他矫正措施相结合才能发挥功能效用。因为监管是被动的、对抗的，很难通过严格的监管引导社区矫正人员生出主动顺从之心，监管压力越大所产生的抵触情绪可能越重，双方难以达成真正的理解、共识和合作，最终有限资源在无声的对抗升级中加速消耗。

真正发挥矫正和改善个体作用的只能是通过教育帮扶，社区矫正的个体系统功能重心需要由监督管控向教育帮扶转移。正如《孙子兵法》中所说"攻心为上，攻城为下"，这个道理同样适用于犯罪治理。因此，矛盾冲突的解决模型需要由对立压制型向多方合作型转变，原因是对立压制型在理念上缺乏人道主义关怀，对个体而言缺乏主动参与难以发挥主观能动性，在经济上成本高

---

[1] 苏春景、赵茜：《中国与英国社区矫正教育比较分析》，《比较教育研究》2016年第8期。

收益小，在实践中治理效能有限。施以严酷刑罚已难以适应现代社会，对犯罪者的矫正此时显得更为必要。① 教育帮扶才是改造人的思想的最直接有效的手段，并且在工作人员面对面的教育帮扶过程中也能同样达到监管的效果。对社区矫正人员的监督管控应当是社区矫正制度运行的保障和支撑，是为了确保矫正帮扶能够顺利实施的具有约束力和督促力的措施，而不是本末倒置将其作为主要内容。

西方国家常使用"Guidance"一词涵盖教育帮扶各个方面，认为此类措施是应用教育的方法，培养个体人格、发展个体专长、促进个体情绪发展、与他人和睦相处、提高解决生活困难能力的方式，是教育工作与犯罪矫治相结合的不可或缺的知识及技术。② 现代西方国家一般要求社区矫正的相关工作人员具备一定的社会工作专业背景或者工作经历，重视心理学、社会学等知识储备。③ 例如，在英国担任社区矫正官要求有"社会工作资格"，后改为要求经过两年大学学习并取得相应研究资格证书。④ 我国社区矫正效

---

① 这也符合现代刑罚发展的五种趋势：刑种由复杂走向简单、刑罚由消极走向积极、由严酷走向缓和、由剥夺走向保障、由不合理走向合理。参见邱兴隆：《罪与罚讲演录》，中国检察出版社，2009年，第4-5页。
② 房传钰：《现代观护制度之理论与实际》，（台湾）三民书局，1977年，第89-91页。
③ 1945年，美国观护及假释制度协会公布的观护人与假释人员的三条遴选标准是：一是特别知识：需要具备社会工作的个案工作之知识及实务经验，包括人类生理、心理及情绪变化之了解以及处理家庭问题，运用社会资源之能力与经验，此外还需要熟悉有关法律之内容，以便行使职权，熟悉管辖区域内各机构活动之情况；二是特别学历：具备学士学位并选读社会科学之课程——社会学、心理学、人类学等；三是特别经历：需曾在社会机构从事工作一年以上，但是在社会工作学院的实习或曾受有关训练被认同为实际工作经历。参见刘永强、何显兵：《关于社区矫正工作者的定位及其队伍建设》，《河北法学》2005年第9期。
④ 郭建安、郑霞泽：《社区矫正通论》，法律出版社，2004年，第55页。

果有待提高并非只是监管不到位的问题,还在于教育帮扶措施有待完善,政府部门目前对社区矫正的专业化理解简单定位在法律和公安专业领域。① 另外,教育帮扶的内容和实施还不够科学和专业。

因此,必须扭转社区矫正工作中的观念和理念,重视对个体的教育帮扶。当前,教育帮扶的功能有待提高必须引起警惕,尤其是能够提供专业化教育帮扶的专业队伍非常重要,有些地方即便有心理学、社会工作学专业的人员参与,也只是把他们当作志愿工作者而非专职工作者来看待。这再次验证了有些地区政府部门对社区矫正个体系统功能的基本定位仍以监督管控为主导,这一导向在社区矫正机构岗位招聘时就有所体现。② 可以先从调整社区矫正机构工作人员的专业结构着手,他们是社区矫正工作的核心骨干,他们的专业背景和理论储备在很大程度上会影响具体实施的路径走向。因此,《社区矫正法》对工作人员专业素质要求不能仅仅停留在法律、公安等专业领域,要重视社会工作等专业理论知识和方法在社区矫正工作中的运用,必须有这方面的专门人才在社区矫正机构中发挥制度建设和路径设置等作用。③

---

① 一些地区在试点社区矫正工作时的机构设置,只是简单地把基层司法局换牌变为社区矫正工作的"具体工作机构";"在人员的配置上,主要以司法所的负责人、专职矫正工作的干警和监狱、劳教场所调出并经过培训的司法警察为骨干"。参见王顺安:《社区矫正的"北京模式"》,《法制早报》2005年6月6日。
② 笔者对近几年地方司法行政部门招聘社区矫正工作人员的岗位信息(占编制)进行了随机收集整理,大部分招聘设岗时专门要求法律及相关专业,还有的明确提出"法律专业、退役军人或有相关工作经验者优先"。招聘社会工作相关专业的岗位近几年开始增多,但总体占比仍非常低。
③ 《社区矫正法》第10条规定,"社区矫正机构应当配备具有法律等专业知识的专门国家工作人员,履行监督管理、教育帮扶等执法职责。"

个体系统功能由监督管控向教育帮扶转移，还必须尊重教育帮扶规则，加强司法行政部门与其他部门单位的协同。社区矫正法所规定的"受教育权""劳动权"和"社会保障权"等基本权利要得到有效的保障，不仅是司法机关或司法行政部门的任务，还需其他部门单位共同引起重视，与教育、民政、人社等部门在法律框架内形成共识，不能出现政策法规"打架"的现象。例如，《社区矫正法》一方面规定保障继续学习的权利，另一方面高中、高等院校等非义务教育阶段的培养单位依据教育部相关规定给予构成刑事犯罪者开除学籍处分。教育培养单位因缺乏与司法行政部门之间的沟通与协同，在"可开可不开"时因种种顾虑默认选择开除犯罪的学生。[1] 人社部门对就业的性别歧视、学历歧视等都出台了专门的规定，但是如何保障社区矫正人员的正当劳动权利却没有明确规定，在实际生活中社区矫正人员在求职时受歧视、受冷落的现象更为常见。在这些教育帮扶中面临的具体问题都需要依靠社区矫正的主管部门去主动对接和推动才有可能聚焦问题、凝聚共识并最终形成相应的制度规范。

三、社会系统功能：从隔离防范走向合作治理

随着社会发展变迁，对于风险的认识也从早期的个体违法犯罪风险上升为社会整体风险，仅仅隔离风险个体或修复个体和局

---

[1] 学校等教育机构的顾虑通常有三点：一是我国的教育一向以立德树人为根本任务，对学生的思想道德要求比较严格，法律是道德的最低标准，犯罪属于最为严重的违法行为，认为如果不给予相对应的顶格处分，担心会由此产生道德风险和社会舆论攻击；二是怕管不住，怕担责，担心没有相应的管理手段和约束措施，会有脱管可能性；三是学校对于接受社区矫正的学生存在风险隐患的重重顾虑，担心容其留在校园可能会有再犯可能性并影响师生的安全。

部社会关系并不足以应对这种社会整体风险。由此兴起以风险社会理论研究如何应对和管理现代性、全球性的社会风险。①

21世纪以来,某些国家时有发生大范围和连锁性的社会风险,通常也用"黑天鹅事件"和"灰犀牛事件"来概括形容。即便自我标榜为民主法治标杆的美国也不能幸免,"占领华尔街""黑人人权运动""攻占美国国会"等骚乱冲突在近年里频繁发生并且暴力程度逐步升级。② 为了提前防范应对风险的连锁反应和社会的崩溃,就需要对犯罪控制和刑事处遇理论进行升级。以美国为首的西方国家犯罪风险已经像气泡相融一样,从一个个孤立的个体矛盾问题连点成片形成了社会群体矛盾,并且没有行之有效的方法去修补群体之间的裂痕。长期以来忽视对社会整体的修复治理和团结恢复成为其法律制度发展的硬伤,这也就是为何在美国某些个案会频繁上升为种族对立或阶层对立并引发大规模地区性骚乱。如何将世界范围内对于犯罪控制的最新理论与中国特色社会主义相结合,构建适应我国国情民意以及文化传统的社区矫正制度,且不断根据社会需要完善其功能、实现其价值,都值得进一步思考和研究。

改革开放以来,中国肩负了经济体制转轨和社会结构转型所

---

① 这种范式以风险为视角,从反思现代性开始,描绘当代社会变迁产生的关键特征与发展趋势,认为人类成为风险的主要生产者,造成了当下社会的风险更加不确定,破坏力更大,对人类造成了空前威胁,必须提前应对和管理。乌尔里希·贝克:《风险社会》,何博闻译,译林出版社,2004年,第20—40页。
② 这种非暴力抗议活动往往在风险社会中转化为大规模暴力骚乱,美国各地打砸抢烧事件不断,美国国会大厦遭到暴力攻占,多个州甚至启动国民警卫队协助警方控制骚乱。

带来的双重无序化挑战。① 个体对"单位"的依赖程度和个体与社区的联系都逐渐降低，个体与集体疏离程度的增加对于行为人而言，特别是对犯因性因素较为敏感的人而言，代表着控制约束犯罪的某些外在因素与关系同步减弱，随着"社会键"的松散断裂，对社会治安产生了非常大的冲击。

《墨子·所染》中说："染于苍则苍，染于黄则黄。所入者变，其色亦变，五入必，而已则为五色矣。故染不可不慎也。"② 社区矫正的合作治理功能在于促进法律系统、个体系统与社会系统交互渗透并达成期望脉络同一化，共同参与治理。不再是多数人合作对少数人进行压制治理，而是从原本对立关系去寻求合作基础，共同治理各类不良因素，变违法为守法、转消极为积极。良好的社会环境是社区矫正的基石，个体在社会中生存活动，人们常将社会比喻为大染缸，社会由大量行动主体所组成，个体在其中渺如沧海之一粟，常常随波逐流，如果在一缸脏水中洗衣服，衣服永远也不可能洗干净，因此在净化个体的同时也要同步净化社会，达成双向良性循环。构建一个更和谐包容、团结合作的社会环境，才能帮助越轨者更自觉自愿地按照社会系统期望自我指涉、自我生产，进而起到及时发现"社会键"的断裂并尝试重组回归社会。这些是任何监禁刑罚执行制度所不可能满足的自由。通过建立社会治理共同体，构建良好的场域环境，建设更为和谐包容的社区，帮助罪错个体重新达成与集体之间的平衡关系，只有各方力量团

---

① 改革开放后，在诱引犯罪的三类外在因素与关系中，性类的外在因素与关系、功名性的外在因素与关系对行为人的影响没有多大变化，而财产性的外在因素与关系的引力大大增强，财产性的外在因素与关系成为引发犯罪增长的主要动因。参见翟中东：《通过社会治理实现当代中国犯罪控制》，《犯罪与改造研究》2006年第5期。

② 李小龙译注：《墨子》，中华书局，2007年，第15页。

结合作，共同治理才能构建和谐稳定的社会环境。

第三节　多元统合：我国社区矫正制度功能的实现进路

法律系统、个体系统和社会系统这三者并非处于孤立静止状态，而是始终动态联系，因此在分别进行三个系统的功能选择之后，还需要进一步探讨三系统之间如何进行多元统合，由部分及整体，使其完成功能结构化形塑，最终揭示系统功能背后的运行规律和功能分层实现进路。

一、基于刑事一体化的理论与实践统合

刑事一体化理论淡化了学科之间的界限，对社会现实问题进行整体性把握，从更为宏观层面去理解犯罪和刑事政策、刑事法之间的关系。[①] 这一理论类似于整体刑法学思想又有所发展。[②] 实际上当前的刑事一体化理论经不断发展更为丰富完善，学界认为刑事一体化理论有两层内涵：第一层是将刑事一体化作为一种开放性的观念，同时也可视为一种观察和研究的方法论，指引我们坚持系统全面、联系发展的眼光分析刑事法律制度；第二层是将刑事一体化付诸立法和司法实践，以刑事政策为先导，串联起刑法、刑事诉讼法等立法内容，融合司法、执行等各环节，交叉社会科学诸多专业知识，以解决刑事法领域更为复杂的

---

① 梁根林：《当代刑法思潮论坛（第三卷）：刑事政策与刑法变迁》，北京大学出版社，2016年，第2–3页。
② 李斯特提出，整体刑法学的观念主要是对刑事法的各个学科包括刑法、刑事法以及犯罪学刑事政策等内容，不能把它们分开而是总体地进行研究。因此，李斯特提出了从犯罪到刑事政策再到刑法的研究路径，不是孤立地研究刑法，而是把刑法放到刑事政策视界中来界定。

问题。

　　刑事一体化作为理论研究方法的时候可概括为前后关系和上下关系。前后关系是从审前阶段到执行阶段，在程序进程上是从前往后演进的整体，行刑效果对于定罪量刑活动具有一种反向的制约作用。当多元统合到刑事一体化这样一个理论视野和理论格局当中来探讨时，才能够通过刑事司法活动及时有效地应对犯罪形势变化，并且反馈治理效果，由此取得法律效果和社会效果的最优解。而上下关系是将犯罪理解为一种社会现象，就必然受到经济基础和上层建筑的影响，刑事法置身于特定社会环境之中还需要考虑意识形态和生产力水平，因此还需要采用社会科学方法从外部向内部进行研究，实际上就是借用社科法学的方法对刑事法学进行研究。[①]

　　我国社区矫正制度的发展离不开刑事一体化的理论指导，除了对传统监禁刑的替代之外还牵涉治理理念的转变、宽严相济刑事政策的贯彻落实、刑事实体法和程序法之间的衔接完善以及各部门之间的权责界分等深层次的问题，这些都需要基于刑事一体化进行理论与实践统合。[②] 社区矫正制度的一体化不能狭隘理解为刑罚执行一体化或者刑事执行一体化，其内部包括刑事法学中的刑事政策、刑事实体法、程序法在社区矫正的现实运作当中都密不可分，要厘清关系并达成三位一体的协调状态。社区矫正制度外部相关的理论研究还非常欠缺，必须坚持推进交叉学科研究，不断解放思想拓展研究视域，广泛吸收各学科有益成果推动社区

[①] 例如，犯罪学的主体部分是犯罪社会学，它还有从犯罪生物学、犯罪心理学，包括犯罪地理学等其他角度对犯罪研究所形成的犯罪学理论，但它的主体还是犯罪社会学。

[②] 冯卫国、储槐植：《刑事一体化视野中的社区矫正》，《吉林大学社会科学学报》2005年第2期。

矫正制度发展创新。最终以刑事一体化为理论背景，以犯罪治理为目标，以宽严相济的刑事政策为指导，基于法律—社会—个体三个系统维度功能视角对社区矫正制度予以构建和完善，最终通过刑事一体化践行之合力促使社区矫正制度的功能实现闭环再造。

二、基于社会治理共同体的治理模式多元化

世界各国在近百年内已经经历或正在经历着社会转型，在社会体制方面，有政教合一体制向世俗化体制转型、计划经济向市场经济转型、集权体制向民主体制转型等发展变革。法律制度在社会转型巨变之下也发生了诸多治理模式上的转变，对于更为广泛全面的社会交往以及更为复杂多元的社会矛盾都需要建立与之相适应的治理规则。

长期以来，中国的理论法学多学习西方的法学理论。从法理学角度看，有实证主义法学、新自然法学、社会法学、批判法学、语义法学等众多理论学派，西方法学研究成果却很难直接用于解释和分析我国社会转型过程中的社会问题，可以借鉴其成熟的理论分析方法，但不能直接照搬结论。坚持走我国自己的社区矫正制度发展道路，是由我国独特的历史、独特的文化、独特的国情决定的，在内涵和功能方面必须坚持中国化。中国有几千年的封建社会历史，在小农经济、自然经济土壤里，滋生的是引礼入法、恭行天理、法自君出、皇权至上、重公权轻私权、权利等差、伦理法制、重刑轻民等法律文化传统，这些传统至今对中国的社会生活和基层治理仍产生着各种影响。从历史维度剖析，我国自封建时期的法制一贯坚持国家主导的基本特征，但在社会治理上又存在基层高度自治的事实，其政策话语尽管还处于国家主导的脉

络延伸之下，但治理模式已发生了根本改变。① 中国社会转型时期的诸多社会矛盾问题根源还是在社会中，所以法律及法律秩序的自身变化是各种外部社会因素影响的结果，还需向外查找导致犯罪增长的根源。在确定了法律系统外部的各种因素与法律系统自身因素之间的正相关前提下，仍有较长完善道路要走，我国近代旧有惯用的社会治理体系业已丧失根基，但新的治理模式仍在孕育之中。

我国的社会治理应在反思"国家主导"的基础上按照社会发展的特征来选择与优化，实现治理理念、治理结构和治理方法的三重转变，在以法律治理为代表的公权力治理方式之外拓宽渠道，构建多元共治的社会综合治理新格局。刑事司法活动也不能仅仅局限于实现法律系统功能，完成法律条文所规定的定罪量刑等"硬任务"，还需要考虑法律之外的社会系统、个体系统功能如何在深层治理中实现。中共十九届四中全会就明确提出了"社会治理共同体"这一概念。着眼社会治理实践可知，价值体系不均衡、利益诉求多元化、公共权力边界不清以及公民参与机制不健全等都是阻滞社会治理共同体构建的潜在挑战。

随着政府不断推进"放管服"，更多基层主体分享了社会治理权。因社会矛盾日趋复杂，基层自治的形式、方法和实践样态不断丰富，实现了从集中到协同的结构转变，社会更为和谐有序。② 我国目前的刑事司法程序在治理犯罪问题上近乎饱和运转，无论是从制度创新还是从资源投入上讲，已经进入瓶颈阶段，所以近几年进行了刑事速裁、认罪认罚从宽等司法制度改革，有质的改

---

① 关爽、郁建兴：《国家主导的社会治理：当代中国社会治理的发展模式》，《上海行政学院学报》2016年第2期。
② 徐顽强：《社会治理共同体的系统审视与构建路径》，《求索》2020年第1期。

变和提升需要一个过程,要实现犯罪数量逐年减少,不能仅仅寄希望于法律内部解决问题,要着眼于外部寻找新的治理效能增长点,构建社会治理共同体则不失为一种最为可行的方案。有学者谈及刑事诉讼法律观的转变的问题就曾指出:在刑事诉讼法本质上要从一元化向多元化转变,即由国家本位法律观向国家、社会和个体三重并重的法律观转变,刑事诉讼价值和功能也需要从单一的工具主义向多元化转变。[①]对社区矫正制度而言,社会治理共同体的建立其实就是发展壮大社会力量参与基层治理,激发个体活力参与基层自治。通过培育增强社会各主体间联系,基于差异组织使命和差异化行动能力进行合理搭配,实现层级化的制度响应和人的主体响应;通过基于公共性的社区赋权,建立多元互动的基层社会治理支持网络,实现权力的结构性匹配和责任的相适性匹配,构建形成良好治理场域,进一步释放社会系统治理效能。

三、社区矫正制度功能体系的结构调整

社区矫正制度的功能体系是现代社区矫正制度的重要构成部分,关于我国社区矫正功能体系的结构分析,国内外有关社区矫正制度的各类论著在概括和划分时表述各不相同。笔者在本研究中提出将社区矫正制度的多元化功能系统结构按照法律、社会、个体三个子系统进行划分。在结构关系上,三者之间理论上可以形成三角形的稳定功能结构,两两衔接搭建纽带、互为支撑,是一种理想的功能结构形态。但是现实情况不容乐观,三者之间因功能缺陷目前并未有效地进行耦合,缺乏纽带连接。法律系统与

---

① 樊崇义:《刑事诉讼法实施问题与对策研究》,中国人民公安大学出版社,2001年,第33页。

社会系统有脱节，社会系统与个体系统结合也并不紧密，最终个体系统功能实现不畅又影响另外两系统功能的实现。

具体而言，法律制度在设计时未充分考虑社会发展和社会现状，还包括在社会中的运行场域问题。受矫正的个体虽然实现了执行社会化，但是其与社会之间的联系有待加强，在其受矫正过程中只有有限的社会力量参与了教育帮扶，依靠司法行政机关资源想达成教育感化目标还需时日。因此必须对社区矫正制度功能进行多元化的结构调整，加强互动联系并调整结构关系。

在调整法律系统功能与社会系统功能的关系时，所面临的一个突出问题就在于协调两者之间的变化关系。法律天然具有稳定性，而社会却始终处于不断变革状态，法律是对既定秩序起到维模作用，可是某些既定秩序又是社会变革需要打破的对象。西方传统法律文化一般选择优先保障法律制度的刚性（稳定性），在稳定的基础上通过司法、执行不断微调适应社会变革；中国传统文化一般认为情和理尚在法之前，要充分考虑政治、伦理、道德等法外因素，综合性地解决矛盾问题。由于社会复杂多变，也促成了两种基本的应对模式可供借鉴使用：一种是"以简约应对复杂"，靠抽象的法律条文尽可能阐发涵盖复杂多变的社会现象，做到以不变应万变。另一种是"以复杂应对复杂"，这种模式操作难度更高，但更符合我国法律传统和现实情况，在面对千变万化的社会现象做到"持法达变"，根据法治要求，需要万变不离其法。这里的"持法"意味着，面对复杂多变的社会，实现法治的目标不变；法治的精义（如治权保民）不变；法律的稳定性、法律意义的固定性等不轻易改变；面对众多调整社会关系的规范，规范选择的法律至上原则不变。"达变"包括法律意义的变化，也包括法律所调整社会关系的改变。[1]

在处理法律系统功能与个体系统功能的关系时，应以合作取代对抗，以沟通取代压制，以契约精神取代身份观念。[2] 凡具备刑事责任能力者都是达到法定年龄在生理和智力上发育正常，也必然具有相应的认知、思考和行为的能力，对于能够从中获益的事物，通常只会趋之若鹜，而绝不会抵触。因此，有些社区矫正人员敷衍、抵触等现象更深层的原因在于他判断自己并不能从社区矫正法律系统中真正获益。这就有主观和客观两方面因素：人对于利弊的判断都属于主观判断，取决于个体的经验和价值观，加之我国改革开放以后个体意识不断觉醒，往往会以自我的独立意识作为评判标准，对于他人强加侵入自身意识系统的东西先持怀疑批判的态度，通俗而言就是"我不要你觉得，我要我觉得"，只有认为对自己有用的时候才会发生由对抗向合作的模式转变。实践中采取的强化入矫服刑身份意识等做法，其实还是走对抗、压制的老路，如果有的社区矫正人员对监督管理和教育帮扶有所抵触，说明他从内心深处是不认可这种矫正方式的，因此他是难以生出由内而外的思想行为蜕变的。最终应确立起一个观念：对

---

[1] 陈金钊：《法律如何调整变化的社会——对"持法达变"思维模式的诠释》，《清华法学》2018年第6期。
[2] 梅茵爵士（Sir Henry Sumner Maine）把从传统向现代社会转变的法律发展概括为"从身份到契约的运动"，古代的传统刑罚除了重视惩罚之外，还热衷于对犯罪人给予身份标签，甚至通过黥面等方式直接醒目标注，因为在以家庭、宗族为基础的传统分层社会中，身份决定了一个人的权利和义务，犯罪者基于这种身份的转变带来一系列后续的社会地位变动及权利义务再分配。当社会系统复杂性增加时，产生了更多的自由和流动性，从而促成法律关系极大松动，将权利的分配与某些具体而固定的社会结构联系的模式瓦解了，被新的以契约为核心的手段所取代，包括有助于陌生人之间迅速达成理解和合意，控制相互损害的规则，以及功能性司法活动的可计算性。参见尼克拉斯·卢曼：《法社会学》，宾凯等译，上海人民出版社，2020年，第54-55页。

于犯罪个体而言，根据其个体情况或犯罪情节，司法程序可以简化或分流，也可以不起诉、不审判，还可以减轻或免除刑罚，但是唯独教育帮扶不能缺位。人的行为源于思想，而思想又被行为所引导、强化，由此循环往复，违法犯罪是暴露个体主观世界异常的一个契机，由此引发法律和社会后续的治理应对。客观的罪可打可杀、可罚可补，而主观的恶却无法通过这些手段直接去除，监禁因环境和条件限制，教育能力和效果都非常有限，死刑直接彻底但又过于严酷而有失人道，此时必须依靠矫正施以外力，教育帮助这些"越轨者"重新步入正轨，否则只是从最浅的法律责任层面处理了一件业已发生的案件，而没有由案及人、由外及里、由过往及未来，进入更深层次的治理。

在处理社会系统功能与个体系统功能的关系时，类似"枫桥经验"这种多主体合作矫正的模式值得借鉴吸收。其效用不只在中国有相关理论实践探索，在西方国家也可以通过"社会控制理论"得到印证和阐释。美国犯罪学家赫希认为，任何人都是潜在的犯罪人，犯罪是缺乏社会控制的产物，"社会纽带"（即人与社会间的关联关系）能够增强社会控制力，其中就包括了依附、参与、奉献、信仰四个要素。[①] 中国当前正在以社区网格为最小单元进行社会关系的重塑，以往邻里之间对面不相识的漠然之境正在被新的生活形态所取代，尤其是新型冠状病毒感染疫情暴发之后，基层社区建设水平在短时间内受现实紧迫任务驱动得到了极大提升。我国基层社区的管理和服务功能正在逐步被重视和加强，社会纽带正在逐渐以崭新的形态进行重构。社区矫正工作也只有落实到社会（社区）层面才能做到净化社区矫正人员社会交往关系

---

① 吴宗宪：《西方犯罪学》（第 2 版），法律出版社，2006 年，第 386 页。

和减少犯因性因素影响。此外，社区还是社区矫正人员接收教育改造的主要实践场所。由标签效应所导致的犯罪个体遭遇社会排斥以及后续的社会修复等问题却不得不在制度设计中予以考虑，增强其社会归属感并修复社会关系。

四、系统的功能互惠与分层实现

按照依法治国和以德治国相结合的基本方针，法律治理可以明确标示出国家治理的底线与红线，但是总体对公民的要求相对较低。就社会治理层面而言，很多矛盾纠纷未构成违法犯罪，但是始终在边缘试探徘徊，存在随时越界可能，某些国家通过保安处分等犯罪前控制手段来干预和控制风险，虽然可以立竿见影，但终归只除去表面病征，却难及腠理。宏观的法律、社会问题与看似渺小微观的个体之间矛盾需要妥善处理。随着市场经济的发育成熟，西方国家逐步孕育出政治国家和市民社会二元格局的社会结构，我国也正在构建"以人为本"的社会主义和谐社会。不论哪种发展模式，对于个体的人权保障都在逐步深化，国家应将一部分与犯罪作斗争的权力从刑罚权中分割出来还给社会，并且最终落实到个体，加强多元主体在犯罪治理中的合作。西方国家自20世纪70年代开始在公共管理领域逐步减少政府干预，着力加强市场化、社会化并强化多元主体合作。[1] 在我国具体执行过程中，要积极适应时代发展和社会变革主动调整，使我国社会治理和犯罪控制模式由"国家法律本位"向"法律—社会—个体三位一体"过渡，因此社区矫正制度在功能具体实现路径上需要对程

---

[1] 韩兆柱、杨洋：《新公共管理、无缝隙政府和整体性治理的范式比较》，《学习论坛》2012年第12期。

序机制、实体措施和社会场域进行同步调整和完善。

当社区矫正制度产生变革需求时（这种需求多源于社会系统变革推动），首先是从法律系统内部产生期望，并且基于期望进行人权保障的理性功能选择，以此开始新的自我指涉、自我生产，在立法、司法等环节发生程序机制上的改变。法律系统的期望通过一定的实体措施向个体系统进行传导。面对法律系统期望时，一方面个体系统也会产生自身期望，对教育帮扶进行功能选择，在实体措施上对人权保障功能进行相互链接形成功能互惠，并由此对社会系统产生和传导期望。对社会系统基于法律系统和个体系统的期望，进行合作治理功能选择，进一步完善治理场域实现功能互惠的闭环。

笔者认为，社区矫正制度的法律系统主要以加强人权保障为功能选择方向，起主导作用的是国家立法、司法和行政机关，通过程序机制的构建完善实现系统功能；个体系统主要以通过落实教育帮扶为功能选择方向，起主导作用的是接受矫正个体的参与配合，通过优化社区矫正实体措施得以实现，更精准合理而谨慎地施加监管干预，从加强个体自我效能感的角度有针对性地健全完善各类教育帮扶措施；社会系统功能主要以促进合作治理为功能选择方向，起主导作用的是社会机构和社会组织，依托治理场域构建完善得以实现。从功能实现的逻辑顺序上，应当是沿着程序机制—实体措施—治理场域进行制度的系统功能分层实现，并导入一种功能互惠的良性循环之中。当然，在功能实现的进路上，各系统之间不是孤立静止的，而是动态联系的，即在系统功能分层实现过程中，为了便于理解笔者只能分章节进行探讨，但在程序机制构建中也必然渗透一定与个体系统功能和社会系统功能相互链接的内容，另外在实体措施优化和治理场域完善过程中也皆为此理。为便于理解，具体的系统结构关系可参见图1，笔者也将基于此在后文进一步阐释社区矫正制度功能实现的具体路径。

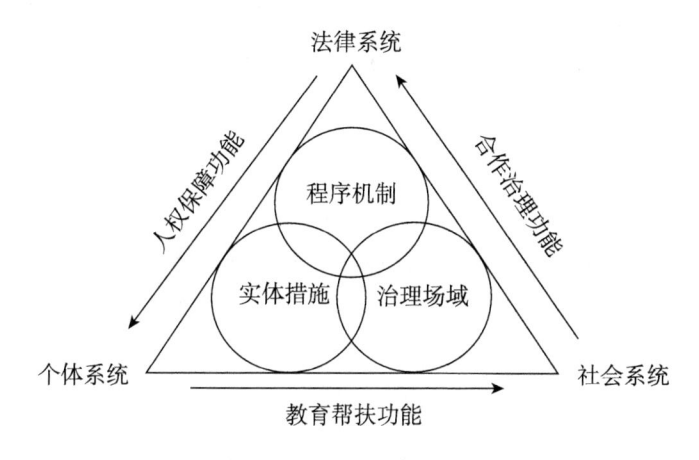

图1 社区矫正制度系统结构关系

第四章 人权保障功能视角下我国社区矫正程序机制构建

社区矫正制度功能的实现需要不断在法律、社会、个体之间交替切换视角去探索完善之道。相应的法律系统在程序机制设计理念上需要开放化、社会化，在系统功能的实现顺位上需要先以法律系统人权保障功能实现为视角启动制度变革，搭建起在各功能系统之间的桥梁纽带。社区矫正的运行过程可以随之调整为"筛选对象—决定适用—转化责任—保障救济"的过程，因此需要对社区矫正制度中的前置调查评估机制、决定适用机制、保障救济机制和程序机制间的统合衔接等进行调整完善，并在此基础上从法律系统出发积极寻求与个体系统的耦合，再通过个体系统向社会系统渗透。建立以人权保障为主要导向，同时注重发挥教育帮扶功能、兼顾合作治理的社区矫正多元化处遇制度。

第四章 人权保障功能视角下我国社区矫正程序机制构建

第一节 健全调查评估机制

一、风险评估和需求评估相结合

社区矫正的调查评估机制通常可以分为社会调查及风险评估，世界各国在社区矫正制度中均有规定，主要内容是进行人格调查、社会调查，实际就是筛选符合社区矫正条件的案件和对象的重要过程。我国《社区矫正法》第18条规定社区矫正决定机关（以下简称决定机关）可委托社区矫正机构或者有关社会组织开展社会危险性和居住社区影响的调查评估，居委会、村委会等提供协助。这种调查评估较为简单，一般是向县级司法行政机关发送委托调查函，由基层乡镇（街道）司法所指派两名以上社区矫正工作者开展调查。① 根据两院两部《社区矫正法实施办法》规定，调查评估包括对危害风险和社会接纳方面的评估调查。② 调查人员在结束调查后需要就受托内容形成报告和报表，提出是否适合社区服刑的意见，调查的内容受制于社区矫正工作者的查阅、走访、提问范围，最终哪些社会意见能反馈至决定机关也取决于调查人员如何撰写报告。社区矫正制度中的社会调查涵盖拟判处缓刑、拟决定假释、拟决定暂予监外执行或未成年人刑事案件特别程序等四种情形，其中前三类社会调查的主要目的都是精准画像并采取适宜的社区矫正措施。③

---

① 吴宗宪：《社区矫正导论》，中国人民大学出版社，2011年，第155页。
② 《社区矫正法实施办法》第14条规定，调查内容包括对被告人或者罪犯的居所情况、家庭和社会关系、犯罪行为的后果和影响、居住地村（居）民委员会和被害人意见、拟禁止的事项、社会危险性、对所居住社区的影响等情况。
③ 姚建龙：《法学的童真：孩子的法律视界》，上海三联书店，2015年，第173页。

155

风险评估是有明确指向性的，必然存在受保护的一方和被针对抵御的一方，并且属于尚未实际发生的一种假定状态，限缩到社区矫正语境中，就是犯罪者复归社会时规避可能发生的犯罪风险并对法益和社会公众予以保护，这种抵御和保护似乎符合所有人对社区矫正制度的既定认识和期待，由此在矫正之前就先行产生了一道思维中的屏障或者说一条界线，一方面是社会中不特定大多数群体，另一方面是孤立的犯罪者。国内外学界一直非常重视对社区矫正风险的评估，从心理学、医学、犯罪学等各种领域出发建立起了非常庞大且科学的评估体系，似乎调查评估环节只要排除风险就可以尝试对犯罪者进行矫正，至于他能否被矫正、需要接受什么样的矫正都无关紧要。

如果从社区矫正的目的分析，风险评估主要是满足社会防卫和犯罪特殊预防的需要，实际上只是从法律和社会层面进行综合衡量，旨在确保社区矫正人员在社会范围内活动不至于产生再犯风险，只有在风险显著可控的范围内才会考虑适用社区矫正，但是却忽略了对个体系统的兼顾，对社区矫正人员权利的尊重保障明显欠缺。这种调查评估的模式只是对社区矫正决定机关委托的一种回应，属于线性沟通模式。刑罚的决定可以是单向线性的，法院做出裁判并非必须征得被告人或被害人的同意。但是社区矫正离不开相互理解与配合，更需要社区矫正人员自觉自愿发挥主观能动作用。从教育心理学角度来看，单向线性沟通所引发的逆反、抵触心理都属于正常现象，基于人道主义和恢复性司法等理论，应当多采用矫前多向交流沟通协商的方式。个体系统需求作为社区矫正制度功能实现的重要维度也应当在法律系统中予以考虑和尊重。某些内容的评估同时兼有风险和需求两方面，较为典型的如通过心理学、精神病学等开展的个体状况评估，当发现某些特定病征时，这既是社会的风险所指，同时也是个体的需求所在。尤其是需要通过调查评估进一步查明社区矫正人员的矫正可能性以及后续的矫正方向及重点，做到有的放矢。由此倒推，如果社区矫正制度在调查评估环节就对接受矫正个体的意见和诉求不愿接纳，那么如何将这种意见诉求融入司法程序之中并作为司法机关科学决策的参考依据，又如何有效实现保障人权。

矫正是一个由思想到行为、改造主观影响客观的过程，从我国刑法对犯罪的主观方面界定来看，分为故意和过失两类，另外刑法分则还按照犯罪的同类客体把社会上形形色色的犯罪分为十大类。例如，抢夺罪和交通肇事罪的犯罪者在社区矫正的教育目标和需求方面显然是不同的：前者为故意，后者为过失；前者侵犯公私财产关系，后者侵害公共安全。即便同为故意犯罪，暴力犯罪与性犯罪所需要矫正的内容也存在较大差异。虽然从量刑和行刑的结果来看，各类犯罪最终有可能并无差别，但是犯罪者所需要的矫正形式和内容却不能照搬刑罚，应当基于矫正需求有所区分。调查评估机制的调整要依靠风险评估和需求评估相结合的方式，为后续的社区矫正提供科学决策依据，并且以风险评估确定分级处遇、以需求评估确定分类处遇，以此为基础采取双向沟通协商的方式，尽量兼顾社区矫正机构和社区矫正人员的意愿、能力等因素，最终实现"一人一策"的分级、分类精准矫正。

二、定性分析与定量分析相结合

考察刑事司法领域调查评估方法的发展脉络，先后出现过多种方法，并不限于社会背景调查或心理咨询评估。① 心理学曾与精神病学、法医学交互运用来评估犯罪者精神状态和心理动机。在刑事司法活动中，较早观察和反思心理学实验的是法国哲学家福柯，其针对19世纪罪犯矫治权力体系和精神状况评估的研究。根据当时的"规训模式"，罪犯的去处是监狱，精神残疾的人的去处是医院。基于这一点，1810年法国《刑事法典》出现了著名的第64条：只要人在行为时处于精神错乱状态就不应认定犯罪；由此刑事审判不仅要判断是否行为违法，还需考察人的精神状况，司法程序中加入了法医鉴定这一全新环节。② 上述方法尽管看似荒诞，却也曾在各自所属时期代表了当时的科学性，就研究范式而言都属于通过观测、访谈、归纳、假设和检验等非量化的手段来探究事物的本质，也就是定性分析。定性研究是人文社会科学常用的研究方法，也称质性调查，是通过走访调研、文献分析归纳总结调查收集的材料，提出理论假设并通过各种方法进行证伪检验。③

社区矫正调查评估环节通过走访询问等社会调查实际就是大量地应用了定性研究方法。社会调查范围主要涉及家庭背景、经济状况、受教育程度、工作经历、性格特征以及违法犯罪记录等

---

① 例如，在我国文化传统中就有"三岁看小、七岁看老"的俗谚概括心理和性格发展规律；源于《易经》的卜筮之学也影响深远，并将之拓展到预测人、事、物的成败吉凶；此外还有通过人脸部特征来判断对方的命运吉凶的相术，在《汉书·艺文志》就有《相人》24卷。在西方，古希腊亚里士多德就曾根据面部特征来推断人的性格特征，龙勃罗梭的天生犯罪人理论也通过体格和心理的异常表征来预测和区分犯罪者。
② 余虹：《艺术与归家——尼采·海德格尔·福柯》，中国人民大学出版社，2005年，第239页。
③ Corrine Glesne, Alen Peshkin. *Becoming Qualitative Researchers: An Introduction*, *White Plains*, Longman Publishing Group, 1992, pp. 3–16, 转引自陈向明：《定性研究方法评介》，《教育研究与实验》1996年第3期。

情况，为诉讼风险、再犯风险等判断提供参考依据。从社区居民、单位（学校）等提供的原始意见到采写成形供决定机关判断的报告，信息在传导过程的中转和加工过多，容易产生断章取义、传递失真或其他理解偏差。实际上问题不仅体现在社区矫正的调查评估和决定过程中，还充斥于刑事司法审前程序诸多环节，即我国刑事司法实践中对于"社会危险性"的认识和判断存在偏差，存在风险评估学方法论的明显不足。传统风险评估模式以社会危险性为主要裁量要素，在构成要件、证据方法、证明标准、认定和救济程序上具有较为明显的职权性调查和行政化审核特征。

从功能实现角度，这种依靠定性分析和法律推理的传统模式存在两大困境。一是对被追诉人"社会危险性"的判断主要依靠法律推理，在法律解释学上容易推导出"不利于被追诉人"的结论。当前，我国实践运行的社会危险性判断主要包括人身危险性（个人基本情况、犯罪情况、罪后情况、被害人情况等）和罪行危险性（涉嫌犯罪性质、情节轻重等）。在构成要件判断上较为依赖案件本身的证据条件、刑罚条件，关于危险性要件的判断中规定"其他可能"的兜底性条款较多。同时存在较多因术语模糊产生的法解释问题，包括"重要证据尚未收集到位的""等恶习""扬言"诸如此类模棱两可的描述。再加上判断主要依赖公安机关固定、移送社会危险性相关证据，导致未能实质改变"够罪即捕"状况，未能有效降低高羁押率、捕后轻刑率。通过上述法律推理过程，得出"有逮捕必要"的判断是较易形成内心确信的，但推理得出"没有逮捕必要"则是难免诸多顾虑，最终出现很多违反比例原则的预防性羁押、串证羁押、虞逃羁押的现象。

二是对风险的高低往往疏于证明、回应和说理。由于社会危险性的调查评估材料总体较为单一，多为结论性意见，缺乏说理和论证，办案人员心证开示不足，其风险预测"可有可无"，疏于发掘动态风险，疏于证明非羁押、不起诉、非监禁等轻缓措施中的低风险因素、保护性因素，一旦出现逃匿、重新犯罪等风险事故，"双向保护"容易沦为"双向质疑"。[①] 建立科学的调查评估机制是为后续决定哪些人适合进入社区矫正程序以及适宜何种类别的矫正实体措施提供分析研判之基础。以上问题导致对于真正需要接受社区矫正者不能精准评估判断，难以做出科学决策，不能采取与社区矫正目的相适应的分流机制和强制措施，最终影响社区矫正制度的施行效果。

社会科学之所以惯常应用定性研究，就在于这种方法能够对较大规模或较为复杂的研究对象进行概括归纳，化约其系统复杂性。就社区矫正制度而言，定性分析已经可以初步满足法律系统需求，在法律系统相对独立运行时难以发现存在问题。但是定性研究常常会忽略个体间的差异性，这些差异放在宏观的社会背景衬托下显得微不足道，这恰恰是社区矫正中法律系统需要对个体系统负责并深入关注的症结，也是系统耦合的前置条件之一。个体的差别需要通过可量化、易观测的指标进行分析，此时就需要引入定量分析方法。

所谓定量研究是与定性研究相对的概念，属于对事物在量的方面的分析和研究，"量"就是能够反映事物数量的概念，可以是长度、温度、速度、程度等各种能以数量形式表达的规定性指标。[②] 随着现代社会在犯罪学、医学、精神病学、心理学等领域的快速发展，在刑事司法意义上的评估方法也与之紧密结合，呈现

[①] 雷小政：《未成年人刑事司法风险评估：场域、样本与方法》，对外经济贸易大学出版社，2019年，第61－62页。

[②] 陈波等：《社会科学方法论》，中国人民大学出版社，1989年，第121－122页。

精确量化、动静结合的趋势。有学者将其发展历程归纳为"临床评估方法""精确评估方法""静动态评估方法"等,其中"临床评估方法"主要是由临床医生、专业心理健康工作者对罪犯的人身危险性、再犯可能性进行主观判断和评估。"精确评估方法"主要是通过收集一系列与犯罪有关信息,根据经验法则和科学方法,得出精确风险量表,这些信息化量表简洁明了,但是属于静态方面考察,对运动变化的风险因素关注不足。"静动态评估方法"则是将动态评估与静态评估相结合,前者是以现在为起点做预判,针对通过干预或矫正能够发生改变的动态风险因素的考察评估,如经济状况、心理状况、健康状况等;后者以现在为起点做回溯,针对过去已经发生的不便风险因素的评估,例如成长经历、犯罪前科等。[①]

近年来,国内学界在对社区矫正制度进行研究时已经注意到定量分析不足的短板,出现了大量关于社区矫正人员心理状况、再犯风险、矫正效果等实证研究,并试图建立符合我国国情的精细量化的评估标准和体系。但是较之前数十年的理论探索而言,这些研究成果仍显单薄。另外,对于社区矫正人员教育帮扶和社会支持等需求方面的社会调查研究明显不足。究竟我国社区矫正人员当前所面临的社会支持现状如何、教育帮扶需求状况如何、实际供给状况如何、有哪些差异性因素等问题都需要厘清,据此我们才能科学地得出规律性的判断,并提出优化社区矫正工作的策略,切实贯彻人道主义并加强人权保障。因此为提高社会支持的利用和转化效率,有的放矢地为社区矫正对象提供社会支持,也需从社区矫正人员的角度,静动态结合评估风险,准确定量评

[①] 杨诚、王平:《罪犯风险评估与管理:加拿大刑事司法的视角》,知识产权出版社,2009年,第5–23页。

估其社会支持需求。①

三、调查评估与诉讼程序合理对接

在美国司法实践中早已将"判前调查报告"认定为刑事诉讼的必经程序和必要条件。② 因为案件事实包括定罪事实与量刑事实,在行为刑法理论中加入人格刑法元素的大背景下,量刑不仅要考察犯罪行为,还要关注犯罪行为背后的人格因素、社会因素。我国刑事诉讼程序目前并未做好兼容社区矫正调查评估机制的充分准备,由于目前立法对审前社会调查评估制度规定有些粗,在实践中有时会出现审前社会调查报告滞后于法院判决结果的情况,使得审前调查评估存在"走过场"的嫌疑。从诉讼程序的时间期限来看,《社区矫正法》第18条规定了审前社会调查评估相关内容,但没有明确其具体时限。我国《刑事诉讼法》《社区矫正法实施办法》等法律法规中也没有规定具体时限,仅有某些省市的地方性法律文件规定了"普通案件的调查评估时限一般情况下为10个工作日",但对最长时限的规定略有不同,根据其他学者调研的情况,福建规定为13天,四川规定为15天,广西规定为20天。③

在司法实践中绝大多数判决适用社区矫正的案件审理时限都非常短,一般在10~20日,然而仅审前阶段社区矫正相关居住地

---

① 张大维、邢敏慧:《社区矫正对象社会支持需求评量与精准供给——基于W市351名对象的调查》,《上海城市管理》2019年第4期。
② 刘强:《美国社区矫正演变史研究——以犯罪刑法控制为视角》,法律出版社,2009年,第241页。
③ 宋立宵:《审前调查评估时限与案件审限冲突的原因及解决——兼谈〈社区矫正法〉第18条》,《河南司法警官职业学院学报》2020年第3期。

核实及调查评估工作一般至少需要 1~2 周。① 有的省份仅审前社会调查时间就达 20 天，几乎与案件的审理期限相同。这样就产生了调查评估时限与诉讼程序时限在时间上的冲突，有时司法行政部门只能仓促进行调查评估，法院也有可能还未等到调查评估结果便不得不进行裁判。②

审前调查评估时限与诉讼程序时限存在一定程度上的冲突有时会影响调查评估的实施效果。一方面，司法行政机关基于工作压力可能直接告知法院难以在审前完成调查，请法院先行判决，法院受结案期限压力只能在调查评估缺位的状态下判决。如果判决适用社区矫正则留待在社区矫正过程中继续观察，一旦发现不符合社区矫正条件或不适宜矫正的，再向法院提交"收监执行"建议书。另一方面，法院发现上述时限冲突时也会基于减轻工作任务量、缩减办案时间等自身困难考虑，既然在审前完成调查评估困难，便选择性地开展审前调查评估，对社会风险、再犯可能性感觉较高者（如暴力犯罪、有组织犯罪）不予适用社区矫正，有时也可对一些所涉嫌犯罪名上无法直观真实反映的案件适用社区矫正。这样一定程度上影响了决策的科学性，社会公众对社区矫正制度的信赖与支持也会受到影响，不利于树立法律权威和修复社会关系。

---

① 《四川省社区矫正社会调查评估办法（试行）》第 12 条规定：县（区）司法行政机关应当自接到委托函之日起 10 个工作日（简易程序 7 个工作日，速裁程序 5 个工作日）内完成社区矫正社会调查评估工作。特殊情况需要延长调查时间的，由县（区）司法行政机关及时通报委托单位，并说明事由，但不能超过 15 个工作日。参见肖乾利、薛宁夫：《社区矫正审前调查评估制度研究》，《宜宾学院学报》2019 年第 7 期。

② 陈贤东、张学文：《浅析人民法院视角下的审前社会调查制度适用与完善》，《南方论刊》2018 年第 6 期。

造成上述冲突的原因主要有三方面：第一，调查评估的启动不确定。审前社会调查启动的不确定直接导致审前调查时限的有无存在不确定，《社区矫正法》中表述为"可以委托社区矫正机构进行调查评估"。这种表述本身在理解和执行上是不确定的。从统计数据可以看出，2017年全国新增社区服刑人员51万人，而各地完成调查评估178818件，委托开展调查评估的比例仅占35%左右。① 实践中，各省市地方性法规规定的标准也由此不同，一些地区属于"模棱两可"型，既可以委托也可不委托，安徽、湖北等少部分地区采取"一律适用"，对所有拟适用社区矫正对象进行审前社会调查，此外北京、吉林、云南等地区采取"部分适用"，从社区矫正类别或刑期等角度确定必须进行审前调查评估的案件范围。② 第二，调查评估的启动节点有些滞后。虽然《社区矫正法》规定了社区矫正决定机关（法院、监狱、公安）都可以委托调查评估，实践中公安机关在侦查阶段很少委托调查评估，检察机关只负责对调查评估活动进行法律监督，而定罪量刑职能归于法院，对于调查评估最为需要的也是法院，待案件进入法院审理环节再委托调查评估则为时已晚。第三，调查评估参与力量有些薄弱。司法行政基层单位建设长期以来工作力量历史欠账制约了审前调

---

① 张苏军等：《中国法律年鉴2018》，中国法律年鉴社，2018年，第213–214页。
② 如《北京市社区矫正实施细则的补充规定》规定："人民检察院对拟建议适用管制、缓刑的犯罪嫌疑人应当进行社会调查，并随案向人民法院移送社会调查评估报告。"从社区矫正类别的角度进行限制，对管制、缓刑罪犯必须进行审前社会调查，对缓刑和暂予监外执行没有进行规定。吉林省规定对可能判处拘役、三年以下有期徒刑的被告人在适用缓刑前应当委托开展社区影响调查评估。云南省规定对假释犯、暂予监外执行的累犯和暴力性犯罪人应当进行审前社会调查。

查评估的推进实施效率。① 基层司法所人员力量不足，尤其在环境艰苦、交通不便的地区，调查还面临费时、费力困难，难免心生懈怠、工作拖沓。省市一级有些地方性法律文件考虑规定调查评估时限时迫于现实压力必须通盘考量，起决定因素的往往是下辖多个地区中的"木桶最短板"，由此导致审前调查评估时限较长，工作效率有些低。

要解决这些冲突，就必须在制度设计时全面坚持刑事一体化理念。一是要扩大调查评估的覆盖面，与诉讼程序全面无缝衔接。对于调查评估的启动需要做进一步调整，由选择性启动变为"以启动审前调查评估为原则，不启动为例外"，将审前调查评估作为适用社区矫正必经前置程序。② 在青少年社区矫正工作中，个别地方已经推行与诉讼程序"无缝衔接"的理念，通过政府购买服务的社工计划，招聘大量专职的青少年司法社工，优先考虑社会工作、法学、心理学、教育学、医学等专业，促进心理咨询和案件风险评估之间的协同以及在侦查、审查起诉、审判和执行各诉讼阶段之间的衔接。③

---

① 司法部 2018 年关于司法所工作会议资料显示，全国共有司法所 40417 个，所均工作人员只有 3 人，其中政法专项编制仅有 1.4 人，一人所近 1.7 万个，约占司法所总数的 42.06%。参见张友直：《解决司法所"一人所"问题刻不容缓》，《法制日报》2019 年 2 月 17 日。
② 任文启：《完善我国社区矫正审前调查评估制度的思考基于文本和现实的比较分析》，《甘肃政法学院学报》2016 年第 2 期。
③ 具体包括：1. 立案、侦查阶段，通过交付专业机构做统一的心理测评，对未成年犯罪嫌疑人的性格特征和重新犯罪的可能性等进行判断；2. 在审前程序非羁押措施、不起诉决定风险评估中面对未成年犯罪嫌疑人进行社会调查，了解其生理心理特征、成长经历和环境，作为司法裁量的依据；3. 在审判阶段，检察机关将审前程序的心理测评、心理疏导与矫治情况提交法庭，供其作为司法裁量的依据；4. 在社区矫正中，检察机关、法院与司法行政机关之间定期举行联席会议。参见雷小政：《未成年人刑事司法风险评估：场域、样本与方法》，对外经济贸易大学出版社，2019 年，第 49 页。

二是要进一步完善审前调查评估的启动主体。有学者提出在侦查阶段就启动调查评估，建立以公安为主、法检为辅的审前社会调查启动程序。①但在审前程序中，公安机关的关注重点在于侦破案件，缺乏推动调查评估程序的动力，存在身份角色定位冲突。由检察机关在审查起诉环节就启动审前调查评估更为合适，首先，审查起诉阶段至少有一个月时限，能够保障调查评估充足时间；其次，调查评估意见也可以作为检察机关进行审前程序分流或量刑建议的重要参考；最后，当法院与检察机关在适用社区矫正问题上存有意见分歧时，法院可以启动补充性的调查评估，就核心分歧内容再进行详细调查评估。

三是社区矫正调查评估还要避免先定后审的情况，保障犯罪嫌疑人、被告人的程序性权利。在审前阶段就开展相关危险性调查和再犯可能性评估，其逻辑起点就是假定所追诉犯罪确系犯罪嫌疑人（被告人）所为，相关部门基于此种心理预期开展的调查报告本身也是作为一种定罪量刑的特殊证据。但是从诉讼构造平衡的角度来分析，此时为保持控辩平衡，要允许犯罪嫌疑人、被告人一方对不利于己方的调查评估过程和结论提出疑问、申辩或从程序上提出回避申请等意见。

第二节　扩大社区矫正适用范围

在当前社区矫正适用范围不尽合理的情况下，必须及时予以调整，确保这一制度能够更为充分地发挥效用。此时恰恰需要进一步追问，社区矫正制度应面向哪些群体发挥功能，适用范围和

---

① 陈珠、叶凌：《刑事案件审前社会调查制度实证研究——以长乐法院审前社会调查运行情况为样本》，《福建警察学院学报》2014年第1期。

内容如何优化改进？社区矫正的适用范围非常重要，需要确定哪些人能够适用何种社区矫正，即根据宽严相济刑事政策和人权保障功能重构其适用范围和部分内容，真正做到轻重有别、宽严相济。

一、调整管制刑的适用范围及内容

对于目前法律规定的社区矫正所适用的四类罪犯需要重新考虑，其中争议最大的就是判处管制者的社区矫正问题。从适用覆盖情况来看，管制作为我国刑法规定的五种主刑中唯一的非监禁刑，应在社区矫正制度中发挥行刑社会化、非监禁化的重要作用，但是该刑种在司法实践中没有充分发挥作用。笔者在调研走访过程中发现在相关地区的在矫人员中，属于被判处管制的较少。据有关部门统计，2014—2016 年河南省三级法院审判的所有刑事案件中，全省范围内判处管制刑的仅有 113 件。[1] 2002—2015 年，全国的管制刑适用率也从未超过 2%。[2] 从管制的刑罚内容来看，依据我国《刑法》第 39 条规定，被判处管制刑的犯罪分子在管制期间要求遵守五项规定[3]，其中关于"遵守法律、行政法规"本就适用于所有公民，"出版、集会、结社、游行、示威自由的权利"即便普通公民行使也需要履行相应的申请审批流程，"服从

---

[1] 张素敏：《管制刑社区矫正的困境与出路》，《河南司法警官职业学院学报》2018 年第 3 期。
[2] 陈蓉：《管制刑适用的倡导——以社区矫正的扩大适用为视角》，《江西警察学院学报》2018 年第 3 期。
[3] 《刑法》第 39 条规定，"被判处管制的犯罪分子，在执行期间应当遵守下列规定：1. 遵守法律、行政法规，服从监督；2. 未经执行机关批准，不得行使言论、出版、集会、结社、游行、示威自由的权利；3. 按照执行机关规定报告自己的活动情况；4. 遵守执行机关关于会客的规定；5. 离开所居住的市、县或者迁居，应当报经执行机关批准"。

监督"实际也就是"报告自己活动情况"以及遵守会客、离开居住地的规定,明确限制和教育帮扶内容较少,依靠报告、会客等监管手段能形成一定时期内的纪律意识,完成教育改造还需时日。

目前,刑法中管制刑的内容规定的可操作指引较少,社区矫正人员在执行过程中缺乏制度可感性。尽管《刑法修正案(八)》增加了可以在管制中适用的禁止令,但违反禁止令的社区矫正人员由公安机关依照治安管理处罚,这一规定执行情况不理想。有学者指出,司法行政与公安机关的执行双主体结构将限制弊端带入后续社区矫正工作,处罚部门不认同管理主体提出的处罚事由,致使管理主体囿于权力摩擦而弱化了对四类人的行为督导,在管制过程中新添的缺陷使禁令执行较难。[①]

不少学者建议对目前的管制刑进行改造或替换,取消一些空泛的规定而改为承担一定的社区服务更具可操作性。笔者认为,这种改造思路有可取之处,管制刑作为主刑之一尚不宜轻易弃置不用,而必须提高其执行的可感性并在法律系统内创造教育帮扶的对接基础,才能进一步扩大其适用面。同时不能生搬硬套西方国家社区服务刑内容,对于究竟是要求提供无偿劳动还是非营利性服务值得商榷。[②] 社会生产劳动有许多监禁刑无法替代的功能作用,例如思想行为改造、社会关系重构等,原本在1979年《刑法》中关于管制刑相关规定中曾明确要求的"积极参加劳动生产

[①] 王利荣:《行刑一体化视野下的矫正体制架构——写在〈社区矫正法〉征求意见之际》,《当代法学》2017年第6期。
[②] 社区服务刑是20世纪70年代在西方国家兴起的一种刑罚,由于这种刑罚通过强制的无偿劳动在避免短期自由刑弊端的同时也实现了对罪犯的惩罚,因此被域外很多国家和地区刑法所采纳。

或工作"不应被现行刑法所遗忘，应当基于马克思主义劳动观赋予其新时代的社区矫正劳动教育体现形式。否则犯罪人在社会上"坐吃闲饭"又由谁来管和制，一个"宅"在家中不参加社会劳动生产的人当管制期满向群众宣布解除管制时，又有谁能了解他的情况，这样就背离了管制刑的设立初衷。

笔者认为可以在管制执行期间不强制其参加特定劳动，但应规定必须自行选择参加至少一项社会化生产劳动（或正当职业工作）和一项公益服务，参加劳动教育、技能培训等课程。只有以要求"参加劳动生产或工作"为前提，在现行刑法中所规定的"在劳动中应当同工同酬"权利保障条款才具有现实意义。另外，在适用范围上，目前管制刑是针对罪行轻、危害小、人身危险性低的犯罪人，但是与缓刑之间在适用范围界限上仍未明晰区分，应当考虑两者的监管考验期限长短，进行明确划分，将管制刑主要适用于接受短期矫正者，而缓刑则适用于需要长期矫正者，具体如何适用则根据调查评估意见进行衡量。

二、将资格刑纳入适用范围

从刑法规定看，剥夺政治权利属于资格刑，为我国刑法所特有。剥夺的政治权利内容是参加政治活动和公务的权利，分为独立适用和附加适用两种情形，一般都适用于较轻的犯罪。[①] 在两院

---

① "剥夺政治权利"本身是一个难以准确界定的概念，从名称上缺乏由政治向法律的转化过程，可以模糊领会立法者"剥夺政治权利"的意图，却难以给予确切的定义，在法理学书籍中也难寻到"政治权利"的概念论述。刑法中剥夺政治权利主要针对《宪法》规定的言论、出版、集会、结社、游行、示威自由和选举权与被选举权，同时限制在国家机关和国有企事业单位等任职资格，但与宪法学者所理解的政治权利又存在较大偏差。参见刘松山：《宪法文本中的公民"政治权利"——兼论刑法中的"剥夺政治权利"》，《华东政法学院学报》2006年第2期。

两部印发的《关于开展社区矫正试点工作的通知》和《关于在全国试行社区矫正的意见》中，剥夺政治权利罪犯（以下简称剥权犯）都归于社区矫正适用范围之内。但是随后颁布的《刑法修正案（八）》以及刑事诉讼法却并未沿袭这些规定，将剥权犯明确交由公安机关负责执行，在适用范围上形成了"先进后出"的迷惑局面。然而，社区矫正试点过程中并未显示出对剥权犯进行社区矫正有何不妥，并且包括剥权犯在内的社区矫正人员的监管改造工作成绩十分显著。[①] 据参与社区矫正立法工作的学者表示，关于将剥权犯排除在社区矫正制度之外的理由主要是法律条文仅限制其政治权利，并未要求对其开展矫正教育等活动，故不必纳入社区矫正适用范围。[②] 基于这一排除理由，笔者认为有三点值得商榷和探讨。一是对于剥权犯是否有必要进行教育改造；二是公安机关能否有力承担相关执行职责；三是剥权犯有无通过社区矫正获取相关专业化帮扶及人权保障的合理需求。

对于第一点问题，尽管因社会治理模式转型的原因，当前公民对政治权利的关注和影响评价较之几十年前呈明显下降趋势。但是剥夺政治权利仍属于国家最为严厉的制裁方式（刑罚）之一，教育目的和预防目的同样需要在执行过程中追求实现。因此，在刑法相关规定中未考虑其教育目的属于需要法律进一步改进完善之处。只有惩罚和监管措施显然是在制度设计理念上存在偏移，而不应以此否定剥夺政治权利刑中教育的正当性和必要性。例如，结合犯罪情节有针对性地加强思想政治教育、国家安全教育、社会公德教育、劳动教育等内容。因某些犯罪行为人在思想观念或者行为模式上存

[①] 吴宗宪：《论对剥权犯实行社区矫正的必要性》，《中国司法》2012年第2期。
[②] 吴宗宪：《论我国社区矫正的适用对象》，《北京师范大学学报（社会科学版）》2017年第3期。

在严重错误认识或者不当之处，所以不具备行使政治权利的资格，需要在社区矫正中对他们进行教育，重新塑造良好的政治观和权利观，形成与之相匹配的行使权利的能力。作为解决纠纷最为权威也是最后一道的屏障，如果在刑事法律中都对这些内容避而不谈，期望依靠其他途径对此类罪犯进行改造则更不现实。对于一些本就不关心并且也不准备行使政治权利的罪犯来说，缺乏教育改造的行刑过程可感度几近于无。因此，很多地方在社区矫正试点过程中曾组织剥权犯开展公益劳动等实践教育，但有很多剥权犯拒绝参加，就是因为法律中没有就此做出明文规定，甚至监管者也逐步认同剥权犯无须教育的看法。[1]

对于第二点问题，已经有诸多学者对公安机关负责剥夺政治权利刑罚执行的能力和效果提出疑问。长期的社会实践表明，在我国"有困难找警察"的观念早已深入人心，公安机关的执行能力、监管能力、资源配置在各政府部门中显得尤为突出。从制度设计上由公安机关执行看似是强化了对剥权犯的监管，但是在社会治安面临严峻挑战的形势之下，公安机关所担负的社会治理和行政执法任务已经非常繁重复杂，很难有效地对剥权犯进行专门监督管理工作，更遑论开展教育帮扶。应该说，此项任务既不符合公安机关的主流角色定位和自我身份认同，也不符合群众的一般认识和期待，最终在施行过程中因缺乏内生动力驱动和外部条件支持显得勉为其难，难以收到良好的效果。现实中，还出现了一些剥权犯仍在正常行使政治权利，甚至违规担任领导职务的案例。这一点通过社区矫正试点早期非监禁刑的执行主体变更已经得到验证，这也是将原来公安机关承担的社区矫正执行工作转交

---

[1] 吴宗宪：《论对剥权犯实行社区矫正的必要性》，《中国司法》2012年第2期。

司法行政机关执行的重要原因。① 我国社区矫正试点工作的实践表明，社区矫正的执行主体从公安机关转移到司法行政机关的做法，至少在大方向上是科学合理的。

对于第三点问题，罪犯的标签效应和社会排斥并不会因为判处刑罚种类的差别而网开一面。就如当剥权犯求职被要求开具无犯罪记录证明时，并不会因为被判处刑罚是剥夺政治权利显得较为轻微而有何特殊优待。此时如果犯罪者缺乏有效帮扶是非常危险的状态，在剥夺政治权利刑罚执行过程中，被执行者几乎享有绝大部分的行动自由，公安机关对其监管也很难保证落实到位，当他们（尤其是从监狱释放的剥权犯）独自面对社会排斥产生负面情绪，或有难以解决的困难时，他们很有可能再次犯罪，进入一种恶性循环状态。在社区矫正制度的法律系统功能转型过程中，尤其需要考虑如何通过法治渠道去平衡在个体系统功能中的监督管控与教育帮扶的关系。在法律系统内，除司法行政部门之外其他司法机关或政府部门都难以切实贯彻和付诸实施。如果仅对监狱释放的剥权犯通过刑满释放安置帮教给予帮扶，又不免在立法技术上留有缺陷。这与单纯的更生保护还有区别，区别在于刑罚仍在执行过程中，还有监督管理的法律职能，从优先层级上应当是先考虑剥夺政治权利刑的执行。剥权犯在执行过程中受公安机关管理，执行完毕后还要再转为接受司法行政部门安置帮教，同类的社区矫正在立法时有时被人为割裂，矫正缺乏连贯性，陷入多头管理。未收监的剥权犯虽然未脱离惯常的生活环境，但也面临重新适应和融入社会生活的问题，需要相应的帮扶。对于收监但已释放的剥权犯而言，他们还要在社会上继续被执行刑罚，在

---

① 郑丽萍：《互构关系中社区矫正对象与性质定位研究》，《中国法学》2020 年第 1 期。

重新适应社会生活的很多方面与假释犯大同小异，包括工作求职、生活保障等方面的现实困难，同时也需要接受社会适应性教育，在诸多干扰顾虑下更缺乏在思想行为上有效教育重塑的基础条件，很容易成为社会新的不稳定因素。

综上所述，无论是教育改造、监督管理还是帮困扶助都属于传统的社区矫正的功能领域，不应另起炉灶摊薄力量。与公安机关相比，社区矫正机构条件更为专业，角色更为匹配，所以没必要多头执行，既导致重复建设和资源浪费，也影响社区矫正运行效率和效果。不如对法律及时修订，在现有剥夺政治权利刑的资格刑基础上对内容和执行方法进行改造升级，不再局限于政治权利，改为以剥夺资格和限制公民权利为主要内容的社区矫正措施①，在剥夺资格和限制权利的同时加以教育和帮扶内容。由单纯的政治治理或行政治理走向以政治引领为先驱、以法治为核心的社会综合性治理，更能适应时代发展和社会需要。这种改造可能会产生与禁止令制度有重合部分，需要妥善协调整合，《刑法修正案（八）》规定了对判处管制、宣告缓刑的犯罪人员可以根据犯罪情况在矫正期间禁止某些活动或行为。② 应该说这些内容以"堵"（防范）为主要特征，有"堵"则必有"疏"，因为无论是剥夺资格还是禁止令的防范只能在一定期限内有效，"禁"只是手段

---

① 诸如增加禁止犯罪人医疗、运输、金融、法律等某些特定的从业资格，吸纳一部分禁止令关于设立公司、企业、事业单位等内容；同时删减一些与资格刑无关的内容，例如言论、出版、集会、结社、游行、示威自由，此类公民自由的合理合法行使于社会有益，需要杜绝的是非法滥用，属于另外的监管问题。

② 两院两部《关于判处管制、宣告缓刑的犯罪分子适用禁止令有关问题的规定（试行）》对宣告禁止令的范围和内容做出了具体规定：禁止从事特定活动主要包括设立公司、企事业单位，从事金融活动，从事特定生产经营，高消费等；禁入区域场所主要包括娱乐场所、大型群众性活动场所，中小学幼儿园等；禁止接触人员包括被害人一方、证人方、控告举报人方、同案犯等。

而非目的，尤其是上述有明确问题指向的禁止令内容，完全可以在矫正上做到对症下药，后续的预防效果则取决于教育引导。通过这种改变，可以将剥夺资格刑和禁止令融合形成新的社区矫正措施。

三、对劳动教养制度的承接适用

应该说自 2013 年全国人大常委会颁布《关于废止有关劳动教养法律规定的决定》起，在我国适用长达 50 余年的劳教制度正式宣告落幕。劳动教养制度废除后，遭受攻讦的"违背宪法、缺乏制约监督、有失比例原则"等问题也随之消除，由此我国进入了"后劳教时代"。原本在劳动教养制度规制范围内的，仅靠行政处罚不足以进行有效规制的严重违法行为则面临着治理手段缺位的状态。[①] 当时学界观点普遍认为原属劳动教养制度的功能在很大程度上需要由新的刑事制裁制度来承接，例如在刑罚为主导的单轨制制裁模式之外融入带有保安处分性质的双轨制制裁模式。[②] 然而这种观点存在片面之处，对劳动教养制度原有功能的理解仅限于其功能偏离异化之后的实然层面，只解决了劳动教养制度的惩罚制裁功能承接问题，但是劳动教养制度建立的初衷和核心却在于"教"。社区矫正制度主要是解决行为人改邪归正的问题，这一功能的实现应当较惩罚制裁更加靠前站位。根据这样的价值判断，法律系统有责任帮助此类违法行为人避免陷入更为严重的犯罪境地，这也是人权保障的重要组成部分。

---

① 也有学者将包括劳动教养、收容教养、强制隔离戒毒等制度概括为负责衔接刑事处罚与治安处罚的中国特有的强制性教育措施，并与另外两者共同构成了看似逻辑严密实则杂乱无章的"三级制裁体系"。参见梅传强：《论"后劳教时代"我国轻罪制度的建构》，《现代法学》2014 年第 2 期。
② 敦宁：《后劳教时代的刑事制裁体系新探》，《法商研究》2015 年第 2 期。

第四章　人权保障功能视角下我国社区矫正程序机制构建

社区矫正与劳动教养两种制度从价值、目标和治理方式上存在高度重合。此前劳动教养制度主要适用于三类对象：一是存在重复吸毒、卖淫嫖娼等不良瘾癖者；二是常习性违法行为者；三是违法行为接近"刑法边缘"者。[①] 要补位劳动教养制度留下的治理空白地带，除了对刑事制裁体系进行完善之外，还需要从刑事立法、程序规范和矫正措施等方面通盘考虑。外国大多数选择从普通刑事处罚制度中分离建立专门针对较轻违法犯罪行为的轻罪制度，其中包含了刑事实体法和程序法内容，最后还有与之相配套衔接的处遇和矫正制度。但我国一直坚持二元化立法和处遇，导致轻罪制度缺乏孕育土壤。而我国《刑法》中的量化思维与犯罪构成既定性又定量的立法模式，在规定了犯罪概念的同时又随附但书条款"但是情节显著轻微危害不大的不认为是犯罪"。对于犯罪与刑罚，须遵循罪刑法定主义依刑事法律治理，而对于"但书"所指"不认为是犯罪"的行为则以非刑事的行政干预为主，此处"不认为"一词就在犯罪和合法之间划分出一片不法行为（犯罪毗连行为）空间。不法行为因社会日趋复杂多变难以穷尽，在我国只能依靠不断创设新增行政不法构成要件，去填补犯罪构成要件的留白部分。[②]

我国根据违法行为的社会危害性对应地设置了包括《治安管理处罚法》和社区矫正制度在内的一系列的行政管理、制裁和处罚的制度，但行政违法与犯罪之间仍缺乏明确界限，两者在行为

[①] 张昕航：《试论社区矫正适用对象的完善——以劳动教养为视角》，《中国司法》2006 年第 2 期。
[②] 王莹：《论行政不法与刑事不法的分野及对我国行政处罚法与刑事立法界限混淆的反思》，《河北法学》2008 年第 10 期。

构成之间存在大量重叠并且时常有动态的转化调整。① 此外如重复吸毒、赌博、卖淫嫖娼等行政违法行为都是游走在犯罪边缘的病态成瘾行为，有的是因为被查获时的情况不足以入罪，有的需要通过刑事诉讼进一步查明案情才能确定是否构成犯罪，不少违法者最终走上以贩养吸或由参与卖淫变为组织卖淫的犯罪道路，而此前只能通过公安机关采取劳动教养等措施进行治理。上述行政违法行为未来是否会卷入刑事立法扩张虽犹未可知②，但是此类越轨行为均具有现实的犯罪危险和社会危害，只罚不治容易"小毛病拖成大问题"③，必须坚持抓早抓小防微杜渐。因此社区矫正制度的适用范围必须考虑到那些严重违反社会治安的违法人或"犯罪的边缘人"。④

中央文件在提出废止劳动教养制度的同时，也随即提出健全社区矫正制度的建设目标。⑤ 原本由劳动教养制度承担的针对刑法

---

① 我国刑事立法40多年来不断补充调整，而刑事司法却未有效分流调节维持谦抑，自1999年以来先后颁布10个刑法修正案，其中新增犯罪57项，绝大部分为行政违法向犯罪的转化，醉驾、作弊案件在此前适用行政处罚。
② 吸毒等行为在我国一直是在行政违法层面处理，差异源于违法行为处理的一元化与二元化立法差异，美国属于一元化立法，所有的违法行为都作为"犯罪"对待，只是区分不同类型和罪行轻重，对应不同的司法机构和层级。而在我国，借鉴大陆法系传统习惯，采取二元化立法体系，将犯罪与行政违法予以分割，公安机关实际行使了部分域外司法机关所具有的处遇职能。
③ 尽管采取严厉监禁惩罚措施，但吸毒者还是复吸比例极高而往返于监狱与社会之间，形成了所谓的"旋转门司法"现象。美国相关研究表明，如果不接受专门的戒毒治疗，约有70%的吸毒者在解除机构化处遇之后会再次使用毒品，而约有30%的吸毒者会在12个月内就重返监禁场所。
④ 李本森：《劳动教养与监狱、社区矫正吸收并合与可行性探讨》，《中国刑事法杂志》2011年第10期。
⑤ 《中共中央关于全面深化改革若干重大问题的决定》指出："废止劳动教养制度，完善对违法犯罪行为的惩治和矫正法律，健全社区矫正制度。"参见中国共产党第十八届中央委员会：《中共中央关于全面深化改革若干重大问题的决定》，《人民日报》2013年11月16日第2版。

与行政法之间"灰色地带"的治理功能出现断档,治理体系完整性需要有效填补弥合。为了防止社会治理体系出现断裂,原本属于劳动教养适用范围中的严重违法分子需要考虑以合理方式纳入社区矫正制度予以规制。① 社区矫正制度作为新的"功能承接者"应注意避免此前劳动教养制度功能异化的种种弊端,以保障人权和完善法治为基本原则,完成劳动教养制度改革未完成的"司法化""人道化"任务。其中必然涉及对违法行为人的人身自由等公民基本权利进行限制,不适合通过行政处罚来完成,必须纳入司法程序规制,这么做并不是为了加重处罚,而是为了更好规范惩处,保障人权。参考国际通行做法,轻罪治理也都普遍适用司法程序并通过社区矫正立法予以支撑。②

现在回头思考邓小平在1981年提出的对待劳教人员的"三像"指导要求,在违法犯罪治理过程中,不变的是"改恶从善"的宗旨,变的是社会环境和与之相对的制度方法。③ 在执行方式上,社区矫正制度要完成对劳教制度的承接,需要扭转原有不合理的封闭式监禁管理方式,而应以更符合人权观念

---

① 如对多次或者严重违反行政法,行为尚不构成犯罪但人身危险性较大或游走在定罪边缘的人员进行社区矫正,这样,一方面克服了社会防卫论的无罪施罚的弊端,另一方面避免了刑罚报应论的被动滞后的缺陷,实现了保障人权与保护社会的统一。参见尤金亮、田兴洪:《劳动教养废除后社区矫正制度的应然走向》,《刑法论丛》2015年第3期。
② 例如,美国的毒品法庭计划、英国的毒品治疗检验令(DTTO)都属于针对涉毒案件吸毒者的专项矫治项目,研究显示毒品法庭提供了比传统的社区监督更为综合严密的监督,犯罪人此后吸毒和进行犯罪行为的数量明显减少,每年将12万多名吸毒成瘾者转变为不吸毒的、建设性的公民。参见Dean John Champion. *Probation, parole, and community corrections in the United States*, 5th ed. Upper Saddle River, NJ: Pearson/Prentice Hall, 2005, pp. 537–539.
③ 1981年,邓小平视察河北省秦皇岛市劳动教养管理所工作时提出了对待劳动教养人员的"三像"要求:像老师对待学生、父母对待子女、医生对待病人那样,耐心地帮助劳教人员改恶从善。

的开放型和半开放型处遇方式作为管理模式，将社区矫正制度与劳动教养原有的措施体系进行融合。笔者认为，对涉毒、赌博、卖淫嫖娼等特殊的行政违法对象可以优先考虑纳入社区矫正范畴。公安司法机关发现违法犯罪线索及相关人员后，需要进一步查明是否构成犯罪，在排除刑事犯罪并确认属于行政违法之后，此时则可以考虑建立相关转处机制。征求相关违法行为人意见适用转处，此时在程序的启动上应有别于刑罚的单向强制，此时转处的启动模式应为违法行为人与公安司法机关之间双向沟通，在适用时征求违法行为人自愿参与矫正的意愿（此时类似于自愿戒毒的矫正机理）。可参照认罪认罚从宽制度中的具结书形式，双方在进行充分平等协商后签署一种以具结人承诺自认性质、以双方契约合意为本质、以违法事实为具结内容的书面文本。① 随后订立矫正协议并进行开放型矫正，内容以监督、帮教和善后辅导为主。

  对于非自愿参与矫正并且属于常习性违法者需要适用社区矫正时，应当以半开放型处遇方式为主，适当辅以机构矫正。如何设计相关程序，学界尚有争议，既有学者支持设立治安法庭或在法院内部设立审查部门，通过司法审查程序来决定此类情形的社区矫正适用；也有学者认为可以继续沿袭劳动教养制度的做法，由公安机关决定适用。笔者认为，根据《社区矫正法》规定，公安机关和法院同属社区矫正决定机关，此时处于治理效能考虑，在面对大量的此类危害治安案件时，程序构建方面也当着重考虑繁简分流、合理配置司法资源，可以设定以公安机关为主的社区矫正审批和决定适用程序，必要时可以加入听证环节；同时违法

---

① 刘原：《认罪认罚具结书的内涵、效力及控辩应对》，《法律科学（西北政法大学学报）》2019年第4期。

行为人如果不服公安机关适用决定时，再遵循法官保留原则，可以向法院提出申请，由法院最终决定是否适用社区矫正。[1]

最后除了对劳动教养制度的承接之外，对于一些特殊的行政违法对象宜在社区矫正制度中留有一席处遇空间。同一个主体对不同性质对象分类处遇同样具备理论和实践合理性，因为在我国本身就有经验可循。[2] 这样一来，社区矫正适用范围拓展为罪犯、犯罪嫌疑人（被告人）和严重违反行政法的人员等三类人员，社区矫正的性质也随之从一元的刑罚执行方式，发展成为多元性质的刑事司法与违法犯罪综合治理体系。这样的治理方式或许比直接通过不断的立法扩张将某些行政不法行为升格为犯罪行为更为合理。

第三节 完善决定适用程序

一、社区矫正的决定模式

关于社区矫正的决定模式和决策过程，笔者在国内尚未找到任何直接相关的理论研究。社区矫正的决定是由社区矫正决定机关判定违法行为是否适用社区矫正以及具体执行内容的决策过程。根据我国《社区矫正法》第三章的规定，社区矫正决定机

---

[1] 法官保留原则是指将特定的公法上事项保留由法官行使，并且也仅法官能行使的原则。至于何等公权力事项需要保留由法官行使，尽管各国在法官保留原则的适用边界问题上尚有差异，但干预公民人身自由权利的措施应由法官裁定已经基本成为国际社会的共识。参见林钰雄：《刑事诉讼法》（上册），中国人民大学出版社，2005年，第232页。

[2] 如公安机关属于行政机关，却同时享有行政管理权、刑事侦查权和刑事执行权，侦查权既有司法属性也有行政属性，检察机关也兼负公诉权和法律监督权，更何况在坚持一个中国原则的前提下，还存在"一国两制"的基本国策。

关包括法院、监狱管理机关和公安机关等多个主体，调查评估属于选择性委托并作为决定时的参考意见。在执行内容方面的法律条文中详细规定了社区矫正执行地的确定原则，决定的其他内容产生基本上要求按照刑法、刑事诉讼法等法律规定的条件和程序进行，沿用了刑事司法裁判的决策模式。目前，无论是判处管制、宣告缓刑、裁定假释还是决定暂予监外执行，在决定适用环节都有着一个共同的决策特征，即所有的信息和各方意见都全部汇总到一个单一决策主体。① 由单一主体封闭地进行权威的判断，并全权主导最终决策内容产生。此时，对于社区矫正决定机关而言，包括调查评估机构、社区矫正机构、当事人等各种主体的意见在决策过程中都只具有参考作用，社区矫正执行地也完全由决定机关进行确定，笔者姑且称这一模式为"裁判式单一决策模式"。

由此对我国司法裁判的决策模式进行管中窥豹，有学者曾指出我国司法裁判更偏向于行政决策模式，属于一种政治哲学中"监督"的现实反映，是一种自上而下、单方面的决策模式。② 从维护程序正义、保障控辩双方诉讼权利、减少司法腐败等多维度都值得引入"诉权制约"理论进行决策权的平衡。近年来，我国也进行了一些协商式司法模式的有益探索，2018 年修订的《刑事

---

① 尽管法院司法裁判有独任制与合议制之分，但是都属于单一主体内部范畴，区别只是在于司法权由单人行使还是多人共同行使。
② 政治哲学中"监督"的含义本身就具有自上而下地、单方面地进行监视和督促的意思，意味着一个政治权威较大的机构或个人对于一个处于从属地位的机构、个人所实施的行为和所作的决定可以进行各种形式的检查、审核，对于不适当的行为和决定有权责令其撤销和改变。应允许那些与案件结局存在利害关系的当事人，对法官的庭前准备、法庭审理以及司法裁判进行全程参与，并对各项诉讼决定的制作施加积极有效的影响。参见陈瑞华：《司法裁判的行政决策模式——对中国法院"司法行政化"现象的重新考察》，《吉林大学社会科学学报》2008 年第 4 期。

诉讼法》中确立了刑事和解制度，刑事案件中的加害人与被害人之间或通过第三方主持，双方达成谅解，以赔礼道歉、经济赔偿等方式，平等地全部或部分解决已然犯罪的程序及实体方法。①这其实就是一种基于诉权制约理论构建的合意式多主体共同决策模式，除了传统的司法裁判之外，还引入了加害人与被害人的合意，共同决定了程序的走向和实体的处分。有学者提出应考虑在刑事诉讼中引入契约精神，在能实现诉讼目的的前提下，尊重主体选择，为诉讼各方进行效率化的合作保留制度空间，在对效率的实现与理性的追求过程中，互惠谋求利益的契约化机制因此得以显现。②目前，我国法律确立的两种协商性司法程序——认罪认罚程序和刑事和解程序都包含了控辩双方对话、协商和妥协机制。③在两种程序中不论被害人与加害人的合意还是控辩双方的合意都只是决定诉讼程序走向，对于定罪量刑等内容的实体性合意并不完全，最终决定权仍在法院。④

笔者认为，社区矫正决定模式也不应限于当前的"裁判式单一决策模式"，而应当额外建立一种"合意式复合决策模式"，并可以进一步分为程序性合意和实体性合意两个方面。

---

① 李卫红：《刑事和解的实体性与程序性》，《政法论坛》2017年第2期。
② 詹建红：《论契约精神在刑事诉讼中的引入》，《中外法学》2010年第6期。
③ 陈瑞华：《论协商性的程序正义》，《比较法研究》2021年第1期。
④ 最高人民法院2012年发布的《关于适用〈中华人民共和国刑事诉讼法〉的解释》第505条规定，"对达成和解协议的案件，人民法院应当对被告人从轻处罚；符合非监禁刑适用条件的，应当适用非监禁刑；判处法定最低刑仍然过重的，可以减轻处罚；综合全案认为犯罪情节轻微不需要判处刑罚的，可以免除刑事处罚。"根据最高人民法院2017年发布的《关于常见犯罪的量刑指导意见》第10条规定：对于当事人根据刑事诉讼法第277条达成刑事和解协议的，综合考虑犯罪性质、赔偿数额、赔礼道歉以及真诚悔罪等情况，可以减少基准刑的50%以下；犯罪较轻的，可以减少基准刑50%以上或者依法免除刑罚。

程序性合意就是两个以上主体就社区矫正相关的程序内容进行协商，以其合意决定程序走向，包括认罪认罚程序和刑事和解程序等已有的协商机制也可以作为决定适用社区矫正制度的一种程序性合意形式，至少应当允许控辩双方以及被害人方通过程序性合意决定如何分流处遇。现代刑事诉讼制度除追究犯罪、平衡国家与公民关系等功能之外，还有司法活动形成和确认社会政策。有学者指出，犯罪嫌疑人或被告人的程序选择权对于从目的性机能向功能性机能转变具有重要的意义，它不仅通过犯罪嫌疑人或被告人对诉讼程序的主动参与而提高了他们对诉讼结果正当性的认同程度，而且向社会昭示了国家对于公民权利的政策立场。[1] 此外，程序性合意的内容可以进一步拓展完善，包括应允许协商决定执行地，社区矫正的执行地不同于千篇一律的监狱，其选址环境会对社区矫正工作效果产生重要影响，应当考虑增加合意选择的可能。[2]

而社区矫正制度中的实体性合意，除了常规的定罪量刑之外，更重要的是要对社区矫正的实体措施内容进行协商。这一部分内容远比如何定罪量刑复杂，参考美国适用缓刑的美国联邦地区法院缓刑合同[3]、家庭监禁计划参加者协议[4]等缓刑合同订立形式，

---

[1] 姚莉、詹建红:《刑事程序选择权论要——从犯罪嫌疑人、被告人的角度》，《法学家》2007年第1期。

[2] 笔者在走访中发现社区矫正人员往往文化程度并不高、工作地不固定且跨地区打工者非常多，执行地如何确定的问题尤其复杂，除了由决定机关直接确定之外，还应当考虑协商确定的方式。

[3] Dean John Champion. *Probation, parole, and community corrections in the United States*, 6th ed. Upper Saddle River, NJ: Pearson/Prentice Hall, 2008, pp. 211 - 212.

[4] Howard Abadinsky, *Probation and parole: Theory and practice*, 8th ed., Upper Saddle River, NJ: Prentice Hall, 2003, pp. 451 - 452.

我国也可以开发建设若干类型的社区矫正协议模板，由标准条款和特别条款构成。其中，标准条款为适用于某类社区矫正人员的普适性条款，属于该类社区矫正人员必须履行的法律义务，这一部分相对简单，可只进行单一决策而不需要协商；特别条款则是有选择性地对某些社区矫正人员附加的额外条件，这一部分因个体情况千差万别而相对复杂，既有可能是法院等社区矫正决定机关根据自由裁量权决定其中一部分，也有可能是多个主体进行协商达成合意，包括社区矫正保证金①、违规后果也都可以在其中进行特别约定。程序性合意和实体性合意可以采取同步或交织进行的方式。

因为社区矫正的决定适用对犯罪嫌疑人、被告人的实体权利和程序权利均产生重大影响，在决定过程中，还要保障社区矫正人员充分行使辩护权，只是需要考虑其辩护权在决定过程中通过何种方式去实现。社区、单位（学校）除了配合调查或作证外，一般不属于刑事诉讼参与人，对案件情况的了解非常有限，但是社区、单位（学校）是社区矫正的重要场所，从社会治理层面应加强矫前程序参与性；对有被害人的案件，被害人的态度对化解矛盾纠纷往往起决定性作用，矫前如果提供不充分表达意见的渠道，容易加剧信访维稳等压力，损耗政府部门治理成本。因此在决定矫正前，除了目前已有的委托调查评估之外，有必要加强直接沟通，建立一种以社区矫正机构为枢纽，组织协调社区、单位（学校）、被害人、社区矫正人员等共同参与的交流平台，允许各方充分发表意见，必要时可以组织听证会议，允许社区矫正人员

---

① 笔者认为，这一点可以参考美国收取缓刑费的做法，收取一定的保证金或者以一定劳动服务折抵，但是我国不宜仿照其作为增收来源的做法，而应当定位于社区矫正遵规守纪的保证金，当社区矫正人员顺利完成矫正过程中分期退还，这样能够督促其更加负责地履行协议约定事项。

自行或委托律师进行辩解和辩护,最终由决定机关对适用对象进行动态滤筛,根据合意情况形成是否适合适用社区矫正以及适用何种矫正措施。针对可能出现的地域跨度大、参与不便的困难,应当充分利用好我国目前社会治理的信息化手段,通过网络音视频会议等方式提供便利支撑,各方意见既能直接充分表达,又始终处于会议组织者有序管理下,还可全程录制后存档,决策产生的过程做到全面、准确、开放、透明。

二、审前程序转处适用社区矫正

应当考虑将部分犯罪嫌疑人、被告人等纳入社区矫正法的决定适用范围,完成社区矫正制度与刑事程序分流机制的无缝对接,尤其是加强对审前转处程序的丰富完善。我国近十年来司法改革取得了显著成效,在刑事立法和司法实践中就包括很多程序分流及司法转处措施被逐步发展完善,包括近年来兴起的刑事速裁程序、认罪认罚从宽制度等,其中有相当一部分案件在审前程序就通过程序分流予以消化了。国家监察体制改革后,还新出现了监察分流机制,一部分职务犯罪案件未能进入司法程序,事实上由政务处分替代了刑事追诉。[①] 同时还有一部分案件因侦查机关办案压力、考核要求等种种原因立案不实,最终以另外一种未经规范的形式分流转化为犯罪黑数。英国伦敦警方 2017 年宣布不再受理部分"低级别"犯罪案件,对于那些涉案金额小于 50 英镑、没有明确嫌疑人或嫌疑人作案录像不足 20 分钟的案件,警方有权拒绝调查。[②]

---

① 詹建红、崔玮:《职务犯罪案件监察分流机制探究——现状、问题及前瞻》,《中国法律评论》2019 年第 6 期。
② 桑本谦、魏征:《法律经济学视野中的"违法必究"——从伦敦警方拒受"低级别案件"切入》,《法学论坛》2019 年第 6 期。

我国也曾有一段时期立案不实数量可能在 20%～30%，有调查称个别地方刑事案件立案统计数据甚至只占实际发案数量的 20%～25%。①尽管经过持续整顿后目前这一问题得到极大缓解，但是笔者仅从近年来所了解到的情况来看，仍有不少轻微犯罪案件由于双方协商和解等原因并未立案，这种民间自发的"私了"式和解基本都以经济赔偿（甚至超额赔偿）作为修复手段，看似消弭仇恨息事宁人，但是对法律、社会和犯罪个体却并无多少裨益，其中犯罪者连刑事诉讼程序的"门槛"都未曾迈入，自然不可能接受有效矫正。

从国外经验来看，审前转处程序作为非司法处置措施能得以实施，既有司法资源方面的现实压力，也与诸多社区矫正计划能够较好协同配合息息相关。社区矫正措施和审前转处程序是相互配套、相互支撑、相互发展的，审前转处在社区矫正制度中所具备的功能和作用值得引起我们关注和思考。在我国的审前程序中并未规定与社区矫正的衔接问题，较域外许多国家而言在审前阶段的分流转处机制非常欠缺，在一定程度上限制了我国社区矫正制度的发展。②从域外司法经验来看，一般认为此类分流转处机制能够提供符合未成年人特点的非刑事化处遇，防止定罪标签对其产生恶性影响。③

我国在审查起诉阶段针对轻微犯罪有附条件不起诉和酌定不

---

① 潘从武：《曾经"层层造假"宁夏公安与"立案不实"的九年较量》，《中国普法网》2009 年 11 月 20 日，http://www.legalinfo.gov.cn/index/content/2009-11/20/content_1184410.htm。
② 欧美国家在少年司法的侦查阶段就建立了转处机制，侦查机关有权决定将少年刑事案件转处到社区、学校等其他机构。我国香港地区承袭了英国做法，也赋予警司或以上职级的警务人员对符合条件的认罪少年做出警诫的裁量权，以代替提起刑事指控。
③ 卢莹：《香港认罪少年控前转处机制及启示》，《青少年犯罪问题》2019 年第 4 期。

起诉两种刑事程序分流机制，依据现行的刑事法律规定，两者都不在社区矫正适用范围之列。对这一问题学界意见分歧较大，有不少学者呼吁将其纳入社区矫正适用范围，有的认为附条件不起诉对象可以适用社区矫正①，也有的支持酌定不起诉对象可以适用②，还有不少学者反对上述观点。有的学者虽然坚持社区矫正性质是非监禁刑罚执行方法，正式对象只能是罪犯，但为了缓解严峻的治理矛盾，又提出在正式对象之外可以有兼顾对象。③ 笔者认为，虽然酌定不起诉和附条件不起诉并不必然引发社区矫正，但是也需要评估被不起诉人的矫正需要和矫正价值，分不同情况进行处遇。同时监察分流机制有其存在的必要性，只是后续应与刑事程序分流机制和社区矫正制度进行衔接配合，以法治化方法合理处遇轻微职务犯罪。

对于附条件不起诉，目前学界支持将其与社区矫正制度进行制度衔接的呼声较多。附条件不起诉中的"附条件"就是设置一种考察条件，在一定考验期内考察被不起诉人表现，因此附条件不起诉人也面临带有社区矫正性质的监督管理和教育帮扶问题。④

---

① 胡必坚、范卫国：《社区矫正与附条件不起诉》，《湖北社会科学》2013 年第 9 期。
② 储洁印、袁泉：《社区矫正适用对象范围界定及其法律完善研究》，《学理论》2012 年第 6 期。
③ 即采取"窄口径、宽适用"的做法，让社区矫正的辅助机构利用现有的资源对一些人员包括附条件不起诉人员开展一定的社区矫正工作。参见吴宗宪：《论我国社区矫正的适用对象》，《北京师范大学学报（社会科学版）》2017 年第 3 期。
④ 依据法律规定，对附条件不起诉人与作为矫正对象的缓刑、假释犯的监督管理，在 4 项内容中有 3 项完全相同（即遵纪守法、服从监督和按规定报告以及离开所居住的市、县或者迁居应当报经批准 3 项规定完全相同），而附条件不起诉中的第 4 项，即"按照考察机关的要求接受矫治和教育"，与缓刑、假释中的"接受社区矫正"也基本相同，与后两者唯一的不同就是不包括对会客的限制。附条件不起诉与作为矫正对象的管制犯相比，除了不包括对会客和行使政治权利方面的限制外，其他也完全相同。

特别是对未成年人适用附条件不起诉时，因对这类群体的刑事政策本就定位于"教育、感化、挽救"，则更有必要通过专业化的社区矫正制度提供教育帮扶措施，因此对于部分附条件不起诉人也具有在开放社会环境下开展社区矫正的正当性和必要性。《社区矫正法》在第七章专门设置了未成年人社区矫正特别规定，但是对刑法中的未成年人专门矫治教育（原收容教养）却并无涉及。① 符合专门矫治教育条件的未成年人实际也属于犯罪嫌疑人，只是因符合《刑事诉讼法》规定的法定不起诉情形导致诉讼程序终止。

按照目前附条件不起诉的制度安排，检察机关承担了对附条件不起诉人之监督考察职能，但是检察机关能否胜任这一职能尚有疑问。因检察机关并非专门矫正机构，在刑事司法活动中的角色定位主要是审查起诉和法律监督，现实中办案压力非常大，也不具备矫正的专业队伍和能力，只能象征性进行考察或将考察任务转嫁其他部门，很难落实个性化的附条件不起诉监督考察任务。②

另外，检察机关迫于减少监管责任和风险等现实压力，在做附条件不起诉决定时很有可能采取其他变通方式推卸自身的考察任务，例如减少附条件不起诉的适用，对于情节轻微的转而做出酌定不起诉决定，对情节稍重的则直接提起公诉。这一问题从最高人民检察院披露的数据中可窥见端倪，尽管对未成年人有"少捕慎诉"的指导政策，但 2019 年全国检察机关不起诉未成年人犯

---

① 《刑法修正案（十一）》规定：已满 16 周岁的人犯罪，应当负刑事责任。因不满 16 周岁不予刑事处罚的，责令其父母或者其他监护人加以管教；在必要的时候，依法进行专门矫治教育。专门矫治教育即对收容教养的替代，原收容教养制度的性质就存在很大争议，主要有刑事处罚、行政处罚、强制措施、司法保护措施等观点。
② 余频：《附条件不起诉监督考察与社区矫正的对接路径探究》，《南海法学》2019 年第 2 期。

罪嫌疑人仅1.37万人（不起诉率15.41%），其中附条件不起诉仅7548人，占比为8.49%。① 难道未成年人犯罪中绝大部分都是严重犯罪必须追诉吗？这显然与当年最高人民检察院工作报告所披露的"被判处三年以上有期徒刑以上刑罚的占比仅21.3%"的数据之间存在着无法解释的结构性矛盾。②

因此，笔者认为附条件不起诉之监督考察需要自然配以社区矫正措施，并且因矫正任务和适用对象具有较高同一性，应当进一步整合程序资源，统一由专业的社区矫正机构负责监督管理和教育矫正。实际上，附条件不起诉纳入社区矫正适用范围并不存在运行障碍，《社区矫正法》中就专门规定了未成年人社区矫正，其中就提及附条件不起诉制度。从域外一些国家对于附条件不起诉人后续处遇的司法实践来看，在进行程序分流之后一般也会为其定制个性化的社区矫正计划。③ 我国现今附条件不起诉适用的对象仅限于未成年人，这一范围也明显偏窄，从社会治理的角度扩大附条件不起诉适用范围并加强与社区矫正之间的程序机制衔接显得非常具有现实意义。

对于酌定不起诉，可以有条件、有选择地转处衔接社区矫正制度。有学者认为，这是检察机关依法行使起诉裁量权做出的终结诉讼程序的决定，并未附加任何考验内容，即对于酌定不起诉人而言，并不像附条件不起诉人一样面临考察表现等问题，也不存在监督管理或矫正教育问题。酌定不起诉决定一经做出即代表处遇终结，尽管酌定不起诉人可能也存在矫正需要，因酌定不起诉人犯罪行为相对轻微，可以忽略不计；酌定不起诉人也有可能

---

① 李如林等：《中国法律年鉴2020》，中国法律年鉴社，2020年，第205-206页。
② 李如林等：《中国法律年鉴2020》，中国法律年鉴社，2020年，第33页。
③ 王维：《社区矫正制度研究》，西南政法大学2006年博士学位论文，第63页。

需要救助，但社区矫正不是慈善行为，帮扶依附于改造，是为了确保改造顺利实施而提供。① 笔者不能完全认同此类观点，一是酌定不起诉人作为检察机关认定的"犯罪情节轻微"者，如犯罪嫌疑人无申诉则推定已发生了犯罪行为，自然无法否认其存在矫正需要；二是检察机关酌定不起诉只是一种审前程序分流，诉讼程序到此终结，并不绝对排斥随后的教育帮扶等矫正措施。② 要根据犯罪嫌疑人主观意愿和实际情况决定是否适用矫正，而不宜一刀切。其实上述观点分歧背后的关键点在于，如果酌定不起诉后续附加了社区矫正内容，如何与附条件不起诉进行功能区分。申言之，在社区矫正制度中能否有一种单独的运行模式，主要侧重于实现人权保障、社会治理和教育帮扶功能，而淡化惩罚制裁、隔离防范和监督管控功能。有学者提出"通过程序繁简、刑罚轻重的不同安排，合理配置资源，以快速简易程序轻缓处罚治理大量轻微犯罪，而将有限资源集中处理少数严重犯罪，这是科学治理犯罪的基本要求。"③ 调查研究显示随着认罪认罚从宽制度的发展完善，酌定不起诉人数有明显增长，从2019年1月到2020年8月，检察机关提供的认罪认罚案件酌定不起诉的人数高达208754人，占全

---

① 郑丽萍：《互构关系中社区矫正对象与性质定位研究》，《中国法学》2020年第1期。
② 不予刑事处罚同样可以在立法时考虑后续衔接社区矫正，如对未满16周岁不承担刑事责任的未成年人作出法定不起诉决定时，此时尽管无法对不起诉决定附条件，但是依照《刑法修正案（十一）》规定可以衔接专门矫治教育程序。专门矫治教育不属于我国刑法中主刑和附加刑的内容，也不符合刑法第37条非刑罚处罚措施的规定，其并不属于我国刑罚体系的组成部分。因此，我国实际已形成了低龄未成年人犯罪"刑罚"与"保护处分"二元规制的模式。参见李婕：《完善专门矫治教育适用程序》，《检察日报》2021年6月17日。
③ 卢建平：《法国违警罪制度对我国劳教制度改革的借鉴意义》，《清华法学》2013年第3期。

部案件的 11.3%。① 然而上述犯罪嫌疑人、被告人自身存在的问题以及犯因性环境影响并不会随诉讼程序终止而自动消散，法律系统不能以"司法程序到此为止、后事与我无关"的态度看待和处理问题。后续须通过社区矫正制度有针对性地开展专业化的教育帮扶，切实化解社会矛盾。笔者认为，附条件不起诉的主导权在检察机关，并且考验期不达标可随时提起公诉。而酌定不起诉中的社区矫正决定权不妨由控辩双方共同行使，以合意启动为原则，在矫正方法上以教育帮扶为主体结构，在监督管控上闭环管理但不严格限制人身自由，以督促帮助为主，采取社区矫正制度中最为轻缓的措施，矫正期间有违规行为并不导致重新追诉，而是承担其他违法违规或违约责任。此时，社区矫正的刑事执行是源于双方合意。只是目前我国社区矫正制度实体措施仍然不够丰富和完善，暂时难以精细化地支撑上述功能分化的实现，还需进一步加强相关配套建设。

如何在审前阶段根据情况在附条件不起诉、酌定不起诉之后适用社区矫正，可参考美国的审前转处项目。以犯罪嫌疑人可能存在潜在的刑事定罪为前提，并以此鼓励被指控的犯罪嫌疑人积极参与恢复项目，参加心理治疗，改正行为，或争取就业的机会。② 正如前文所析，对犯罪者的"标签化"形成了理论与事实的二律背反，理论上社区矫正旨在促进社区矫正人员再社会化，而事实中却又因"标签"影响不断遭遇社会排挤和异化。即便是最为宽容和注重教育的学校也多坚持驱除态度，并未给这一类群体继续正

---

① 顾永忠：《国家治理体系与认罪认罚从宽制度——认罪认罚从宽制度的价值、目标、适用条件及其风险》，载中国政法大学国家法律援助研究院公众号，2020 年 11 月 10 日，https://mp.weixin.qq.com/s/MIOA1c2Gr1QcSzCd4nBXLQ。

② Gorelick, Jamie S. "Pretrial Diversion: The Threat of Expanding Social Control", Harv. C. R. - C. L. L. Rev. 180, Vol. 10, 1975, p. 180.

常工作、学习、生活的机会。此时，有必要通过程序分流机制对一部分矫正价值和可能性较高、犯罪情节轻微者另外开辟矫正的"程序通道"，规避容易被"标签化"的羁押和审判环节，在审前阶段程序分流转处后适用社区矫正制度正是实现人权保障功能的重要渠道。

三、法律责任转化与标签效应阻隔

社区矫正的前置调查评估环节就是划定一道界线，决定了后面对违法犯罪者的处遇策略究竟是从社会剥离还是融合，从严抑或从宽，决定的标准就在于拟施以社区矫正者是否值得矫正，在处遇时也应当坚持轻轻重重原则。[①] 一旦行为人通过调查评估决定适用社区矫正，则应当以在人道主义指导下的人权保障功能为主。此时需要对纷繁复杂的法律责任进行梳理和转化，确定矫正期间的权利义务，转化为可观测、可量化、可操作的若干实际措施予以适用。

因此健全社区矫正制度的法律责任转化机制，从表征上看似乎是行刑方式的转变，本质上是一种权利义务关系变化，但仍然是对某些固有权利的剥夺、限制和某些义务强制履行。与其纠结于行政违法与犯罪行为处理的二元化界分，不如从权利义务角度对法律责任予以解构。社区矫正决定机关在判断违法犯罪行为人适合社区矫正并且通过社区矫正能够达到社会效益最大化的前提下，着手制订有针对性的矫正计划，以矫正协议等形式进一步明确社区矫正人员在矫正期间哪些权利受限制、哪些义务要履行，

[①] 林山田教授指出，事实上针对重大犯罪或无可矫治的行为人要从重科处、从严处遇；相对地，对于轻微犯罪或具有矫治可能性的行为人要从轻科处，从宽处遇，这只是一种具有概括性与常识性的认知。参见林山田：《刑法改革与刑事立法政策——兼评二〇〇二年刑法部分条文修正案》，《月旦法学杂志》2003年第1期。

以及矫正期间技术违规、法律违规等分层处理后果。与刑事案件审前程序或行政违法处理程序对接的社区矫正应该是对可能陷入刑事制裁等不利后果的一种替代。由于此时未通过法院生效判决确定矫正权利义务，可借鉴美国"缓刑合同"等方式采取订立协议的形式，约定的内容可以超出传统刑罚范围，相对自由度较高，还可提升治理效能节省法治成本。协议中以条款形式进行梳理归纳，按照案件类型和受矫正人特点区分社区矫正的一般条款和特殊条款，一般条款可以是社区矫正的格式条款，记载矫正期间社区矫正人员必须普遍履行的义务，如定期报告、配合监管、遵纪守法等要求；特殊条款是针对案件和个体特点定制的附加要求，如接受治疗、尿检查验、民事赔偿等。社区矫正协议经社区矫正人员签字同意后，即达成相应契约，后续开展社区矫正具备法定和意定双向支撑。随着专业化治理水平不断提升，制订社区矫正计划时可以采取"一人一套餐"，从"大水漫灌"转变为"精准滴灌"。

在社区矫正执行之前属于刑事司法活动（或者准刑事司法活动），经过法律责任转化和权利义务确定之后一分为二，一方面是刑事执行，另一方面是社会工作。法律责任转化完毕进入矫正环节后，社区矫正机构只需关注协议载明的权利义务内容和违规后果即可，对于社区矫正人员的身份并没有必要深入探究，此时就属于对犯罪的标签效应进行阻隔。

以未成年人犯罪为例，目前《刑事诉讼法》第286条规定了未成年犯罪人犯罪记录的封存与查询制度。[①] 2021年12月31日起

[①] 根据《刑事诉讼法》第286条规定："犯罪的时候不满18周岁，被判处五年有期徒刑以下刑罚的，应当对相关犯罪记录予以封存。犯罪记录被封存的，不得向任何单位和个人提供，但司法机关为办案需要或者有关单位根据国家规定进行查询的除外。依法进行查询的单位，应当对被封存的犯罪记录的情况予以保密。"

施行的《公安机关办理犯罪记录查询工作规定》也进一步明确了犯罪记录查询的条件及程序。① 这其实就是对未成年犯罪人的一种标签效应阻隔机制。但是这种依靠"无犯罪记录证明"的标签效应阻隔机制存在实践缺陷和逻辑硬伤。一是未成年人犯罪记录封存在社区矫正过程中实际作用非常有限，因为按照目前社区矫正法规定，司法机关通过严格的"追诉—量刑—矫正"操作链条，如生产线一般予以施加犯罪烙印，即便适用了社区矫正的未成年人也全都是已定罪量刑之人，犯罪"标签"看似封存保密，实则开展社区矫正的相关工作人员都对此心知肚明，有的地方甚至并未严格封存，如同标签不贴正面改贴背面一般无实际效果。二是如果未成年人犯罪可以出具无犯罪记录证明，那么又有何必判处和执行这些刑罚，而不是通过其他更适合未成年人的轻缓化处遇方式解决。三是对于未成年犯罪人之外的其他群体缺少类似的保护机制，如相关用人单位可以通过规定程序查询员工或拟聘人员的犯罪记录，尽管规定查询结果应当保密，但是社区矫正人员因活动范围受限通常只能就近求职，在小范围内的熟人社会很难做到绝对保密。②

在社区矫正制度中的标签效应阻隔可以用三种方式实现：第一种是对已审判定罪者在适用社区矫正后要进行犯罪记录的保护，根据犯罪的情形不同，对于情节确实轻微的（如未判处并执行监

---

① 其中规定犯罪的时候不满18周岁，被判处五年有期徒刑以下刑罚的，应出具无犯罪记录证明。
② 目前主要针对有从业禁止规定的岗位，散见于各类规定中，包括但不限于：公务员、律师、新闻记者、公司的董事、监事、高级管理人员、学校教职工、医师、会计、押运人员、测绘师、证券业从业人员、商业银行高级管理人员、娱乐场所内从业者、网络预约出租汽车驾驶员、拍卖师、保险代理人、直销员、保安。参见法治网研究院：《新规来了！用人单位可查询员工及拟聘人员犯罪记录》，《光明网》2022年1月2日，https://m.gmw.cn/baijia/2022-01/02/1302746744.html.

禁刑的）可以参照未成年人犯罪记录的封存与查询制度出具"无犯罪记录证明",确保其复归社会进行社区矫正时生活、工作和学习不遭受重大转折变故。第二种是对犯罪记录的证明方式进行优化,因为用人单位查询犯罪记录的唯一合法目的在于核查从业资格而不是窥探员工过往,目前通过"无犯罪记录证明"去证明从业资格的做法本身就是不合逻辑的。① 另外对行业禁入的权限不应过于分散化规定,犯罪者的行业禁入应当优先尊重法院审判、维护法治权威,由法院在审判时根据案情考虑有选择性地禁入某些行业,在犯罪记录记载时应当标注禁入哪些行业及禁入期限,公安机关接受用人单位查询只需反馈是否禁入该行业,而不是直接函告其犯罪记录。第三种方式则更为彻底有效,依靠酌定不起诉、附条件不起诉等审前转处程序直接终止诉讼程序,直接杜绝犯罪记录产生。当然,只有待社区矫正中的多元化处遇机制建立后,罪犯不再是社区矫正对象的唯一身份,才能彻底淡化罪犯身份从而化解定罪烙印的标签效应,加强矫正对象各方面保障才会具备现实基础。

第四节　强化人权保障和救济

就如同感染病毒的患者并不是敌人,他们只是载体,真正的

---

① 只要有犯罪记录则"一刀切"禁入所有特定行业的做法对政府部门而言简便易行,公务员行业禁入尚能理解,如果轻微的过失犯罪者连从业门槛相对较低的保险业务员、网约车司机、保安都不能从事,在如今就业压力、生活压力激增的社会背景下对社区矫正人员而言无异于雪上加霜。现实生活中,公司聘请保安等工作人员也不可能逐一审查犯罪记录,最终只会是制度归制度,实践归实践。

194

敌人是病毒。同样的道理，违法犯罪治理的是行为人的错误思想、不良行为以及各种犯因性因素。基于合作治理的需要，社区矫正人员在程序机制构建过程中应当从被治理的对象转换为参与治理的重要主体之一。"牛不喝水强按头"只会徒增消耗和对立，很难促成真正的自我救赎、自我完善。只有在程序机制中以人权保障为价值追求，对社区矫正人员的主体地位、合法权利予以尊重保障和必要救济，才能在法律系统中生出与个体系统有效耦合的"链接键"，在个体系统、法律系统和社会系统之间寻找到共同的目标交集，奠定合作治理的期望基础。

一、完善接受社区矫正者的法定称谓

目前，我国对适用社区矫正的罪犯，在《社区矫正法》和《社区矫正法实施办法》中基本都是使用"社区矫正对象"这一称谓，但是在此前的规范性法律文件、研究和实践中出现过"犯罪分子""社区服刑人员""社区矫正对象""社区矫正人员"等各种称谓长期混用滥用的现象。其中，"犯罪分子"称谓在1997年《刑法》中被大量使用，该称谓最为严厉，且有歧视意味和身份上的标签效应，尽管《刑法》至今未对这一称谓进行修改，但近年来在立法和实践中已罕有继续使用这一称谓。[①] 徐显明教授曾提出，对这种歧视性的称谓要及时修改，建议使用相对客观中性

[①] "分子"一词源于近现代社会政治生活，始于五四运动前后，在革命战争年代较为常用如：反动分子、右倾分子、机会主义分子等；中华人民共和国成立初期的政治运动中有所发展变化如：地主分子、富农分子、右派分子、贪污分子、反动党团分子、破坏分子等。"犯罪分子"称谓属于带有贬义的政治术语。参见戚兴伟：《"犯罪分子"称谓之弊探讨》，《犯罪研究》2018年第4期。

的称呼。①

由此,学界产生了将"社区服刑人员"定义为法定称谓的呼声。② 2016 年两院两部在《关于进一步加强社区矫正工作衔接配合管理的意见》中统一使用了"社区服刑人员"。但是"社区服刑人员"虽然是对我国当前社区矫正制度的矫正对象客观状态的描述,却是一种不甚合理的客观状态。因过于强调刑罚执行,不能很好地概括社区矫正中的教育帮扶和社会工作部分,同时基本锁死了社区矫正制度中审前诉讼分流和"非刑罚"处遇的发展空间,一旦接受这一法定称谓,则凡不具备服刑身份者就不属于社区矫正范畴。为了符合促进社区矫正对象顺利融入社会的目的,《社区矫正法》立法时也并未采纳"社区服刑人员"作为法定称谓。

另外由于缓刑案件在社区矫正中的适用占比非常高,学界对缓刑期间的缓刑人员是否属于服刑人员还存在较大争议。③ 为了回

---

① 徐显明教授指出,当称某人为罪犯的时候,我们在心理上对他是歧视、蔑视的,是一种旧的刑法观念的表现,按照联合国对罪犯的表述标准,应把执行法院刑事判决的人称为"正在接受刑罚的人员",简称"受刑人"。这是一种客观状态的描述,是没有歧视的一种表述。党的十八大以后,我们纠正了大量的冤假错案,人在监狱里也好,监外执行也好,并不一定全部都是真正意义上的罪犯。被错判、被冤枉的人我们称之为"罪犯",这是对其的二次伤害。参见王姝:《常委会组成人员:社区矫正对象的称谓应为社区服刑人员》,《新京报》网 2019 年 6 月 29 日, https://www.bjnews.com.cn/detail/156180597714365.html。

② 全国人大常委会会议分组审议社区矫正法草案时,多名委员注意到社区矫正对象的称谓问题。草案将法定称谓规定为"社区矫正对象",有委员就表示"这一称谓不够严谨与科学,不能准确明了表述这四类罪犯的身份,可能会引起概念上的混乱。建议将草案中'社区矫正对象'的称谓全部修改为'社区服刑人员'"。

③ 在我国的司法实践中,对一般罪犯而言(不包括特殊累犯),被判处过缓刑的人缓刑期满以后重新犯罪的,不构成累犯,理由是:被判处过缓刑的人可能被判处过有期徒刑,但没有被执行过有期徒刑,因此不构成累犯。从不构成累犯这个角度,也可以认为缓刑期间的缓刑人员不是服刑人员。参见王平:《社区矫正对象的身份定性与汉语表达》,《中国司法》2020 年第 2 期。

避这样棘手的理论争议,在社区矫正试点过程中使用较多的称谓是"社区矫正人员",2012年两院两部在《社区矫正实施办法》中全部使用了这一称谓,这一称谓较"社区服刑人员"显得更为客观和全面,在形式上能够与"监狱服刑人员"的称谓相区别,更为突出社区矫正的社会工作属性,以寻求更好的矫正效果。2016年12月公布的《社区矫正法(征求意见稿)》也继续沿用了"社区矫正人员"这一称谓。

有学者随即认为,"社区矫正人员"称谓不利于区分社区矫正的工作人员与矫正对象之间的界限。但是"社区矫正对象"的称谓也有不妥之处。"对象"从语言角度分析,是"行动或思考时作为目标的人或事物",其实应是"国家机关开展社区矫正工作的对象"之简称。人是有意识的生命活动体,如果在生产劳动中不能自觉地发挥主体意识,那么人就变成了非人化的存在物。① 法律思维、方法与语言之间存在密切关系,如果社区矫正制度在顶层设计时就将社区矫正人员对象化,基于角色的汉语表达逻辑,其主导思想就变成国家对违法犯罪个体的一种单向改造工作,而非为了同一矫正目标的双向奔赴,这就会在无形中助长法律系统独立运行倾向,加深了与个体系统之隔阂。

基于笔者前文所构想的多元统合思路和合作治理模式,个体系统是法律系统与社会系统之间沟通和功能互惠的重要桥梁,在社区矫正工作中,社区矫正人员不仅是工作对象,也是非常重要的参与主体,对自身的社区矫正同样负有自我约束、自我完善、

---

① 即"把人当作商品、当作具有商品的规定的人生产出来,它依照这个规定把人当作既在精神上又在肉体上非人化的存在物生产出来。"参见中共中央马克思恩格斯列宁斯大林著作编译局:《马克思恩格斯文集》第1卷,人民出版社,2009年,第171页。

自我教育、自我成长的责任义务，同时依法享有获取相关帮扶支持的权利，最终也是这些内容对矫正效果起到决定性作用，所有的社区矫正措施都是为了个体自由自觉地自我完善。笔者认为，除"社区矫正人员"称谓之外还可以称之为"社区矫正的适用对象"，因为决定适用的主体是国家机关而不包括社区矫正人员自身，但不宜完全简称为"社区矫正对象"。目前较为合理、简便的做法是，在《社区矫正法》中恢复以往惯用的"社区矫正人员"作为法定称谓，表示"接受社区矫正的人员"，而对于相关工作人员则可以统称为"社区矫正工作人员"以示区分。因此，笔者为了保持观点的发展性和一致性，在本书中仍选择对接受社区矫正者使用"社区矫正人员"这一称谓，而非使用现行《社区矫正法》中的"社区矫正对象"称谓。

二、尊重社区矫正人员作为人民的主体地位

有学者指出，在宪法和法律中的"人民"概念之所以重要，是因为人民主权原则是现代宪法的基本原则。[1] 以人民为中心既是新时代坚持和发展中国特色社会主义的根本立场，也是习近平法治思想的立足点之一。在我国当前法治建设的发展过程中，必须坚持法治为人民服务，尊重人民在法治建设中的主体地位。[2]

关于违法犯罪者是否属于人民的讨论始终未曾停息，这种判断体现了我国刑事司法的基本价值导向和制度设计方向。在目前我国的官方话语体系中，人民的地位很高，但是在法学界传统学

---

[1] 杨陈：《论宪法中的人民概念》，《政法论坛》2013年第3期。
[2] 陈云良：《尊重人民在法治建设中的主体地位》，《光明日报》2014年11月6日第7版。

术话语体系中,更多提及的是公民概念,不少学者对人民概念束之高阁而对公民概念推崇备至。[1] 人民除了政治属性,还具有法律属性、社会属性和历史属性。"人民"的概念和内涵随时代发展而转变,构成部分也随社会变革而演变。[2] 这充分说明,人民的概念首先是动态的、变化的,不能固化地、静止地看"人民",而要结合当前的社会发展。人民代表了人类社会历史进程中具有正能量、推动社会进步的力量,凡是参与国家建设、推动社会发展的积极力量,都应归于人民。

我国《刑法》和《刑事诉讼法》,在第 1 条都明确了以"保护人民"为目的,各党政、司法机关也秉持"为人民服务"的宗旨。对社区矫正人员能否归于"人民"队列的问题,笔者认为符合条件的社区矫正人员可以归于"人民",并享有相应的宪法和法律权利。因为在社区矫正制度中本身就有包含筛选判断机制,通过调查评估判断违法犯罪者是否有矫正复归的可能和必要,真正"罪大恶极"者或"反动敌对"者早已被排除在外。作为公民承担违法犯罪的法律责任和作为人民在社会生活中受到宪法法律保护并不矛盾。坚持人民的主体地位也应当包括这一部分在社会公共环境中进行社区矫正的人,他们在日常生活和参与社会建设过程中同样享有主体地位,同样属于相关党政机关、司法机关"为人民服务"的工作对象,只是在保护的内容和方法上会依据权利义务

---

[1] 有学者认为公民相对国家而言,人民相对政党而言,公民是法律概念强调权利义务关系,人民是政治概念强调敌我矛盾,所以时至今日要强化公民概念和公民意识,淡化甚至替代人民概念。

[2] 正如毛泽东指出的,"人民"这个概念在不同的国家和各个国家的不同的历史时期,有着不同的内容。他也曾经区分过抗日战争时期、解放战争时期和中华人民共和国成立后人民的不同内涵。参见陈培永:《"人民"范畴究竟何指》,《北京日报》2019 年 1 月 21 日。

有所限制和区别。

  违法犯罪者（如缓刑犯）虽然占比不大，但同样会生活在共同的社会环境中，除了服刑人员或社区矫正人员身份之外还可能兼具多种身份，与他人普遍联系并相互影响，构建形成了社区和社会。他们在定罪量刑之前（如取保候审期间），除为了保障诉讼顺利进行所做的权利限制外，其居住在社区内与其他居民并没有本质区别。在执行过程中其生活也要依靠劳动谋生，参与经济和社会建设，这些正常社会生活的基础都离不开对社区矫正人员人民主体地位的尊重和保障，不仅是对公民合法权利的保障，还有对其人格和主体地位的尊重。应当基于这一前提预设，再通过严格的法律程序去额外做社区矫正人员权利限制的"减法"。法律系统内运行的各种法律规范和各项具体工作都要尊重社区矫正人员的人民主体性和目的性，始终坚持"以人民的根本利益为标尺"。[①]只有基于这一理念对法律系统的法律制度规范进行全面梳理，才能在法律系统中建立起适宜个体系统耦合渗入的环境，对社区矫正人员所面临的社会排斥、刻板印象、否定约束、自我效能感低等多重困境有效纾解[②]，进而促进个体系统与法律系统、社会系统之间的渗透融通。

[①] 中央文献研究室：《十八大以来重要文献选编》（上），中央文献出版社，2014年，第70页。
[②] 社区矫正人员因"双重身份"（社区居民、触犯刑法的犯罪人）也承受着来自周围环境的压力，一些法律法规、司法解释、地方性法规、机关条例在某些方面客观制约了其再社会化的进程。改正自我、自立于社会的迫切需求在现实生活中受阻，降低了社区矫正人员的自我效能感。参见陆小云、刘亚楠、苏克刚：《共建共治模式下社区服刑人员的多重困惑与纾解》，《南京工程学院学报（社会科学版）》2021年第1期。

三、加强程序性权利保障和救济

2004年5月,司法部明确规定了对社区矫正人员要加强人格尊严、人身安全、财产安全以及辩护等程序权利的保障。[①] 此后我国多个社区矫正试点规范性文件和《社区矫正法》中均重申强调了社区矫正人员的权利保障问题。但是这些条文中基本只规定了人身权、财产权和社会保障权等实体性权利,对于辩护、申诉等程序性权利保障却未提及,而《刑事诉讼法》中的相关程序性权利保障的规定又相对原则和宽泛,不够具有针对性,对社区矫正制度发展中出现的新变化、新问题应对也不够及时。从社区矫正制度的运行流程来看,社区矫正人员程序性权利的行使尚先于实体性权利,其知情权、程序选择权、辩护权和获得法律帮助等权利自审前阶段起就应受法律保障。

正如有学者指出,刑事案件律师辩护全覆盖是人权保障在刑事司法领域的应然要求和实然需要。[②] 不少地方已实现律师见证认罪认罚从宽案件全覆盖,保障值班律师参与量刑协商,并且我国出台了一些规范性文件进一步推动刑事案件律师辩护全覆盖。[③] 目前,我国基于刑罚执行视角下的社区矫正制度中却并未对此引起

---

① 《司法行政机关社区矫正工作暂行办法》第21条规定,"社区矫正人员在接受社区矫正期间人格不受侮辱,人身安全和合法财产不受侵犯,享有辩护、申诉、控告、检举以及其他未被依法剥夺的权利"。
② 詹建红:《刑事案件律师辩护何以全覆盖——以值班律师角色定位为中心的思考》,《法学论坛》2019年第4期。
③ 最高法、最高检、公安部、国安部、司法部于2017年8月联合印发了《关于开展法律援助值班律师工作的意见》,随后最高法、司法部进一步出台了《关于开展刑事案件律师辩护全覆盖试点工作的办法》,旨在充分发挥法律援助值班律师在刑事诉讼中的职能作用,依法维护和保障刑事被追诉人的权利,促进刑事司法公正。

重视,对辩护、法律援助、程序选择等权利未进行专门规定。社区矫正被视为审判后续的执行环节而存在,似乎一切争议此时都已尘埃落定,只需要沿着一条流水线执行下去即可,功能和范围的局限导致社区矫正人员的辩护权等程序性权利只能依附其他刑事司法制度实现。社区矫正制度作为我国刑事司法制度中重要的一环,对社区矫正人员(被追诉人)加强程序性权利保障不容忽视,尤其是当社区矫正程序机制日趋完善和复杂,对于辩护和法律帮助的专业能力要求只会更高,知情权和程序选择权的有效行使对其利益影响更大。随着社区矫正适用的范围扩大,如在审前阶段可以根据情况适用社区矫正,则在调查评估和决定适用过程中应同样保障其充分行使程序性权利。

一是律师审前介入提供法律帮助。帮助拟适用社区矫正人员了解认识社区矫正制度,明晰权利义务关系和相关法律后果。进一步加强近年改革创新的刑事司法制度间的衔接,包括应赋予监察程序中认罪认罚、有可能适用社区矫正的被调查人提前获得律师帮助的权利。[①] 审前阶段决定适用社区矫正的案件应允许控辩双方协商,被追诉人既有接受审前转处社区矫正的权利,同样也有拒绝或申诉的权利,此时需要值班律师或辩护律师帮助其更好地在审前转处分流过程中行使程序选择权,确保程序选择的自愿性。

二是在社区矫正调查评估环节加强辩护权保障。社区矫正调查评估意见一方面已经成为法院在审判量刑以及宣告缓刑时的重要参考,另一方面还可能对后续的程序适用产生影响。调查评估内容也必然涉及行为人主观恶性、社会危害性等违法犯罪事实情

[①] 詹建红:《认罪认罚从宽制度在职务犯罪案件中的适用困境及其化解》,《四川大学学报(哲学社会科学版)》2019年第2期。

节，因此会对被追诉人在刑事诉讼过程中实体权利和诉讼权利产生重要影响。此时理应保障在调查评估环节中的辩护权行使，按前文所构想的多向交流沟通协商过程中应允许被调查评估者一方提供相关辩护意见，必要时通过值班律师给予相关法律援助。

三是加强在法律责任转化中的控辩协商。如前文所构想，在适用社区矫正时对社区矫正人员的权利义务宜采取订立协议的形式予以固定。除了依据法院判决必须强制履行的义务之外，还存有一些根据案件和个体情况定制的特别条款，属于需要协商约定的内容，如接受治疗、尿检查验、赔偿补偿、社会服务等。由于被追诉人与检察机关在协商过程中客观存在强弱不对等、信息不对称等问题，可以通过律师全面参与协议条款协商和定制的方式解决，所以对被追诉人没有聘请辩护律师的，由值班律师为其提供法律方面的专业帮助，可以确保协商所订立矫正协议的公平性。在这方面考虑到地方政府财政支撑能力整体有限的情况，应当引导社会资本和社会力量（包括法律援助组织和律师事务所）加强参与，通过募集社会经费投入以弥补中央财政拨款经费的不足。①

四是社区矫正人员的申诉、控告、检举、申请回避等权利应当形成制度性保障。社区矫正人员对判决裁定不服可以有上诉、申诉的权利，除了遵循"上诉不加刑"原则不得加重其刑罚之外，也不将社区矫正人员依法行使申诉权利视为抗拒或不配合社区矫正的表现。对于可能影响案件调查评估、决定适用、监管执行等公正性的有关工作人员，应保障当事人申请回避的权利。当社区

---

① 詹建红：《刑事案件律师辩护全覆盖的实现模式》，《中国刑事法杂志》2022年第4期。

矫正对象的合法权益受到侵害时，他们有权检举控告或向司法机关起诉，检察机关应当畅通法律监督渠道，加强工作力量向一线下沉，加强对社区矫正人员的权利救济保障。

四、保障社区矫正人员在社会中的其他合法权利

犯罪者的法律关系主体资格与其他公众平等，非异己者。[1] 我国社区矫正人员在刑事诉讼和监狱服刑中的权利保障体系相对较为成熟，经过几十年的法治建设已经卓有成效，公安机关、司法机关和司法行政机关能贯彻落实相关制度措施，但是对社区矫正人员在社会中的合法权利如何保障，尚处于探索阶段。并且社区矫正人员所面临的开放式社会场域较封闭的刑事诉讼场域和监禁场域更为复杂多变，涉及众多主体共同行动，对社区矫正人员权利地位的认识理解参差不齐。为此《社区矫正法》中已有部分考虑，规定社区矫正人员在社会生活中"就业、就学和享受社会保障等方面不受歧视"，这一规定还有待丰富，需要全面涵盖社会生活。在未成年人社区矫正特别规定中提到对未成年社区矫正人员在复学、升学、就业等方面受歧视的，由教育、人力资源和社会保障等部门依法作出处理。[2] 这种规定还需要涵盖成年人，成年的社区矫正人员在复学、升学、就业等方面受歧视的也需要保障和处理，也需要建立保障机制。实际上，有些社区矫正人员在社会生活中受到言语讥讽、削减工资等情形，有的歧视甚至来源于机

---

[1] 高艳东：《从仇恨到接纳罪犯：个人与社会立场间的刑法抉择》，《环球法律评论》2006 年第 3 期。
[2] 《社区矫正法》第 57 条规定："未成年社区矫正对象在复学、升学、就业等方面依法享有与其他未成年人同等的权利，任何单位和个人不得歧视。有歧视行为的，应当由教育、人才资源和社会保障等部门依法作出处理。"

关、企事业单位和人民团体的内部规章制度或不成文要求。① 当前应当在立法中基于社区矫正人员的主体地位着重健全其在社会生活中相关合法权利的保障体系。

一方面，对社区矫正人员的权利限制应当明确而清晰，不仅是承担刑事责任带来的权利限制，还包括由于其违法犯罪行为所引发的民事、行政方面产生的权利限制。目前，对社区矫正人员各种权利限制的规定有些分散，有时还有层层加码的情况。应当在决定适用社区矫正时就根据法律规定进行梳理统合，形成一张具有法律效力的权利义务清单，明确限制权利的内容、期限、形式和违反后果。除此之外，行使个人权利与社区内其他人无异，国家机关制定法规和规章时也不能另行加码，社会中的各单位、各主体均以此为准，除法律有明文规定外不得另行设置门槛限制。待社区矫正多元处遇机制成形，社区矫正人员与"犯罪分子""服刑人员"身份标签脱钩后，还应当考虑在其他法律中将以往针对"犯罪分子""服刑人员"的权利限制与社区矫正人员的权利限制进行区分。

另一方面，社区矫正人员在社会中的合法权利应当由法治保障路径实现。在《社区矫正法》中为体现尊重和保障社区矫正人员人权，可以设立单章专门规定社区矫正人员的基本权利，仅列

---

① 有些单位的内部规章制度相对较为陈旧，并未根据《社区矫正法》及时更新，在对社区矫正人员的处遇上仍然沿用十余年前对待"犯罪分子"和"监禁服刑人员"的方法。学校对于构成犯罪的学生相关开除学籍的规定就是力证之一，以往因监禁刑占据主流，学生服刑期间自然无法完成学业，为了便于学籍清理，基本都是开除学籍，目前关于社区矫正人员复学、升学的问题尚未引起教育部门的重视，还有很多行业禁入也未对社区矫正人员网开一面有所区分。而用人单位的不成文要求限制则显得更为隐蔽又随意。

举"就业、就学和享受社会保障"这三个方面是远远不够的。需要尽可能地把容易受到侵害和歧视的权利考虑得详细、周全,要规定对侵犯社区矫正人员合法权利的单位或个人进行处理或实行惩治措施。明确社区矫正人员的司法救济措施,畅通救济渠道,支持合理合法维权,包括付诸诉讼解决,应及时为其提供法律帮助,保证社区矫正人员的权利能得到有效救济。

第五章 教育帮扶功能视角下我国社区矫正实体措施改良

个体系统的教育帮扶功能应当主要通过对实体措施进行改良得以实现，发挥承上启下的作用。即通过强化实体措施的教育帮扶功能，一方面能与人权保障功能形成良好的目标契合，加强程序机制与实体措施的有效衔接；另一方面，教育帮扶功能的实现又能促使个体系统与社会系统加速渗透，向其延展功能互惠的链条，降低两系统之间的耦合难度。

正如前文分析，社区矫正在实施过程中必须摆脱政府一厢情愿的强迫矫正，那是低质量的单向输出，而应当基于双向沟通后的合作进行多元化矫正。社区矫正制度在世界各国所呈现的样态和种类各不相同。[1] 关于国外社区矫正措施的种类，也有学者作了较深入的研究，根据措施类型分为监督方案、居留方案、释放方案、延缓执行、附条件释放、社区

---

[1] 例如，联合国《非拘禁措施最低限度标准规则》（东京规则）中规定的判决后使用的非拘禁措施就包括：1. 准假（furlough）和重返社会训练所（half‐way house，又译为"中途之家"）；2. 工作或学习释放（work or education release）；3. 各种形式上的假释；4. 宽恕（remission）；5. 赦免（pardon）。

监督与控制等六类。①

  实际上，社区矫正的措施如何命名并不重要，每一项都可以予以解构看作是一种或多种实体措施（如监督管理、教育帮扶或强制执行）组合而成，这些实体措施通过不同的排列组合可以创造性地产生大量富有针对性、实践性的社区矫正"套餐"。社区矫正实体措施的创新和完善最终需要围绕"人"这一中心展开，依靠更加科学化的分级分类、更加精细化的社会分工和更加专业化的服务体系作为支撑。

  在个体系统功能实现过程中必须尊重个体的心理规律和意识特点，其中关键在于如何发挥教育帮扶所产生的内化作用，而不是形式主义的"填鸭式"改造。"自我效能感"这一概念由美国心理学家班杜拉提出，是指人们对自身能否利用所拥有的技能去完成某项工作行为的自信程度以及对自己某种行为会导致某一结果的推测，如果人预测到某一特定行为将会导致特定的结果，那么这一行为就可能被激活和被选择，一般认为自我效能感的主要来源包括：成功经验、社会劝说、模仿替代、身心状态等四个方面。② 自我效能感也是个体系统与法律系统、社会系统渗透连接和发生互动的一项重要因素。此时可以增强个体系统在社区矫正中

---

① 通过对国外社区矫正实体措施梳理后分为六类：1. 监督方案，包括社区服务、罚金或抚慰金、震慑性监禁；2. 居留方案，包括药物成瘾治疗、心理辅导和就业培训等；3. 释放方案，包括工作释放、离监探亲、中途之家、亲属同居等；4. 延缓执行，包括附条件暂缓宣告刑罚或暂缓执行已被判处的刑罚；5. 附条件释放，主要是假释、附条件释放制度，如美国的善行折减制、刑期重新宣判制和紧急释放制等；6. 社区监督与控制，也称中间制裁，包括强化的缓刑监督、家庭监禁、电子监控。

② 从20世纪80年代中期开始，工业和组织心理学家逐渐开始关注自我效能感在组织行为领域中的应用研究，比如自我效能感与工作绩效、工作态度及相关工作行为关系的研究。参见姚凯：《自我效能感研究综述——组织行为学发展的新趋势》，《管理学报》2008年第3期。

的"自我效能感"为方向,在实体措施中加强教育帮扶功能与人权保障功能之间的衔接,进一步促进个体系统与法律系统之间的耦合,形成功能互惠的"链接键",切实提升教育帮扶等各项措施效能。同时以个体系统的教育改造成效增强社会系统参与矫正的动力和信心,进而增强个体系统与社会系统之间的渗透关联。

第一节 优化监督管理措施

监督管理措施是社区矫正制度推进实施的条件之一,虽然不直接产生矫正效用,但在社区矫正过程中不论是惩罚还是教育都需要借助有效的监督管理得以确保矫正顺利实施。社区矫正机构依法对社区矫正人员在接受社区矫正过程中的思想、行为与状态进行检查、督促、评估以及安排处遇的活动都属于监督管理范畴。监督管理措施的完善应以保障个体系统的功能实现为导向,通过对不同类型个体的行为科学督导帮助其建立一定的成功经验,获得起步阶段积极的自我效能感,同时为教育帮扶功能实现拓展积极、肯定的组织情境影响,进而取得个体系统与法律、社会系统之间的协调。

一、分类管理科学化

监督管理的分类方式决定了资源投入的侧重和分配的方式需要有差异,避免不论社区矫正人员的具体情况以"一刀切"的方法去平分矫正资源。目前,关于社区矫正的分类管理理论研究尚有分歧:有危险管理论,认为要根据社区服刑人员的社会危险性或者人身危险性程度进行分类管理;还有服务需求论,认为要根据社区服刑人员需求情况进行分类管理。前者主要侧重于行为监督，对具有不同危险性的个体采取有针对性的行为监督；后者侧重于提供帮助，满足不同程度和不同内容的个体需求。① 例如基于危险管理论，为了有效地控制危险，需要根据风险评估结果科学地确定监管资源投入程度，矫正资源投入与人身危险性成正比，包括在确定监管者所负责的社区矫正人员数量时，也要考虑人身危险性，对危险性高的就应当缩小案件量使矫正官员所管理的人数少一些，以便使他们能够有更多的时间和精力更好地监督这些人，反之亦然。

国内对社区矫正分类管理依据的标准也存在实践差异，有的地方根据适用的实体措施不同而进行"分类管理"（如北京、山东）或者"分等级管理教育"（如安徽），还有的地方根据社区矫正人员被判处刑罚和服刑状态进行分类，包括对管制、缓刑、假释、暂予监外执行这四类情形在执行刑罚过程中如何实施监督管理。②《社区矫正法》及后续的《社区矫正法实施办法》基本也是依据这四类情形提出分类管理的具体要求。

对社区矫正监管措施进行分类的目的是满足监督管理需求，是根据不同的标准对不同案件种类进行分类管理，并对不同情形的社区矫正人员进行有效监督管理。即结合违法犯罪种类和分流处遇情况按照决定适用的社区矫正监督管理内容及方式进行分类，这实际上是对前文所述的分流处遇的一种衔接，只有分类之后才

---

① 刘渝峡：《社区矫正制度研究》，西南交通大学出版社，2016年，第106页。
② 如江苏某地根据执行刑罚类别设置了直接管理、片区管理和司法所管理三类。直接管理是县级社区矫正机构对管制、假释、暂予监外执行三类社区矫正对象采取直接管理模式；片区管理是县社区矫正机构基于地理位置建立了若干分中心作为派出机构，承担片区内缓刑人员的管理，采取执法工作与司法所剥离的做法；司法所管理受县级社区矫正机构条件限制，仍然需要委托司法所承担大量的社区矫正日常管理工作。参见刘强、金峰：《对江苏省如东县社区矫正机构分类管理创新的思考》，《中国司法》2020年第9期。

第五章　教育帮扶功能视角下我国社区矫正实体措施改良

能进行归类，提高监督管理的实效。[①] 我国社区矫正制度在运行过程中肩负管理职责的是"麻雀虽小五脏俱全"的司法所，按照乡镇（街道）一级的行政区划确定管辖范围。

在我国社区矫正试点运行过程中，尽管不少地方试图总结凝练自身模式特点，但面临的问题却大同小异，如监管粗放、措施需要完善、协同不足、效率有待提高等，在整个工作体系之中都面临着专业化建设问题。而在美国、加拿大等国，有专门在基层社区惩教机构分别设立的缓刑和假释办公室，两者虽然都属于社区矫正范畴，但其适用的群体存在着较大差别。缓刑犯多是轻罪且大多未接受过监禁刑，而假释犯的罪行相对严重，并且是已经执行相当一段时间的监禁刑后复归社会，两种社区矫正人员需要类似于医院的分科制进行分类管理，同时也有利于按照分类进行专业化建设。[②] 因此应当进一步健全社区矫正监管的分类标准，形成以犯罪类别、执行类型和个体特性进行综合考量的分类标准，对区县一级社区矫正机构按照分类进行统筹和区别化监管。

具体来说，一是从犯罪类别上应当区分故意犯罪和过失犯罪，针对一些社区矫正中常见多发的犯罪（如醉驾）可以根据犯罪特点指定专人进行统一监管；二是要根据执行类型，区分假释、暂予监外执行与管制、缓刑等社区矫正人员的监管，对于执行过程中已受过监禁的社区矫正人员在监管上要有所区分，从封闭的监狱到开放的社会需要平稳过渡适应；三是按照个体特性进行分类，

[①] 社区矫正人员构成具有多样性和复杂性，如果不进行归类处遇，就意味着基层工作人员在不能保证专职的情况下还要应对各种复杂情况和承担各个环节的工作，专业化水平和工作效率无法提升。

[②] 刘强、金峰：《对江苏省如东县社区矫正机构分类管理创新的思考》，《中国司法》2020年第9期。

结合前期全覆盖的调查评估结论,考虑社区矫正人员的年龄老幼、有无家庭、学习或工作等因素进行分组,使监管能适应不同类型的生活环境和不同的矫正任务,有利于激励社区矫正人员的改造积极性。最后才能以此为基础对每种类别的社区矫正人员设置相应的监管周期和监管方式。

这样才能做到根据个体类型和特点对症下药针对其薄弱环节加强监督,帮助个体更好地从矫正行为中得到积极的诊断信息和成功经验,引起自我效能感的提升。这一点在矫正初期尤为重要,仅靠社区矫正人员自己的失败教训和自我约束,不足以使其从过往泥淖中脱离,必须施加足够的外力进行适当干预,才能获得成功经验的"第一桶金"。

二、分级管理精细化

有学者在"分类管理"的基础上又提出"分级管理"的概念,也有学者将"分级"与"分类"进行混同适用。所谓"分级"可以根据社区矫正人员人身危险性大小等因素进行纵向区分,有级别高低之分,与分级变化相对应的是升、降两个词语;而"分类"则一般是横向的身份等类型化区分,不存在升降问题,当条件发生改变只能是重新分类。① 因为在分类的过程中也会同步按社区矫正人员的调查评估结果进行分级,使社区矫正机构拟适用的监督管理措施能够呈现出阶梯性,并随矫正推进呈动态演进。再结合不同的类别划分就可以有更多种监督管理措施搭配,尽量贴合比例原则避免不必要的权利限制或损害。

有学者认为,我国目前社区矫正制度监管粗放化的根源在于

---

① 何显兵、廖斌:《论社区矫正分级处遇机制的完善》,《法学杂志》2018年第5期。

第五章 教育帮扶功能视角下我国社区矫正实体措施改良

"刑本位"思想，即参照监狱管理以完整准确地执行刑罚为目标，强调刑罚执行的程序和内容。[①] 监督管理措施粗放化直接表现为控制型措施占据主导地位，只是按照法律规定的内容进行简单种类罗列，并未依据监管措施的特点进行分级。各地对社区矫正管理分级常划分为宽管、普管、严管三类，宽到什么程度为宽，严到什么级别为严，这三类之间的界限和阶梯并不明显。未结合社区矫正实体措施的特点进行区分，对提高矫正的激励性和威慑性没有充分发挥作用。不同监管等级之间差异小，这种划分在监狱的封闭简单环境中还可适用，但对社区矫正人员来说，放宽不足以激励，管严也不足以震慑，有时会导致社区矫正人员缺乏矫正积极性，得过且过、消磨时间混刑期。

从以人为本的角度，好的人体工程学产品往往都能根据个体情况进行适当挡位调节以贴合不同个体情况，挡位层级越丰富越多元则产品的人体工程学功能越先进。社区矫正的监管措施也应当有类似的挡位层级，以便根据分级动态调整评估进行合适的处遇等级调整。首先是要建立起分级动态调整评估机制，并且在权利限制程度等级上应当尽量清晰明确，这是实现动态调整具体适用的监督管理措施等级的基础。因此，比较妥当的做法是按要求建立内容全面、程序合理、易于操作的社区矫正人员考核奖惩制度的同时，可以同步实行计分制监督管理等级动态考核。

当前需要进一步丰富完善我国社区矫正相关监督管控措施，形成有层次性、区分度并且易操作的监管措施体系。参考国际上常见的监管措施，笔者认为可以根据监管措施的作用机理和对我

[①] 张凯:《国外社区矫正监督工作实践对我国的启示》，《人民论坛》2013年第12期。

国社区矫正人员的权利限制/剥夺程度具体分为四级。第一级：监督履行。这一级监管措施最为轻缓，基本不涉及在日常生活中的权利限制/剥夺，以督促社区矫正人员履行法律义务、配合接受矫正为主，包括日间报告、尿检血检等措施都可以归于此类。第二级：限制权利。较第一级管控程度相对趋严，对社区矫正人员的某些权利进行了明显限制，如禁止令，对其活动类型、区域、场所和接触对象等进行限制；电子定位措施，对其活动轨迹和个人隐私等权利有所限制。第三级：强制履行。即以强制或封闭手段确保社区矫正人员必须配合履行某些矫正义务，包括强制到场、强制学习以及强制戒毒、强制医疗等短期封闭管控措施。第四级：羁押监禁。即一定时期内完全剥夺社区矫正人员人身自由，包括对可能逃跑或者可能发生社会危险者执行逮捕、对暂予监外执行者收监执行、刑罚易科等，此外还有一些间歇或短期的监禁措施如矫正训练营、休克监禁也常被视为社区矫正措施。上述分级中相当一部分监管措施并未在我国社区矫正制度中建立健全，或者有类似的措施但是未纳入社区矫正范畴，建议在下一步《社区矫正法》修法中予以考虑，为社区矫正决定机关和执行部门提供更多的手段方法选择。

三、无感监管信息化

为了建设人民满意的服务型政府，深化"放管服"改革，多省市目前均基于"互联网+监管"的思路对传统监管进行迭代升级，主要以数字化、智能化为特征，以扁平化、协同化为引领，提出了"无感监管"的新模式。① 经笔者收集整理相关新闻报道，

---

① 许垚、庄晨曦：《提升"互联网+监管"发展水平推进国家治理体系和治理能力现代化》，《宏观经济管理》2021年第5期。

政府目前推进这一项改革主要用于市场监管、外贸税收监管、工地监管等改善营商环境的目的，通过创新监督检查方式尽量减少在监管过程中对市场主体正常经营的干扰，逐步形成以事前预防为主，事中控制、事后检查为辅的全线管控工作机制，最大限度地减少事中、事后处罚对市场主体发展的影响。① 笔者认为，这一改革创新思路同样适用于对社区矫正人员的监督管控，好的监管应当在尽量减少对社区矫正人员正常生活干扰的前提下进行最广泛、全面、持续的督促和关照，通过技术手段提高监管效率，加强违法违规行为的事前预防和事中控制，尽量不要等其发展到无可挽回的地步再进行处罚。只有这样才能为教育帮扶功能的实现预留时间、精力并拓宽发展空间。

司法部于2019年试点开展"智慧矫正"信息化建设，提出了"一个平台、两个中心、三大支撑体系、四个智慧化融合"的基本架构。② 各地各级司法行政机关自开展试点以来积极探索拓宽社区矫正监督管理措施创新空间，尝试应用新技术和新方法，适应快速的社会发展变革。在科学分类分级的基础上，可以确定监督管理措施未来发展的若干方向和趋势，基于不同模式可以结合科技发展和思想变迁对措施进行创新。③

一方面，无感监管信息化需要从人工显性监管向信息化隐性监管进行迭代升级，尝试应用大数据、人脸识别、人工智能等数

---

① 陈慧慧：《探索"无感监管"激发市场活力 海南多举措促进跨境电商规范发展》，《海南省政府网》2021年11月30日，https://www.hainan.gov.cn/hainan/tingju/202111/c5475a4ea91f43ecb2b754b8531a3c0c.shtml.
② 李如林等：《中国法律年鉴2020》，中国法律年鉴社，2020年，第238页。
③ 例如，以按时报到为核心的常规监管制度、以风险评估为核心的分类管理方法、以手机定位为核心的电子监控技术都可以尝试技术创新，"远程电子数据取证""第三方监控"等新型监管方式也有助于解决在线跨区域执法等技术难点。

字技术手段进行行为轨迹监督管理，加强智能互联在基层治理中的创新应用。在实践中，已有某些地区人大、法院等探索深度应用人脸识别技术、射频识别技术（RFID）打造智能会议管理无感签到，会议结束后可以自动生成包含会议人数、参会率等数据的统计报表，实现智能化动态监督，一举解决了传统会议方式签到耗时长、数据统计难、监督效果差等问题。① 无感监管的创新思路和举措应当推广应用于社区矫正人员监管和教育帮扶中，将社区矫正工作人员从"数人头""打卡签到"等简单枯燥的盯防事务中解脱出来，更多地进行协调组织和工作谋划。社区矫正人员减少不必要的负累之后才有更多精力参与教育帮扶项目重获新生。后续在确保监督管理到位的前提下，双方才能进一步共同实现教育帮扶功能。最后需要建立健全社区矫正专门的观测评估指标体系，及时总结经验成效，从完成率、累犯率等数据着手评价各项教育帮扶措施效果，根据评估结果适时调整优化。

另一方面，无感监管信息化的实现必须以平台化、规范化为基础。② 我国目前还需要提高重视程度，尽管不少地区已经根据《社区矫正法》和《社区矫正法实施办法》制定了本省市的相关实施细则，其中也都提及建设社区矫正一体化平台，相关信息规范录入，同时以此加强与法院、检察机关、司法行政机关之

---

① 王若琳：《龙岗法院实现会议管理智能化》，《深圳特区报》2018 年 8 月 5 日 A4 版；苏国义：《电子签到进会场 代表可实现"无感"通过》，《淮河早报》2020 年 1 月 6 日第 3 版。
② 2012 年美国奥巴马政府发布《大数据研究和发展计划》，成立大数据高级监督小组，投入大量经费推动相关技术研发，从而使美国一跃成为全球首个将大数据上升到国家战略层面的国家，并且在实践中积极推动数据整合，建设官方公共数据资源分享平台，对数据进行隐私保护处理后向公众及时公开相关数据，重视数据的动态更新。

间的信息互通共享。但实际建设需要周期，建设效果也参差不齐，另外仅有社区矫正的管理平台和信息库也是远远不够的。公共数据平台建设的顶层设计应该视野更开阔一些，加大相关建设投入，建立大数据管理机构，打通从立案到执行的数据全链路，打通部门间、层级间数据壁垒，构建一站式刑事司法数据管理平台，通过政企合作推进高新技术在司法领域的研发和应用，搭建司法智慧化管理和运行平台，社区矫正工作方能借助平台实现无感监管信息化。平台建设的另一个目标在于规范化，以规范化和标准化理念推动监管平台建设，出台相关法律法规和规范制度来规避平台运行风险，从而推动监管规则体系实现规范化、标准化、可追溯的管理模式。社区矫正人员相关大数据信息平台建设必须有配套的政策法规和技术规范，规范大数据的收集、发布和应用，要更加注重保护个人隐私和信息权，确保信息和数据安全。

第二节 改进矫正教育措施

一、从"改造"到"教育"的理念转变

我国曾经针对犯罪者主观认知和价值本位的处遇措施常用"改造""教育"概念或者二者合用，实际上"改造"和"教育"是两个既有联系也有区别的概念。改造是指通过某些方式改变犯罪者的思想、心理和行为，预防其再犯并使其复归社会成为守法公民的措施。学界也长期在刑事政策和法律法规中将对罪犯实施的除死刑之外的刑罚执行统称为罪犯改造，存在着不少将教育与

改造混同使用的情况。① 然而改造和教育的区别在于，改造是一个非常客观笼统的概念，并不能直接显示其发挥作用的机理，它可以是强制性的。例如，曾有人借鉴精神病领域的电休克治疗法用于戒除青少年网瘾属于行为改造，是试图建立一种行为主义学派所倡导的经典性条件反射。② 或者通过化学阉割、外科手术等方法改造降低性犯罪者的性欲望强度，这些都不能视之为教育。改造追求的是符合目的的扭转行为方式的客观结果，对过程及形式则不甚在意，可能带有一种理所当然、居高临下的俯视姿态，接受改造者缺乏主体地位，其更容易陷入被动、消极和抵触的僵局。

在理论界，我国学者一般认为人权的内容包括知情权和表达自由权、隐私权、受教育权、居住权、环境权等具体权利。③ 受教育权是我国《宪法》规定的基本人权，联合国《经济、社会、文化权利国际公约》第13条也规定人人有受教育的权利。即便罪犯属于戴罪之身，但却不失公民之身份，仍然享有作为公民的基本人权，因此受教育权理应获得尊重和保障。在社区矫正制度中落实思想教育法治化、社会化和个性化，是法律系统与个体系统和社会系统耦合的重要基石。当然，在社区矫正制度中的教育与传

---

① 如有学者认为，"教育改造是指我国监狱依法对判处有期徒刑、无期徒刑、死刑缓期二年执行的罪犯，在执行惩罚过程中，以转变罪犯思想、矫正罪犯恶习为核心内容，结合文化、技术教育有计划、有组织、有目的系统影响活动。"参见兰洁：《教育改造学》，法律出版社，1999年，第31-32页。
② 美国哈佛大学学者斯金纳在《有机体的行为》一书中提出了行为改造理论，研究激励目的和改造、修正行为之间的关系，包括强化理论和挫折理论，认为人的行为只是对外部环境刺激所做的反应，当行为结果对自己有利时，种种行为就会加强或重复出现；当行为结果对自己不利时，这种行为就会减弱或停止。
③ 齐延平、于文豪：《中国人权法学的学科独立性初探——以2008年的研究成果为基础》，《山东大学学报（哲学社会科学版）》2009年第3期。

授知识的学历教育或学科教育有本质区别，可以定义为"矫正教育"，即以社区矫正为核心进行教育体系和教育内容的设计。同时考虑到每个受教育个体的差异和犯因性因素差异，矫正教育又需要具有一定的弹性和张力，能够更贴合个体矫正和犯罪治理的实际需求。

在法治的宏大叙事中，与立法、司法和执法相比，教育似乎只是法治末梢，然而从犯罪和社会治理层面来看，教育却是发挥作用的"最后一公里"，起到认知发展干预和重建的作用。应当说，社区矫正要发挥治理效能，最为关键的环节既非惩罚制裁也非监督管理，而恰恰是教育对个体由外及内的改变，"矫正"即是"教正"。教育能够取得的预防和矫正效果是否持久深入有效，直接决定了社会治安状况和社区群众看待社区矫正的态度。一方面，法律系统会根据社会系统的期望确定对个体系统矫正教育的内容和形式；另一方面，社会系统在法律系统的引导和规制下为个体系统矫正教育提供服务支持。法律系统对个体系统的直接限制干预是有时限的，必须在时限范围内完成由他律到自律的转变，使个体系统在脱离监管后仍能按照符合法律系统、社会系统所期望的方式进行自我指涉和自我生产，才是真正达成了矫正的目标。

复杂多变的社会治理形势须有更为专业有效的教育措施，更能充分激发治理的效能。然而针对社区矫正中的教育特点和规律、教育方法和措施，目前相关的研究较少。我国在处遇和预防犯罪时仍有不少思想观念受到行为改造理论的影响。目前的社区矫正制度从设计到运行主要遵循法律规则而一定程度上忽视了教育规律，比较重视权力行使。教育要求不仅追求引发弃恶从善的结果，同时也注重在教育过程中的平等、尊重和沟通。在教育的语境下，接受社区矫正者的主体身份和人格尊严获得更多保障，更容易唤起其主体意识和自我意识。社会化的教育同时还发挥了"社会劝说"的作用，有助于加强个体对自身概括化的自我效能，产生信任、自尊等积极影响，有效地减少在教育过程中的抵触和排斥心理，对社区矫正工作的心理认同和积极配合，会更容易取得合作共赢的局面。因此，完善社区矫正制度的矫正教育措施需要理念更新，由"改造"向"教育"转变。

二、社区矫正教育内容的更新

如何确定矫正教育的内容非常重要，需要根据不同的个体情况科学制订相关的方案计划。若采取职权主导的模式，通过社区矫正机构根据自己的主观判断或者客观能力为社区矫正人员制订相应的矫正计划，此时社区矫正人员处于被动接受地位，很有可能导致社区矫正变成政府部门一厢情愿的供给。而采取个体主导的模式，则面临自由放纵的问题，社区矫正人员可能避重就轻，或者期冀的帮扶支持超出了社区矫正机构的实际能力范围。在教育过程中，自我效能感的激发固然重要，但对个体系统期望的尊重并不代表不加区分全盘接受，个体的需求也有合理和不合理之分，教育内容应当有正确的导向性，在法律、社会和个体之间寻求均衡。对社区矫正人员的教育不能是宽泛的知识教育或者文化教育，除青少年等特殊群体之外也不适合按照学历教育模式推进，要避免形式单一、流于形式，具体而言应当从三个方面进行教育内容的更新。

一是开展法治教育，从教育内容上推动个体系统与法律系统的耦合，完成从法制教育到法治教育的定义转变。《社区矫正法（征求意见稿）》中尚在使用"法治观念"一词，而随着我国2018

第五章　教育帮扶功能视角下我国社区矫正实体措施改良

年《中华人民共和国宪法修正案》将"序言"中"健全社会主义法制"修改为"健全社会主义法治",标志着我国开始从根本上推进"法制建国"到"依法治国"的重大历史转折,因此在《社区矫正法》中使用了"法治教育"这一定义,但是在基层工作实践中想完成由"法制"向"法治"的转变绝非易事。首先,对已发生的行为进行认罪伏法教育,基本要求是社区矫正人员从内心深处意识到违法犯罪带来的危害性,深刻反省违法犯罪带来的危害后果,积极承担法律责任并服从配合各项监督管理和教育帮扶措施;其次,权利义务教育,针对在矫正过程中自身的合法权利和受限制权利要有正确的认识,认真履行责任义务,帮助其更好维护自身合法权益的同时减少不合理的非理性期待;最后,加强对今后违法犯罪的预防教育,对社区矫正人员开展普法教育,发挥法律的指引和教育作用,划定边界红线,增强其法律意识,做到知法懂法,依法规范自身言行防止再犯。

二是开展新时代劳动教育,从教育内容上推动个体系统的自我革新,继承中华人民共和国成立以来的优良犯罪治理传统,大力倡导加强新时代社区矫正劳动教育。这里的劳动不应侧重惩罚而要回归教育功能。因为劳动教育是新时代党和国家对教育的新要求,具有综合育人价值,可以树德、增智、强体、育美。[①] 在不影响社区矫正人员正常学习、工作、生活、治疗的前提下,合理安排其参加公益劳动或非营利性劳动,加强劳动教育,培养劳动能力、养成劳动习惯,帮助其树立正确的劳动观和价值观,能自力更生也是社区矫正目标的内在要求。劳动教育不应在当前《社区矫正法》立法中被忽视淡忘,必须正确认识,劳动确实可以教

---

① 陈宝生:《全面贯彻党的教育方针 大力加强新时代劳动教育》,《人民日报》2020年3月30日第12版。

育人、发展人、解放人,可以重塑社会关系。劳动教育不是单纯的照本宣科勤劳致富等大道理,也不是简单传授劳动技能技巧,更不是社区矫正人员在家中闭门造车,而应当置身于社会化劳动实践活动中,使其切实从劳动中有所成长、有所收获,通过身体力行和耳濡目染的方式达到"知行合一"的教育。劳动教育须坚持公益属性①,不能压制强迫劳动或视之为社区免费劳动力。社区矫正人员的劳动权不仅是有参与劳动的权利,也有领取相应劳动报酬的权利,如果社区矫正人员衣食无着时,还要求其做无偿劳动甚至自己倒贴路费、餐费、话费等必要开支,这本身就不符合人道主义,也很难使人心甘情愿地执行。此外,公益劳动还是一种公共资源,当其零成本获取时很容易滥用。因此,社区矫正中的公益劳动理解不应严格局限于无偿劳动,在实施过程中可以在社区范围内创新开展非营利性劳动服务,并允许参与劳动的社区矫正人员获得适当的劳动补偿。这一点不仅适用于传统观念中认为的好逸恶劳的盗窃犯、诈骗犯等群体,同样有助于其他违法犯罪者能够在今后的生活中以积极主动作为的态度直面或多或少必然存在的生活困境。

三是加强思想政治教育,从教育内容上推动个体系统与社会系统的耦合。以做人的思想工作为核心,不仅是《社区矫正法》中所提到的道德教育,而是要全面提高社区矫正人员的社会意识和道德素养。关于在社区矫正过程中的思想政治教育方面的研究目前较少,在法律系统功能中应淡化政治治理色彩,但是在个体系统功能层面反而需要发挥思想政治工作的引领作用。社区矫正

---

① 《社区矫正法》规定,社区矫正机构可以根据社区矫正对象的个人特长,组织其参加公益活动,修复社会关系,培养社会责任感。此处的公益劳动并非社区矫正人员的刑事义务,属于矫正教育的内容之一,因此落脚点在教育而不是制裁。

人员是社会中的特殊群体,由于受到成长环境、生活环境和周边犯因性因素的影响,其世界观、人生观、价值观往往较社会主流意识形态有所偏差,需要对其错误、扭曲的世界观、人生观、价值观进行教育纠正。[1] 在社区矫正的思想政治教育过程中,需要把代表国家和社会主流思想的教育者从外部灌输的思想政治教育内容内化为犯罪人自身的思想道德品质,弘扬社会主义核心价值观,引导社区矫正人员明辨是非、善恶、美丑,成为社会主义核心价值观的自觉践行者,通过自身努力实现人生价值。[2] 通过思想政治教育实现教育的第一步"由外及内"内化于心,这是矫正工作取得成效的关键。

三、社区矫正教育形式的创新

教育的主要目的是继承社会上已有的经验和行为模式,实现基本的社会一致性。[3] 教育的有效性在于思想上产生共鸣并达成合作共识,因此必须在目前矫正教育的形式方法上进行改进和创新,尊重社区矫正人员人格,发挥其主体性。有学者指出,目前由于客观条件的制约,不少地区社区矫正教育内容形式还比较单一,以集中教育为主,宣讲形势政策或"心灵鸡汤"式的大道理。大多数社区矫正管理机构采用的教育方式是要求每月上交思想汇报,这种教育方式有可能起不到实际的教育作用,反而会沦为形式主

---

[1] 需要纠正社区矫正人员诸如"我之所以走上犯罪道路都怪家里条件不好"或者"成王败寇,我只是运气不好被抓到了"这种具有代表性的错误扭曲的世界观,帮助其扭转只从社会或他人身上找原因、不从自身反省的错误观点,摒弃拜金主义、享乐主义、个人主义、短期主义等消极负面人生观和价值观。

[2] 吴宗宪:《社区矫正导论》,中国人民大学出版社,2011年,第304页。

[3] 卡尔·曼海姆:《重建时代的人与社会——现代社会结构研究》,张旅平译,译林出版社,2011年,第222页。

义,较一般人群而言对社区矫正人员的教育难度本就偏高,"三观"的扭转也不是上百人的集中宣讲或百度抄来的思想汇报就能完成。①

德国哲学家雅斯贝尔斯在《什么是教育》中说道:"教育的本质意味着:一棵树摇动另一棵树,一朵云推动另一朵云,一个灵魂唤醒另一个灵魂。"目前,在社区矫正中常见的集中教育只是最粗浅的教育形式,是基于基层现实工作压力不得已而为之,看似实现了教育全覆盖,实际这种"撒胡椒面"式的集体教育即使在学习自觉性较高的大学校园中都根本无法保证到课率和抬头率,如同隔靴搔痒,遑论唤醒灵魂。社区矫正还是要坚持以个别教育为主,集体教育为辅的原则,多以一对一谈心谈话或者小组面对面学习交流的形式开展,只有这样才能保证每个个体的实时参与,切实把握个体特征、掌握日常表现,解决思想问题,这也对个体系统与社会系统的有效耦合和参与提出了新期望。在实现犯罪人由内化到外化的隐性教育过程中,还可以通过运用"反向内省"这一教育矫正机制帮助社区矫正人员通过模仿替代的方式增强自我效能感,帮助其实现再社会化。具体方法即基于社区这个载体和在现实矫正过程中遇到的困境为基础,在教育过程中不直接讨论其本人案情,而是根据案情设计出一个在常规工作场景中发生的与案情相似的案例,学习者站在旁观者的立场去论述案例情节并阐明自身观点和看法,当局者迷旁观者清,经过客观理性分析,使学习者能够看到很多在第一人称视角下发现不了的问题,在进行案例分析评价过程中也是对照自省的过程,更容易理解他人和社会如何看待违法犯罪行为,以积极正面的信息替代以往错误的

---

① 周健宇:《社区矫正人员教育帮扶体系比较研究》,法律出版社,2020年,第102-103页。

认知，进而反思和降低自身的社会危害性。①

同时要避免大张旗鼓地开展浅显直白的说教，许多教育界学者提出让学习者亲身体验，融入专门设计的教育活动中。② 因此，教育的既需要面对面的谈心谈话，也需要身体力行地体验，这种体验式、实践式的教育可以在集体教育中采用。例如，美国在1983 年创立了"军训营矫正"制度，针对的对象主要是意志力薄弱、职业技能差、戒不掉吸毒等人群。到 1993 年仅用了十年时间该制度就覆盖了 26 个州，并且建立 57 个军训营，军训营的人身自由限制强度介于监禁刑和保护观察之间，采取军事化模式磨炼受矫正者的意志品质，培养纪律观念和集体观念。经实证分析表明，军训营实训教育与社区矫正思想教育结合后，再犯率远低于未参加军训营而直接保护观察者。③ 在近年我国社区矫正工作实践中已有部分地区组织社区矫正人员集中军训，起到了较好的教育矫正效果。④ 还有的地区组织未成年社区服刑人员参加暑期拓展班，不限于单纯的身体锻炼、意志力训练，还包括手工制作、爱心义卖等实践活动；⑤ 还有的组织未成年人体验"分娩之痛"并观看新生

---

① 高德胜、王瑶、王莹：《隐性思想政治教育在犯罪人社区矫正中的运用》，《东北师大学报（哲学社会科学版）》2016 年第 3 期。
② 可以利用隐性教育的手段寓教于情、立教于境、施教于体，从根本上改变和矫正犯罪人的思想和行为，促使犯罪人形成良好的思想道德素质并外化为他们的日常生活习惯。
③ D. Wilson, D. Macckenizie. *Boot Camps In Welsh & Farrington*, *Preventing Crime：What Works for Children, Offenders, Victims, and Places*, Belmon, Wadsworth, 2005, pp. 73 – 86.
④ 张萍：《甘霖镇司法所组织社区矫正人员进行集中军训》，《嵊州新闻网》2014 年 8 月 7 日，http：//sznews.zjol.com.cn/sznews/system/2014/08/07/018287915.shtml.
⑤ 杨浦区检察院：《杨浦"2018 年未成年社区服刑人员暑期拓展班"圆满落幕》，《上海市人民政府网》2018 年 10 月 18 日，https：//www.shanghai.gov.cn/nw2/nw2314/nw2315/nw15343/u21aw1345303.html.

儿游泳，近距离感受生命的珍贵和尊严。[1] 这些都是非常积极的教育形式创新实践，值得进一步探索和推广。

第三节 丰富帮扶支持措施

一、咨询支持全覆盖

总体来看，咨询支持措施目前仍处于政府主导状态，需要向社会力量主导进行转变。依靠科学的测评体系对社区矫正人员的状态定期进行评估筛选，确定其真实咨询需求，并以此为导向提供包括心理咨询、就业指导等在内的多样化、个性化的服务支持。

一方面，在社区矫正过程中，提供心理咨询服务是矫正者思想情绪稳定接受矫正的基础保障，也有利于降低犯因性因素扰动其再犯。有学者将其概括为社区矫正相关工作人员通过知识传授、行为训练和实践指导等方式，进行心理健康教育、改善心理状况、扭转不良行为的活动。[2] 医学研究证实，心理咨询等矫治措施帮助社区矫正人员克服社会适应障碍，在社会交往过程中言语和行为更容易被他人理解接受，能够有效减少再犯率。[3] 心理咨询的对象范围非常广泛，并非局限于严重的心理疾病患者，更要与精神病治疗予以区分不能混同，甚至很多人误认为心理咨询的对象只是少部分患有心理疾病或精神疾病者。实际上，心理问题是一种局

---

[1] 熊琦、黄钰、常司轩：《20多名未成年社区服刑人员体验"分娩之痛"》，《中国江苏网》2019年10月9日，http://jsnews.jschina.com.cn/cz/a/201910/t20191009_2402735.shtml。
[2] 王文琤：《监外罪犯心理矫正工作现状与思考》，《犯罪研究》2007年第4期。
[3] 李玉焕等：《心理矫正对社区非监禁性服刑人员心理健康的影响》，《精神医学杂志》2013年第5期。

部偶发的异常心理状态,常与某些情况有关,由这些情况诱发。没有这种情况,个体的心理活动则完全正常。正常人也可能会偶发心理问题的困扰。

人们的客观行为与主观心理相对而生、相互影响、互为依存。因此,人的违法犯罪行为是心理活动产生问题的一种外在表现,教育可以解决行为人对是非对错的认识和判断问题,而心理状态则决定了行为人能否基于正确认知去控制好自己的行为,健康的心理状态确保行为模式和自我效能感的稳定。进行社区矫正,不仅是改造其外在的罪错行为,也不仅是教育塑造其思想,还需对其进行心理疏导和心态的重建。笔者在调研中发现,大部分地方只是提供简单的心理咨询服务,且质量参差不齐,全面开展心理矫正措施相关工作的很少。在这方面可以参考高等院校中已经较为成熟的心理健康工作机制,进一步确保社区矫正人员的心理普测制度化、常态化,建立跟踪访谈制度,确保咨询全面覆盖,防止偶发的心理问题对社区矫正人员的思想和行为产生不利冲击。

另一方面,为社区矫正人员进行就业指导具有重要的社会化作用。社区矫正人员常有就业信息渠道闭塞,与社会岗位需求脱节、职业规划规划欠缺等问题。为社区矫正人员提供就业指导,有利于帮助其顺利投入工作,能够依靠劳动获取合法正当的收入,避免因为生活窘迫而萌生犯罪意图,在工作中能够重新锚准新的社会定位,加强与社会系统关联,进而降低其再犯可能性。就业指导主要有三种形式:一是岗位点对点推送,即直接向辖区周边有关企业、单位输送人员至相关对口工作岗位;二是提供就业招聘信息,社区矫正机构与社会职业中介机构合作,提供各类招聘信息;三是就业求职能力提升,社区矫正机构与职业规划和培训机构合作,提供专业化的指导和培训提升求职能力。

笔者在走访调研中发现,第一种方式受辖区条件制约,可选择岗位范围较窄,接受程度并不高。前两种都必须以社区矫正人员的求职和工作能力为基础,而第三种方式需要有较为成熟的就业社会支持系统。[1] 例如,新加坡政府非常重视刑满释放和社区矫正人员的就业问题,他们认为就业能力的提高是降低再犯率的关键,拥有适合市场需要的技能对于社区矫正人员来说非常重要,提供就业机会、培训就业技能主要以企业为核心,建立了具有特色的就业帮扶制度。我国《社区矫正法》也规定了企事业单位为社区矫正人员提供就业岗位和职业技能培训可以享受国家优惠政策。[2]

但是从立法到政策落地中间还有亟待解决的问题——如何提高社区矫正人员的职业技能和就业能力?笔者认为开办职业技能教育中心或鼓励职业技术院校参与社区矫正,可以帮助社区矫正人员了解就业政策、选择适合职业、培训职业技能、获得职业技能证书,最后直接与相关有用工需求的企业对接,进行人力资源订单式职业培训教育,保证社区矫正人员在接受矫正过程中始终有确定的岗位期待和生活目标,并且在今后的工作中可以学以致用,这种实用而稳定的期望能够促使其自我效能感显著增强。司法行政部门与社会力量共建职业教育体系,在一定程度上解决了政府自建职业教育机构的软硬件欠缺和专业性不足等问题。

二、转变生活帮扶理念

社区矫正人员如果没有特殊背景大多会遭遇社会排斥并沦为

---

[1] 高贞:《社区矫正执行体系研究》,法律出版社,2017年,第205页。
[2] 《社区矫正法》第41条规定:"国家鼓励企业事业单位、社会组织为社区矫正对象提供就业岗位和职业技能培训。招用符合条件的社区矫正对象的企业,按照规定享受国家优惠政策。"

弱势群体，在复归社会的过程中面临既有对身份地位的歧视，也有保障救助的申领困难，还有亲属邻里关系的紧张。有相关实证研究指出，社区矫正人员在复归社会之后面临着社会保险体系、社会救助体系和社会福利制度等诸多方面的社会排斥。[1] 任何教育都抵不过生存，在社会排斥和生活压力之下，社区矫正人员有可能矫正失败，依旧成为社会不稳定因素。目前，在矫正实践中常将生活帮扶简单理解为提供物资救济和社会保障，这种简单的物质帮扶措施也容易滋长社区矫正人员错误的认识。[2] 有调查研究显示，在684份样本数据中，"被提供过生活帮助"的占总数据的91%，且基本以经济帮助为主，同时借助结构方程模型分析，显示这种帮助会降低社区矫正人员的生存能力，使其更不独立。[3] 因此，单纯的社会保障救济只能作为短期应急使用，要严格甄别受助对象的具体情况，限定针对生活确实困难的社区矫正人员的一种临时兜底性措施，而不是人手一份的社会福利。最终生活帮扶还应着眼于如何切实改善社区矫正人员的生存能力和人际关系，帮助其形成符合能力增长趋向的自我效能感。

家庭参与矫正工作有利于提升帮扶支持效果和节约司法资源。按照社会学的观点，家庭是社会的基本细胞，也是人类社会生活

---

[1] 金碧华：《对社区矫正假释犯对象在社会保障方面的社会排斥问题研究》，《社会科学》2009年5期。

[2] 例如，在司法部预防犯罪研究所相关调研中发现："一些社区矫正对象对于帮扶工作'情有独钟'，远胜于对服从监督管理和接受教育矫正的重视。有些人认为，自己在社区服务所遇到的各种困难，甚至包括历史遗留的难题都应该得到令自己满意的解决，一心只关心什么时候能够解决、怎样才能得到更好的解决效果。"参见戴艳玲：《社区矫正帮困扶助的基本实践及其发展》，《中国司法》2015年第8期。

[3] 杜延玺：《社区矫正措施有效性实证研究——以B市为例》，吉林大学2019年博士学位论文，第60-101页。

的基础组织形式和个体之间紧密联系构成的整体。社区矫正人员在社区矫正中面临的首要生活问题，就是如何正确处理家庭关系。调查研究显示，社区矫正人员在初返社会生活后面临家庭关系问题的达到了25.1%。[①] 品行良好的家人、亲属能更加有力地给予社区矫正人员较为持久深入的教化和督促，此外也是社区矫正人员在遭遇生活困境时获得物质或精神帮助的重要来源。稳定的家庭关系能够帮助个体建立起稳定的人格并产生社会归属感，不良的家庭环境带来的消极影响会直接削弱甚至抵消矫正效果。因此对家庭关系的恢复与维护是对社区矫正人员生活帮扶的重要内容，家庭关系为其带来的自尊自信和人文关怀也是其他社会关系无法替代的。

对于有就学需要的社区矫正人员来说，协调就学问题也是生活帮扶的重要内容，为有学历教育需要或有主观学习意愿的社区矫正人员解决修读问题具有重要的意义。第一，协调就学的主要目标人群一般是未成年人，如果将收容教养制度也并轨纳入社区矫正制度后，其中可能还有不少需要接受义务教育的未成年人，在学校可以通过教师的关怀与教导、同辈的交流与鼓励以及良好的校园文化氛围，为其提供与同龄人一样的学习生活环境，会更容易保护青少年远离社会不良风气袭扰，有利于促进未成年社区矫正人员矫正不良行为并完成再社会化。第二，有利于为其创造良好的生活环境。社区矫正人员的学生群体也属于受教育对象，学校的根本任务是立德树人，担负着教化学生的社会责任，学校的学习生活环境较社会环境而言更为单纯和适合育人。第三，保障权利平等。如在《预防未成年人犯罪法》《社区矫正法》中都规

[①] 王平：《社区矫正制度研究》，中国政法大学出版社，2012年，第363页。

定社区矫正人员在复学、升学、就业等方面享有与其他未成年人同等权利的规定。① 如果根本不提供机会，又何来权利平等。

三、强化社会融入支持

在社区矫正过程中，教育所产生的作用在于促使社区矫正人员发生个体转变，帮助其成为一个从思想到行为上都具备融入社会的基本条件所需的人。当这一部分问题得到解决后，还需要从外部着手，提供其融入社会的必要保障支持，加强组织和环境对个体的各种持续稳定的自我效能感正向反馈。

人的社会化是社会化理论的核心命题，人类学、社会学、教育学、管理学、心理学、哲学等学科领域的社会化研究基本都是以人的社会化问题为对象。社会化被认为是学习和掌握社会行为方式和人格特征，适应社会角色并积极作用于社会、创造新文化的统一过程。② 一般认为社会化的内容主要包括："习得基本的生活知识、内化社会的行为规范和价值观念、掌握生存的职业技能，以及确立时代的理想信念。具体体现在性别角色的社会化、道德社会化、政治社会化、法律社会化以及心理素质社会化等方面。"③

在我国社区矫正试行的起步阶段，相关研究多聚焦于如何构建正式的法律制度。其后随着试点范围进一步扩大，存在的问题

---

① 例如《预防未成年人犯罪法》第58条规定："刑满释放和接受社区矫正的未成年人，在复学、升学、就业等方面依法享有与其他未成年人同等的权利，任何单位和个人不得歧视。"
② 在社会化过程中，"社会文化得以积累和延续，社会结构得以维持和发展，人的个性得以健全和完善。社会化是一个贯穿人生始终的长期过程。"参见郑杭生：《社会学概论新修》（第四版），中国人民大学出版社，2013年，第116页。
③ 袁登明：《刑罚执行社会化研究》，中国人民公安大学出版社，2005年，第21页。

逐渐凸显，学者们也倾向将问题产生的原因解读为立法不够健全、制度机制不够完善等方面导致。因此关注的焦点整体较为宏观，这种研究视角的优点是可以减少细枝末节干扰，快速搭建法律系统的建设框架；不足之处也是因为视角较为宏观，则缺乏对个体的人文关怀以及所处特定社会场域、社会关系的研究。最后导致社区矫正的实际效果因人而异、参差不齐，社区矫正人员融入社会正常生活的目标难以得到有效保障。

当社区矫正制度中的监督管理与教育帮扶等实体措施对受矫正的个体发挥实质作用，从思想、心理、行为等各方面共同扭转其不良状态之后，还需要社会做出与这种良性转变相适应的正向激励反应。欲解决社区矫正人员的社会融入（再社会化）问题，需要以其社会关系网络为着眼点，将社会性作为社区组织这一社会生活共同体的研究内核，由内至外、自下而上地分析社会融入问题。[1] 社区矫正依靠的是动员家庭、社区、单位和教育机构等社会力量的参与，用柔性的社会教育帮扶达成矫正目标。社区矫正人员的社会关系网络便是沟通微观与宏观、社会与个体之间的桥梁。

违法犯罪行为人难免会令人产生厌恶疏远之心，但是在社会建设中还有一个重要的方向，就是让底层的人活得更好更有尊严，在社会前进的列车上也应该有属于他们的一席之地。如果没有良好的社会融入支持，当他们感觉遭遇困境或绝境活不下去之时，谁会伸出援手，谁又能保证他们不会采取更极端过激的手段反制危害社会。

---

[1] 社会性有三种含义，即社会认同、社会交往与社会关系以及社区组织。参见孙立平：《"关系"、社会关系和社会结构》，《社会性研究》1996年第5期。

第五章　教育帮扶功能视角下我国社区矫正实体措施改良

社会支持系统在社区矫正过程中可以作为社区矫正人员与社会之间的润滑剂，有效缓解个体与社会之间的矛盾冲突，从而在提升矫正效果的同时维护社会稳定。[1] 社区矫正提供的正式支持是官方机构和司法系统所提供的客观支持，往往是在资源、物质和政策层面的支持，对于情感世界显得力不从心，极有可能落得费力不讨好的结果，此时社会力量在社会交往中所提供的非正式支持成为研究的新突破点。

社区矫正人员要融入社会实现再社会化需要重新在社会系统中找到属于自己的社会定位，并重连社会关系网络。这一点决定了他今后的主要生存环境、经济基础、社会关系。许多社区矫正人员不愿意参与社交活动，一个重要的原因是担心"身份"暴露遭遇歧视。因此在执行社区矫正期间并不需要过多关注个体以何种身份进入矫正程序，关键在于社区矫正人员除依法限制或剥夺的部分之外，依然享有合法的公民人格和权利，其在社会生活中的第一身份首先仍是人民群众，其次才是社区矫正人员。在监督管理之外还需要基层社区组织更多关注这些社区矫正人员享有哪些权利，帮助他们更好地在社会中实现公民权利，保障人权免受不当排斥侵害，因为个体系统本就会天然主张和行使自身权利，但权利行使受阻时往往靠自己的力量难以摆脱困境，必须有外部力量介入帮助。而在社区矫正中的人权保障必须依赖社会集体来实现，需要不断推动诸种社会合作机制创新普及。[2]

能够持续参与的社会互动合作有两大特征：其一在于互惠的

---

[1] 贺寨平：《国外社会支持网研究综述》，《国外社会科学》2001年第1期。
[2] 贡太雷：《惩戒·法治·人权——关于社区矫正制度的法理研究》，西南政法大学2014年博士学位论文，第142–143页。

社会规范机制，合作要能够产生稳定的互惠预期利益。① 在隐蔽"罪犯"身份的前提下，社区矫正人员可以积极参与社区活动，如新冠病毒感染疫情防控期间进行全员核酸检测或疫苗接种时，可以安排社区矫正人员作为志愿者参与秩序维持、信息录入等工作。这种方式一方面，可以稳定地产生合作预期利益，增加其生活的信心，在帮助别人的同时，感受自身存在的价值，也是对他们心灵的又一次洗礼；另一方面，加强社区其他群体与其人际交往，重建良性社会关系并增强其社会责任感。

其二在于便利的社会交往网络，一个开放化、交往便利的社区交往网络搭建起一个交易成本较低的平台环境，利用社区QQ群、微信群等网络平台建立信息群组，鼓励其中的社会成员积极交往，享受网络带来的各种便利条件和服务，社区矫正人员也能够打消人际交往的种种顾虑，更为顺畅自然地参与沟通交流，社区矫正工作人员逐步引导其在社区网格群等社区网络组织中正常与其他群众交流交往。

第四节 建立特殊矫正措施

社区矫正制度个体系统功能的实现，还需要考虑社区矫正人员的特殊情况（如学龄青少年、毒瘾、精神疾病等情况），这类群体在接受矫正的过程中还需要特殊的矫正环境和机构支持，并提供有针对性的专项矫正计划和一些在日常社会生活环境中无法实现的专业矫正措施。一般来说，虽然社区矫正是与机构矫正相对

---

① 这一点在前面的非监禁刑罚执行制度的法治化建设中已经得到证明，也在风险社会法治治理下公民社会参与获得秩序安全的正当性中得到证明。

的概念（如监狱监禁属于典型机构矫正），但是机构矫正并不等同于监狱监禁，社区矫正也并非排斥专门的矫正机构。尽管某些矫正机构在限制人身自由方面与监狱存在着相似之处。[1] 包括收容教育、强制医疗、强制戒毒等措施在内，很多尚未纳入我国社区矫正制度的机制和措施，实际都正在发生、正在开展治理，纳入社区矫正制度后并不会明显增加政府和社会投入，反而可以通过制度统合，进一步提高工作效率和优化资源配置，推进社会治理的法治化和人权保障，有利于工作队伍的专业化建设和职业化发展。目前，这些基于人权保障层面考虑的带有教育帮扶目的的特殊矫正措施虽然并未在《社区矫正法》中予以规定，但是由于存在制度理念契合性和矫正功能吻合性，笔者认为非常有必要构建完善特殊矫正计划和具备专门条件的矫正机构，作为当前社区矫正制度的常态化运行之外的重要差异化补充。

一、青少年专项矫正计划：学习教育为主线

作为一个特殊群体，未成年人受标签效应影响尤甚，数据显示其再犯率相当高，在监禁之后容易出现"交叉感染"。[2] 违法犯罪的未成年人因欠缺刑事责任能力而需要排除刑罚非难，但是基于未成年人的特殊性，应当建立完整的从司法程序到社会化处遇

---

[1] 美国根据缓刑人员和假释人员的危险程度，建立不同阶次的中途住所。在第一、二阶次的中途住所中，要求对进入住所的社区服刑人员进行 24 小时的监督，同时，向他们提供矫治和其他更新服务的项目。

[2] 2011—2014 年，上海市闵行法院共判处有罪错记录的刑事案件被告人 1762 人，其中 402 人曾在未成年时期有过刑事处罚、行政拘留或劳动教养罪错记录，占被判决总人数的 22.81%，即每 4.5 名被告人中就有 1 人在未成年时受过刑事或行政处罚。参见上海市闵行区人民法院：《罪错未成年人再犯现象透析》，《人民司法》2015 年第 1 期。

全链条专项矫正规划。

我国2012年修订的刑事诉讼法在吸收借鉴国际司法实践中少年司法制度相关经验，专门增加了未成年人刑事案件诉讼程序，允许检察机关对符合条件的未成年人附条件不起诉，但是仍有很多不足之处。[①] 由于前文已充分探讨了审前转处相关机制，此处不再赘述。

而对于未成年人的社会化处遇及人权保障，最为重要的一项就是学习教育问题。这有别于成年违法犯罪行为人，未成年人的世界观、人生观、价值观尚未固化成型，不仅需要对思想进行教育矫正，还需要像同龄人一样正常地学习知识、培育人格，需要围绕学习教育执行专门的矫正措施。需要矫治（矫正）的未成年人往往是家庭教育、社会教育双重失败的产物。刑事司法实践中很多案件要求家长管教，最终效果并不理想。[②] 因此，不少国家地区都专门针对"问题少年"设立了进行教育矫正的专门机构，结合青少年群体特点开展教育，抓早抓小地扭转其行为偏差。[③] 在20世纪50年代，我国分别建立起了收容教养和工读教育两种专门针对违法犯罪未成年人的社

---

① 有学者指出，我国《刑事诉讼法》的规定尚未涵盖国际公约及法治国家所普遍认可的原则和制度，难以全面保障未成年人被追诉人在诉讼程序中的权利。其中，在仅有的几个条文中，"可以""一般"等用语也给了决定主体裁量权，使得未成年人与成年人诉讼程序混同。即便在低位阶的法律法规中有相关规定，也不足以让这类特殊群体在社区矫正中得到有效保护与教育，单一化的诉讼程序和矫正流程仍未能真正体现宽严相济的刑事政策理念，从矫正模式上不具备足够的区别性。
② 袁红玲：《我国触法未成年人处遇之审中与重构——以刑法十七条第四款为基础》，西南政法大学2015年硕士学位论文，第13-16页。
③ 德国促进学校、我国香港地区的群育学校都是针对"问题少年"进行教育矫正的机构，它们均强调对未成年偏差行为者进行"共融"或"融合"矫正，而不是对偏差未成年人实施隔离进行特殊矫正。参见黄延锋：《未成年偏差行为者社会化矫正研究》，西南政法大学2016年博士学位论文，第55-57页。

会化矫正措施，并且两者都是以学习教育作为制度功能设计的主线。

收容教养制度是针对实施了犯罪行为但不满16周岁不予刑事处罚的人，由政府进行收容、集中教育管理的一种处遇措施。[①] 之后1979年《刑法》、1997年《刑法》在制定时均沿用了该制度，其功能也由原来的救济向惩戒教育转变，期间还与劳动教养制度在一定时期发生重合，直至《刑法修正案（十一）》和《预防未成年人犯罪法》将收容教养改为专门矫治教育，学界对收容教养的性质一直存在争议。[②]

工读教育制度则是我国学习苏联经验的产物，从严厉程度上较收容教养略有轻缓。[③] 我国的工读教育属于具有中国特色的未成年人专项矫正计划，从类别划分上可归于少年司法范畴。工读学校实际上就同时包含了非监禁属性和机构矫正属性，早期主要针对13~18周岁的中学生，其有违法或轻微犯罪行为，不宜留在原校但又不够劳动教养及少管所管教条件的则适用工读教育。在改革开放后，工读学校逐渐发展成为"承担义务教育任务的学校"，但是又面临招生困难的问题。[④] 我国的工读教育走过了曲折的60

---

① 最早出现于1956年最高人民检察院、最高人民法院、内务部、司法部、公安部发布的《对少年犯收押界限、捕押手续和清理等问题的联合通知》中，规定"因不满18周岁不承担刑事责任或刑期已满但不满18周岁，且无家可归、无监护人管制"的13岁以上的罪错少年，具体由民政部门负责收容教养。

② 学界对收容教养的法律性质有刑事处罚说、行政处罚说、强制措施说、强制管教说、保安处分说等各种观点。参见李晓瑜：《我国收容教养制度之检视与重构》，《预防青少年犯罪研究》2020年第2期。

③ 1955年，我国借鉴苏联教育家创办的"高尔基工学团"在北京建立起专门处遇未成年人犯罪的工读学校。参见郭开元：《未成年人法制教育和不良行为矫治研究报告》，中国人民公安大学出版社，2013年，第144-145页。

④ 家长们担心"工读学生"标签对学生将来发展有影响，进工读学校会"救孩子一时，误孩子一生"。

余年，相当一部分工读学校目前发展状况并不好。① 有学者认为工读教育这种封闭管理的特殊教育环境，可杜绝不健康娱乐场所、不良帮伙对未成年人滋扰，减少制造事端的机会。② 这种判断是在我国社区矫正制度建设早期对环境管理存在较多漏洞的前提下做出的。

收容教养和工读教育这两种制度都或多或少面临规范供给不足、适用程序失当、矫治措施有待完善和执行场所有待规范等的运行困境。③ 两者实际上已经或谢幕或搁置，难以发挥治理作用。目前，完善违法犯罪未成年人的社会化处遇措施还需解决三方面的问题：首先，立法有些分散，因为在《刑法》《刑事诉讼法》《预防未成年人犯罪法》等各种法律中都有所涉及，且法律规定的各种矫正或处遇措施之间统合衔接不够；其次，缺乏组织机构统筹，开展未成年人犯罪防治和教育的单位很多，各单位均按照自己的要求各行其是，没有一个专门机构进行牵头统筹，容易出现推诿扯皮的情况；最后，治理效果不佳，监护人管教等非刑事化处遇因缺乏制度监督和约束，监禁刑等刑事化处遇对于未成年人而言又过于严厉，难以承担后续的弱势累加后果。④ 国家层面也已意识到这一问题，并在全面深化改革过程中提出了相关建设指导

---

① 如苏州工读学校已解散、阜阳工读学校没有学生已18年，还有的工读学校成了戒毒所。截至2007年全国仅有工读学校67所，其中4所没有学生。参见鞠青、关颖：《中国工读教育研究报告》，《中国青年研究》2007年第3期。
② 郗杰英：《预防闲散未成年人违法犯罪研究报告》，中国档案出版社，2002年，第215–216页。
③ 刘双阳：《从收容教养到专门矫治教育：触法未成年人处遇机制的检视与形塑》，《云南社会科学》2021年第1期。
④ 俞军民：《完善罪错未成年人分级处遇制度》，《检察日报》2021年4月8日第3版。

意见，目前在规划建设中，尚未落地。①

未成年人犯罪问题成因看似复杂，其实通常都有教育和成长环境方面的问题，同时因其涉世未深、三观未全，从而具有较高的矫正可能和矫正价值。对未成年人违法犯罪进行社区矫正的效果和质量，决定了他们在今后漫长的人生道路中究竟对社会发挥建设性力量还是破坏性力量。与旧有制度相比，现行《刑法》和《预防未成年人犯罪法》立法有了较大改进。② 但由于立法的时间顺序原因，专门矫治教育制度并未载入《社区矫正法》，笔者认为这一制度非常有必要纳入社区矫正制度中。因为这两者本身在治理目标、治理方法和治理对象上都具有高度统一性，只是受限于法律性质界定上的分歧而迟迟未能并流。③ 未成年人专门矫治教育还可以将年龄适当放宽适当扩展成为青少年专项矫正计划，作为社区矫正制度的一个重要组成部分。只需要进行一定程度的制度调整即可与社区矫正制度完成兼容对接，青少年违法犯罪的社会化处遇措施面临的三个问题都能够依托相对较为成熟的社区矫正制度得到解决。

---

① 按照党中央确定的全面深化改革和全面依法治国的总目标，最高人民检察院为全面落实司法体制改革任务，在《2018—2022年检察改革工作规划》中提出："探索建立罪错未成年人临界预防、家庭教育、分级处遇和保护处分制度。"该规划就是意识到现有的罪错未成年人处遇措施面临的问题，视图加以整合化、一体化，并对具体处遇措施进行效果优化。参见熊波：《分层次构建罪错未成年人分级处遇制度》，《检察日报》2019年2月24日第3版。
② 改进表现在：1. 明确了专门矫治教育措施的适用对象；2. 明确了专门矫治教育措施的决定机关及个案评估机构；3. 丰富完善了可采取的措施；4. 完善了救济机制。
③ 有些性质上的争议可能永远不会有结果，就如同收容教养等法律制度的性质，即便学界争论数十年，甚至到其退出历史舞台的一刻也未清晰明了，但社会治理的顽疾却不容回避，与其纤毫毕现争论"是什么"，不如认真谋划"做什么"和"怎么做"，加强顶层设计与摸着石头过河本就是辩证统一关系，不妨尝试将实践检验的有效经验制度化，再用形成的新制度去深化改革。

首先，从青少年专项矫正计划的适用范围上，可以适当拓展至两种情形：一是实施了符合犯罪构成要件的行为，但未达到承担刑事责任法定年龄的未成年人；二是经审前程序转处决定不予追究刑事责任但需要继续通过专门矫治教育接受学习教育的青少年。

其次，从决定程序上，可以由专门教育指导委员会进行学习教育调查评估，同时以社区矫正的常规调查评估内容作为辅助，最终由教育行政部门、公安机关和司法行政部门共同决定，三者中以教育行政部门意见为主导。

最后，在执行方式上，不应沿袭封闭式管控模式，但在社会环境未得到足够净化时也不宜完全开放，可以采取半开放管控模式。始终坚持以学习教育作为专项矫正的主线任务，在地市一级选定若干普通院校以分校区、分班级、寄宿制等方式进行闭环管理，如果家庭关系正常可以批准表现良好的学生周末、假期回家，专门矫治教育达到预期效果的可以调整转入普通校区和普通班级就读。

目前，国内中小学不少都配置了校园民警，可以在承担社区矫正任务的学校选派有未成年人矫正经验的警察，通过执法者和教育者双重身份，隔离外来不良影响，帮扶不良行为少年，维护校园秩序稳定。教育部关于赋予教师教育惩戒权的规定也能够改变当下中小学教师对严重不良行为少年不敢管、管不了的状况。[①]建议可由教育行政部门和司法行政部门进一步完善相关法律法规，

---

① 教育部 2020 年 12 月颁布了《中小学教育惩戒规则》，赋予学校以及教师必要的教育惩戒权，可以在学生存在不服从、扰乱秩序、行为失范、具有危险性、侵犯权益等情形时实施教育惩戒。同时根据程度轻重，将教育惩戒分为一般教育惩戒、较重教育惩戒和严重教育惩戒三类。

共同探索针对校园内的社区矫正人员的教育惩戒权行使标准、程序等具体问题。

二、瘾癖矫正专项计划：戒除治疗为主线

在域外的社区矫正研究中，常将某些具有特殊瘾癖的犯罪者统称为"成瘾型犯罪人"（addicted offender），主要指吸毒成瘾犯罪人，同时也包含酗酒等情况，通过针对性治疗帮助这些犯罪人戒除瘾癖是域外社区矫正工作中的一项重要任务。① 美国在司法实践中出现了"治疗社区"（TC）这种具有治疗作用的居住区域机构，通过社会性治疗方法来改变生活环境并矫正成瘾型犯罪人，法庭或者假释委员会要求有吸毒、特殊化学物质医疗等问题的犯罪人组成高度组织性的治疗社区，一起进行戒毒治疗。② 加拿大等国建有专门矫治不良瘾癖者的中途之家，包括通过中西医结合、住院治疗等方法提供专业化矫正服务。这些中途之家的目标人群繁多，大体而言分为两类，一类是传统意义的犯罪人（缓刑犯、假释犯等），另一类虽然不是犯罪人但具有吸毒、酗酒等与犯罪行为密切相关的问题行为。③

从立法方面考察，我国已经意识到了对"不良瘾癖者"有必要进行治理方法转变，但是在目前的改革转型过程中，有理念先行而相关体系机制却并未跟进。以《禁毒法》为例，在立法时贯

---

① 吴宗宪：《社区矫正比较研究》，中国人民大学出版社，2011年，第392-394页。
② Dean John Champion. *Probation, parole, and community corrections in the United States*, 5th ed. Upper Saddle River, NJ: Pearson/Prentice Hall, 2005, p.532.
③ 吴宗宪：《社区矫正比较研究》，中国人民大学出版社，2011年，第483-484页。

彻了以人为本的理念，在劳教制度废止后新增了社区戒毒制度。戒毒制度从过去偏重惩罚转为偏重救治，以"病人"标签取代"罪犯"标签，从粗放压制到精细矫正，既有为自愿戒毒者提供的医疗服务，也有属于行政强制措施的强制隔离戒毒。这种依据不同程度瘾癖者采取的分级处遇无疑是一种进步。[①] 但是无论是强制戒毒还是社区戒毒，监管的主体仍是公安机关，即便社区戒毒这类明显贴合社区矫正性质的戒毒措施，其具体实施还是交由街道（乡镇）负责。司法行政部门在戒毒过程中仅起协助作用，这与目前社区矫正法对司法行政部门的功能定位以及资源分配是存在矛盾的。

早在2013年，我国司法部报国务院送审的《中华人民共和国社区矫正法（草案送审稿）》中曾出现关于酗酒、吸毒、赌博等恶习者的社区矫正规定。[②] 说明当时司法部已经参考借鉴域外的"中途之家"措施对以戒除瘾癖恶习为目标的社区矫正有所考虑，但是在之后公布的《中华人民共和国社区矫正法（征求意见稿）》中该规定再未出现。[③]

以政府为主导的单一型戒毒工作模式主要依靠行政命令、行政处罚等直接科处相关戒毒义务，另外参与主体较为单一也难以调集社会资源。因为毒瘾难除已成为世界范围内公认的难题，有效的矫正涉及毒症治疗、瘾癖清除、心理疏导、复吸预防等多个

---

① 包涵：《强制或医疗：社区戒毒制度的"名与实"之辨》，《华东理工大学学报（社会科学版）》2020年第3期。
② 《中华人民共和国社区矫正法（草案送审稿）》第50条规定："社区服刑人员有下列情形之一的可以根据需要在社区矫正场所进行集中管理……（三）有酗酒、吸毒、赌博等行为恶习，需要实施心理干预的。"
③ 刘强：《我国社区矫正应尽快建立风险控制的中途住所》，《中国司法》2019年第4期。

复杂环节。尽管世界各国中途之家的名称各异、侧重功能也有所不同，但本质上都属于帮助犯罪人及其他相关人员适应社会生活而设立的过渡性社区食宿和矫正机构。其定位是为有特定矫正需求者提供有效督促和帮助，达成重返社会的目的，而并非变相地制裁关押机构。因此，中途之家一般选址在社区中，包括城市与农村的社区，在保持相对独立运行空间的同时又便于接近社区资源。上海市自 2003 年起以政府购买服务的形式引入社会力量参与戒毒矫正，成立禁毒非营利性组织——上海自强社会服务总社，提供综合社会服务，社会力量的引入也使整个矫正措施在实践过程中发生了结构性变化。[1]

因此，我国需要实施的不单是针对社区矫正人员之中有毒瘾者的措施，而是要解决有毒瘾或其他不良瘾癖的违法犯罪人员如何进入社区矫正程序以及如何专业化矫正的问题。除必要的法律制裁之外，还需充分考虑犯罪个体的病理性因素和社会环境的犯因性因素，按照循证矫正的思路制定和调整社区矫正的具体内容。对成瘾型犯罪人而言，瘾癖的戒除既是最大的问题也是自身面临最大的困难，必须采取专项矫正计划有针对性地对此类案件进行处遇，坚持走"以戒促矫""治疗干预与矫正帮扶并重"的道路，实质就是转换传统管控范式，基于成瘾型犯罪人的现实困难去唤

---

[1] 社会力量的进入使得原本政府与吸毒人员之间出现了第三方，这无论是在政府禁毒工作理念上还是在具体运行层面都发生了结构性转变，传统的行政管制权力通过外包、委托、特许等方式交给社会组织，从原先服从模式的行政管理逐步转变为合作模式的公共治理。参见宋龙飞：《社区禁毒协议的法律性质探析》，《云南警官学院学报》2013 年第 6 期。

起合作配合矫正的意愿。① 在此种意义上，自愿戒毒和强制戒毒都可以作为瘾癖矫正专项计划的组成部分，同时也对瘾癖进行适当拓展，以最为困难的戒毒治疗为基础，同时治疗戒除其他严重的不良瘾癖。

构建"以戒促矫"的瘾癖矫正专项计划，可以将现有的自愿戒毒、社区戒毒都作为一类矫正措施的不同等级，以戒毒协议等方式明确瘾癖矫正的权利义务关系。协议内包含的行使国家公权力的规制性条款作为不可协商的格式条款，与社会组织和戒瘾癖者直接相关的权利义务条款等应当允许人性化调整协商。瘾癖矫正专项计划建立健全之后，也可以为在社区矫正过程中发现吸毒等瘾癖的社区矫正人员留有一线在社区矫正制度内进行分类管理措施转化的空间。②

三、精神卫生专项计划：康复回归为主线

在人类社会历史上对精神病犯罪者的处遇虽然有宽容的一面，但是也通常采取关押或隔离手段防范其危害社会风险。因此，可以认为精神病犯罪者的处遇的第一项目标就是风险防范。随着人道主义理论兴起，人们意识到精神病人也应享有人权，单纯的关

---

① 同样是针对瘾癖的矫正，在制度设计时也会存在逻辑差异：究竟是因为违法犯罪者有危险瘾癖，而需要基于社会防卫等原因接受社区矫正；还是因其实施了违法犯罪需要接受社区矫正，在矫正过程中基于个体的矫正需求附带对其瘾癖进行治疗。在立法中持前者观点的，多采取强制性戒除治疗，而持后者观点的则通常允许自愿选择。单纯的社会防卫论忽视了危险瘾癖者同样也有戒除的意愿和需求，应当优先秉持合作共赢的理念进行制度设计。
② 在目前的实践中，对在社区矫正过程中发现吸毒的社区服刑人员，通常撤销社区矫正直接予以收监。然而监狱在戒除瘾癖方面是远不及社区矫正制度所具有诸多社会治理优势。参见王纳、晓马：《在社区矫正期间吸毒 小伙被撤销缓刑收监》，《广州日报》2014年3月17日。

押或隔离看似是对病患的保护，需要想办法改善其病况，使其得到应有治疗。① 政府有责任为精神病犯罪者提供治疗，尽管这种治疗可能是封闭性的，但目的在于帮助其重新恢复正常。精神病医学的发展最终也为这一论断提供了支持，除此之外的第二项目标则在于治疗复归，并且这一目标追求也同等重要。在英美法系国家，对精神病犯罪人行刑社会化、社区矫正复归的研究已有一定的进展。

我国《刑事诉讼法》在特别程序中也规定了"依法不负刑事责任的精神病人的强制医疗程序"。② 但其适用范围较为狭窄，对危害行为的性质和轻重程度做出了严格限定。③ 适用范围的狭窄带来了实践困惑，尽管部分地区尝试建立了一套精神病强制医疗的收治流程，但仍感到棘手，如流浪乞讨精神病患者办理住院时主体不明确，涉嫌非暴力刑事案件犯罪的精神病患者收治程序不明确。④ 问题之一在于对精神病人刑事责任能力严格限定。⑤ 笔者认为，应当考虑将有精神卫生问题的犯罪者全部纳入专项矫正计划，

---

① 美国20世纪60年代兴起的全球"去机构化运动"的发起者和支持者认为，将精神病人长期与世隔绝不利于他们的身心健康，还侵犯了他们的人身自由权，主张让病人回归社会。宋远生：《行刑社会化视角下精神病犯罪人的处遇》，《犯罪研究》2015年第4期。
② 《刑事诉讼法》第302条规定刑事强制医疗制度的适用对象为"实施暴力行为，危害公共安全或者严重危害公民人身安全，经法定程序鉴定依法不负刑事责任的精神病人，有继续危害社会可能的，可以予以强制医疗"。
③ 即危害"公共安全"和"公民人身安全"，且危害"公民人身安全"的程度要达到"严重"的程度。
④ 李红梅：《强制医疗遇尴尬》，《人民日报》2014年7月4日第19版。
⑤ 限制刑事责任能力的精神病人不能被纳入刑事强制医疗制度，只给予量刑减免。对于患心理疾病的犯罪者需要有宽待之规定和必要的矫正和帮扶措施，在刑罚执行中不能将他们和普通的犯罪人一样对待，只有这样才能帮助此类犯罪者的治疗和回归社会。

可以有效解决相关适用程序和调查评估机制的实践困境。问题之二在于根据现有的刑事强制医疗制度，强制医疗解除与复归社会之间缺乏缓冲过渡。被强制医疗者回归家庭和社会后，生活环境和行为习惯突然改变，不受任何监督和管理，缺少一个介于强制医疗和正常生活之间的缓冲和过渡环节。这种突然转变放松了对被解除强制医疗人的监管和治疗，不利于社会的安全防卫，也不利于精神病人有效回归社会。① 究其原因，一个完整的针对精神卫生的社区矫正过程被人为地分开，精神卫生问题犯罪者有病患和罪犯双重身份，其中强制医疗制度只解决了病患身份下治疗康复的问题，但未解决犯罪者身份下矫正复归的问题。

站在社区矫正的角度，应当从精神卫生的角度进行制度统合，建立专项矫正计划。其中既包括重度的精神类疾病（精神分裂症、躁狂症等），也包括尚未达到精神病程度的某些严重心理疾病（抑郁症、焦虑症、恐惧症等）。② 因为此类人员单纯依靠一般的社区矫正措施根本无从着手，贸然进入社区开放环境既是对社区矫正工作人员和社区普通成员的不负责，也是对患病者本身不负责。精神卫生疾病的特征决定了该病患者通常不具备自主就医或择医的能力，治病疗程也非常漫长，且难以精准判断是否痊愈、会不会复发，因此必须先采取封闭式、强制式治疗并观察其病程。而

---

① 张晓凤：《论我国刑事强制医疗制度和社区矫正制度之衔接与完善——以被解除强制医疗人回归社会为视角》，《南海法学》2019年第5期。
② 对于精神疾病的种类，医学界很难准确区分，多数国际医学文件和诊断标准均使用"精神障碍"这一概念来形容精神疾病，认为"精神障碍"可以覆盖精神病、精神发育迟滞、人格障碍、物质依赖等多种精神病症。但是实际一般国内精神卫生中心或者精神卫生科除了治疗精神病外，也治疗心理疾病，某些严重心理疾病同样会严重影响个体认知和行为，甚至引发过激行为伤害自身或他人，产生实际危险。

解除强制医疗措施的判断标准模糊不清，故在康复回归时还需要设置相应的病程观察和过渡适应措施。

另外，有别于一般的社区矫正再社会化问题，精神卫生问题犯罪者因其人身危险性已经发生过向社会危害性的转化，其社区组织及家庭所产生的社会排斥更为严重。① 这就需要按"两步走"的方法实施相关专项社区矫正，即先治疗康复再矫正复归，不宜在解除强制医疗后直接不加过渡就复归社会，那么一旦其再次实施致害行为，社会舆论将会质疑为何将存在人身危险性并有"前科"的精神卫生疾病患者放回社会。因此，要逐步通过社区矫正后复归，一方面采取必要监督管理可以提升社区居民信心，另一方面也增强受矫正者的社会功能和适应力的提高。

将强制医疗的精神卫生疾病犯罪者纳入社区矫正机构进行监管和治疗，既是社会防卫的需要，也是回归社会的需要，当强制医疗接近尾声时就可以考虑开展调查评估进入相应的适应性过渡阶段，与一般的社区矫正措施进行衔接，在康复治疗的同时辅以监督管控和教育帮扶，尤其是着重开展定期心理咨询和社会适应性帮扶，最终持续到解除强制医疗后一定时间，通过专业人员进行跟踪咨询和诊疗，防止各种精神障碍和心理异常复发，从而达

---

① 根据刑事诉讼法规定，被强制医疗的人及其近亲属有权申请解除强制医疗。然而在社会公众对精神病人致害高度敏感关注的背景下，在精神病人是否治愈难以得出准确评价和家庭监管能力不足的情况下，即便是最为亲近的家属提出解除强制医疗都明显缺乏信心和动力。根据湖南省强制医疗所 2018 年数据显示，该所收治的精神病患者有 456 名，年龄最大的 81 岁，最小的 19 岁，在这些人中，收治时间最长的已达 36 年，由家属和监护人申请解除的仅占 5%，大部分由强制医疗所提出申请，所内工作人员表示："病人出去后如果再犯事怎么办？这可能是老百姓最大的担忧。"参见陈彬：《特别机构里的特殊人群 走进强制医疗所》，《湖南政协新闻网》2018 年 12 月 14 日，http://www.xiangshengbao.com/nd.jsp?id=5303。

到重塑个体人格、降低再犯风险、修复社会关系等目标。

参考目前世界范围内已较为成熟运行的精神疾病主动性社区治疗（Assertive Community Treatment，ACT）模式，可以针对解除强制医疗者提供精神卫生方面的综合性服务，但是 ACT 模式运行成本非常昂贵，服务对象严格限于情况严重且极有可能犯罪者。[①] 笔者认为，有必要在我国《刑事诉讼法》的相关规定中进一步明确精神卫生问题矫正与社区矫正制度的衔接问题，做到脱诉则入矫。目前，《社区矫正法》中的不少机制和措施已经具备建立衔接的基础条件，例如调查评估机制可以科学把控风险和需求，被解除强制医疗人的后期病情跟踪可以参照暂予监外执行的病情跟踪机制；定期门诊指导、定期访谈评估、定期心理咨询等措施为后续的治疗巩固提供了制度和条件保障；定期报告、禁止令、就业指导和职业技能培训等都为曾患精神卫生疾病的社区矫正人员更好地回归社会提供了有利的条件。

最后，关于精神卫生疾病社区矫正人员能否行使程序选择权和实体处分权并享有一般社区矫正人员应有权利这一问题，许多人认为精神卫生问题犯罪人因其控辩能力缺损，不能有效行使程序选择权和实体处分权。其实这一问题在各国司法实践中均有涉及，以美国对精神病犯罪者处遇为例，全美对其适用辩诉交易的案件数量不在少数。[②] 有的州试图在侦查阶段就提前调查评估识别

[①] 参见 Deborah J. A., William H. K., *A manual for ACT start - up. Arlingon Virginia*, Nation Alliance for the Mentally Ill, 2003, pp. 9 - 11. 转引自赵伟等：《严重精神疾病社区管理和治疗的主动性社区治疗模式（综述）》，《中国心理卫生杂志》2014年第 2 期。

[②] 由于精神病人犯罪案件数量庞大，且在诉讼中存在大量复杂的证明责任和庭审调查，即使在协调资源计划（CRP）实施中，也有大量检察官与精神病犯罪人达成辩诉交易。精神障碍患者选择并参与辩诉交易的现实基础和最终转处，都与有罪但存在精神问题（GBMI）裁定的理论背景和程序设定密不可分。

精神病犯罪者，并尽早实施治疗转处方案。① 这也说明犯罪者的精神障碍应被社会理解和宽容对待，刑事司法制度有责任引导其进入以康复治疗为主线的社区矫正计划，精神卫生问题社区矫正人员基本权利仍应有效予以保障。

---

① Anon. *Police and Criminal Evidence Act* (1984)，2017.2.20，https：//en.wikipedia. org/wiki/Police_and_Criminal_Evidence_Act_1984.

第六章 合作治理功能视角下我国社区矫正治理场域完善

人权保障功能、教育帮扶功能最终经功能互惠链条传导，需要依靠合作治理功能保障实现，而社会系统的合作治理功能应当主要通过对治理场域的完善得以实现。因为社区矫正的法律系统功能实现处于宏观而抽象层面，个体系统功能实现属于微观操作层面，而社会系统功能则介于前两者之间，是法律系统和个体系统良好运行的基础。在组织研究中，"场域"作为一种分析单位已在相关研究领域获得重视，但在法学领域明显应用不足。[①] 当前完善社区矫正制度的社会治理场域，在场域中发挥合作治理功能，就是要实现多元主体分工合作、负载均衡和组织整合。一方面，社会系统与个体系统之间

[①] 场域理论是法国社会学家皮埃尔·布迪厄社会理论构架中的核心概念，即具有自己的力量关系分布、运行法则的结构性空间，场域结构在任何时候，都是由场域中能动者所占据的位置之间的关系决定的。场域是一个动态概念，每个能动者位置的变化都会引起场域结构的变化；能动者通过自己占据的位置来竞争场域中的资源和利益。参见 Bourdieu P, Johnson R. *The field of cultural production: Essays on art and literature*, Columbia University Press, 1993, editor's introduction, p. 6.

在功能分化之后形成一种均衡的有机团结，为教育帮扶功能的实现提供现实基础。另一方面，合作治理的功能实现为法律系统进行程序机制构建提供了变革空间和动力，最终与人权保障功能完成了功能互惠的闭环。

有学者提出，社区矫正可以看作是按照法定方式、程序，由社区矫正工作人员、矫正工作对象及其利害关系人共同参与的"场域"活动。[1] 笔者认为，社区矫正工作属于治理性场域活动并无疑义，但是内涵却更为丰富。从结构方面进行剖析，在社区矫正的治理场域中主要有三项内容。一是行动主体。在我国社区矫正治理场域中的行动主体较多，至少包括基层党组织和政府组织、公安机关、检察机关、法院、司法行政机关、社会团体组织、村（居）委会等自治组织、普通公民等，在治理场域研究中就需要厘清各主体的角色和职能分工。二是场域成因。治理场域的形成可以按照空间进行划分确定（如城市社区治理场域），也有基于某些特定议题形成（如环境保护治理场域）的，社区矫正其实也是因治理犯罪、保障人权等专项议题而生的治理场域，对社会系统而言主要议题一方面在于参与治理，另一方面还在于观察、监督和反馈。三是运行模式。在治理场域中的能动主体占据不同的位置，彼此之间具有不同的行为依据，那么改进其互动关系和运行模式也是完善治理场域的核心所在。

第一节 明确职能分工：组织机构体系建设

一、完善社区矫正组织领导体系

进行社区矫正治理结构转型，首先是要转变地方党委和政府

---

[1] 李蓉：《社区矫正程序实证研究》，湘潭大学出版社，2011年，第83页。

在社区矫正中的角色定位。曾经大包大揽式地直接参与各项社区矫正工作显然已不现实，需要从"大政府小社会"向"小政府大社会"治理模式转变才能实现多方合作。同时社区矫正治理体系建设，是一项系统工程，必须健全完善组织领导体系，坚持在党和政府统一领导和指导下开展合作，涉及部门协同、基层配合、社会参与等多方面内容。①

地方各级党委和政府在我国社区矫正这一特定场域中应当发挥组织领导作用，成为掌舵者，不能事无巨细过问和参与，应该抓根本、抓重点、抓关键。笔者认为，主要有制定政策、推广落实、培育力量、配置资源、考核监督五个方面的任务。一是要坚持和加强党和政府的全面领导，充分发挥总揽全局、协调各方的职能作用，提供强有力的组织领导和政策指导；二是要贯彻落实《社区矫正法》关于设立社区矫正委员会的规定，结合实际情况研究制订社区矫正治理体系建设中长期发展规划，及时根据相关法律制定完善各类政策并推广；三是要培育基层党组织力量，培育和支持社会工作者、志愿者的社会组织建设，加强社会组织的培育建设，鼓励社会力量规范参与社区矫正工作，确保矫正帮扶依法依规、合情合理；四是对于基层编制、经费等资源合理配置，做到专人专用、专款专用；五是要将社区矫正的治理效果纳入社会治安综合治理考核体系及时开展评估考核，压实区县一级党委和政府的属地管理责任，及时查摆整改问题提升治理效能。

在社区矫正中的政治治理需由直接治理变为渗透治理，通过党组织下沉等方式，实现组织体系向基层社会治理延伸，同时党组织又广泛嵌入各政府部门和司法机关权力结构中，这样既能保

---

① 率永利：《县域社区矫正治理体系建设初探》，《中国司法》2020年第3期。

持党与社会的密切关系,又能保持党对政府和司法机关的有效领导。各级党组织在"双向嵌入"的组织形态下发挥了中枢作用,既能够动员和调动国家机关事业单位等官方的资源,又能够通过在基层的渗透去整合基层和群众的各种意见诉求。①

二、加强社区矫正部门协同体系建设

基于社区矫正多主体合作治理结构,囿于目前国情,国家力量与社会力量之间的合作固然非常重要,但是在此之前必须完成国家力量在社区矫正工作中的重整。因为从社区矫正制度成形之日起,就必须在相对开放的社会中进行,从刑事司法到社会化执行的过程非常复杂,涉及多个主管部门(单位),所以矫正效果离不开各部门协同配合和保障支持。②

在我国社区矫正开展试点工作之前,根据1996年《刑事诉讼法》和1997年《刑法》相关制度安排,公、检、法、司等机关都各有其职能分工。通常认为法院负责定罪裁量,公安机关负责执行,检察院负责法律监督,司法行政部门承担辅助工作。③ 从社区矫正试点到立法,不仅是国家司法体制改革与工作机制改革的过

---

① 杜力:《在国家与社会之间:政党嵌入与国家——社会关系理论的反思与重构》,《中共福建省委党校(福建行政学院)学报》2021年第2期。
② 首先,社区矫正的开始有赖于司法机关的裁量;其次,社区矫正的执行涉及社会生活诸多方面,需要多部门协同参与;再次,社区矫正过程中的教育帮扶措施需要多个部门共同负责;最后,社区矫正结束后矫正效果的维持以及犯因性环境的持续净化也需要基层的配合治理。
③ 1997年《刑法》第38条规定,被判处管制的犯罪分子,由公安机关执行;第76条规定,被宣告缓刑的犯罪分子,在缓刑考验期限内,由公安机关考察;第85条规定,被假释的犯罪分子,在假释考验期限内,由公安机关予以监督。1996年《刑事诉讼法》规定,暂予监外执行由居住地公安机关执行。而此前司法行政部门中的监狱管理机关承担提请假释、决定一部罪犯暂予监外执行的职责,同时也是收监的接收机关,作用相对边缘化。

程，也是对违法犯罪治理的国家权力重新配置的探索，四部门的关系逐步发生了变化，需要在这一特定场域内形成新的部门协同体系。司法行政部门接过公安机关的"接力棒"，在执行过程中由辅助成为主力，由配合其他部门工作变为牵头负责，实际上已经初步形成以司法行政部门为核心的国家力量合作协同框架。

但是在原有的以公安机关为核心的协同框架中，公安机关无论是从受重视程度、人力物力保障到遍布基层的派出所机构设置，都有绝对实力"挑起大梁"。公安机关编制体量在同级的部门中无出其右，其他部门承担社区矫正的实际工作任务相对较轻，因此协同也相对较弱。在这方面，司法行政部门与公安机关存在较大的悬殊，如果继续沿用原有的弱协同体系，司法行政部门在组织机构上（尤其是基层司法所）必须膨化接近"公安机关"体量，这种思路既不理性也不现实。在社区矫正制度发展完善过程中，不断强化部门协同体系建设是大势所趋，并且要从原有的公检法司四部门协同向党委政府部门及司法机关之间的多部门协同发展。逐步通过设计社区矫正制度的权力分工和负载均衡来实现社区矫正制度中的权力合理运行和权利有效保护。

在加强社区矫正工作协同过程中，公、检、法、司等机关应该合理分工，切实履行各自的职责。目前，《社区矫正法实施办法》第4条至第8条分别对司法行政机关、法院、检察院、公安机关、监狱管理机关的职责进行了界定，但是尚有待实践检验和完善。某些职责分工看似合理其实只是简单摊派任务，在制度层面就欠考虑协同推进，例如"司法行政机关指导支持社区矫正机构提高信息化水平"的职责涉及社区矫正工作信息化建设，实际这种信息化建设任务不仅在司法行政机关存在，在公检法和其他相关部门都存在，应当是站在更高层面统筹进行政务信息化和司法信息化协同一体建设,而不是各管一摊形成若干信息数据孤岛。此外,还有前文所述某些涉及影响社区矫正制度功能实现的部门职能也需要进行适当调整,包括赋予公安机关、检察机关审前转处决定适用社区矫正的职权等。

虽然有了合理的职能分工,但是从制度到落实还有实践落差。大量工作中的交叉地带并非简单的职责划分能界定清楚,而是存在"协调热闹、担责扯皮"现象,责任担当的明晰化难度在于协同不仅是分工问题,还需要各部门主动伸手对接和动态补位衔接。目前,这种对接和衔接虽然具有一定的制度化特征,但是从本质上决定性因素并不是制度理性,而是各部门主体意志(尤其是主管领导或领导班子意见)之间的协调。这种协调制度在思想观念统一时还能够取得积极成效,我国本身也有"集中力量办大事"的好传统,但是缺乏统一认识、共同目标和协同土壤,仅靠纸面上的规范建设是不可靠的,如何促成各部门依照法律相互配合、一体化推进,是目前社区矫正制度所欠缺之处。

笔者认为,在《社区矫正法》现有规定的基础上,以加强合作治理为导向,可以从五个方面着手切合实际地加强治理场域中的部门协同。第一,建立专项经费共同使用促进协同。即地方政府设立社区矫正工作的专项经费,由司法行政机关统筹预算,各部门共同使用。第二,建立专门平台共享数据促进协同。统筹搭建包括社区矫正工作在内的政务和司法大数据平台、信息化管理平台,以信息共享打破部门壁垒。第三,建设专门队伍共同指导促进协同。即以社区矫正机构和派出所、司法所、派驻检察室等基层单位为骨干,在地方党委、政法委和公检法司等部门共同指导下加强队伍建设,选优培强基层党员干部加强多岗位流动和交叉历练。第四,设立专门项目共同研究促进协同。以具体问题为导向，针对社区矫正工作中的理念分歧和实践困境设立科研项目，跨部门组团队开展清单式、门诊式研究，形成专业发展共同体。第五，建立专门荣誉共同评选促进协同。通过对社区矫正专项事务的荣誉体系构建和整合，加强各部门间从思想观念到身份认同上的融合。

部门协同还应结合社区矫正的工作特点进行阶段划分，即以社区矫正的决定适用为临界点，划分确定前端协同和后端协同的二阶协同。决定适用之前的前端协同以司法机关为牵头负责，以司法化运行为主，其他单位辅助配合；决定适用后的后端协同，以司法行政机关为主要负责，以社会化运行为主，各单位以平等地位参与。尤其是后端协同，还需要得到民政、人社、卫生、教育等政府部门的支持与配合，以便发挥各自的优势与积极性，最大限度地形成合力，切实提高社区矫正工作的质量。因此，相关法律法规中宜进一步明确其他政府部门的详细职责分工，并强调密切协作的原则。具体而言，民政部门负责做好社区矫正人员最低生活保障、临时救助等工作，积极培育社会工作机构、志愿者服务组织以及其他社会组织等；人社部门负责提供职业培训、就业指导、失业保险等帮助；教育部门负责社区矫正人员就学帮扶工作，特别是帮助未成年人接受学历教育；卫生部门负责做好生理、心理状况异常的常规治疗工作，以及指导做好患传染性疾病的社区矫正人员隔离治疗、疫情防控工作；财政部门负责做好社区矫正专项业务经费的预算及落实。唯有如此，社区矫正工作才能形成合力，提高效率。

三、社区矫正机构的角色再造

从字面意义理解，社区矫正机构就是对社区矫正人员进行监督管理或提供服务的机构。世界各国谈到矫正机构，可分为政府机构和非政府机构。① 我国在"社区矫正机构"的概念界定上采取了模糊处理，2012年《刑事诉讼法》中首提"社区矫正机构"概念，但并未对这一概念进行解释。《社区矫正法》也只规定社区矫正机构设置条件和审批部门等，同样未明确关于"社区矫正机构"名称、定位等问题。实践中，从名称、编制到人员配备，全国各省、市、县规定有诸多不同，呈现出百花齐放的局面。②

从《社区矫正法》规定的社区矫正机构设置程序来看，社区矫正机构由地方司法行政部门提出设置意见，地方政府进行设置，应当是有别于司法行政部门但受地方政府管辖的行政机关。在一线开展社区矫正工作的司法所本身却不是"社区矫正机构"，只是受"社区矫正机构"委托工作。因此，笔者判断立法者是希望建立起相对独立的社区矫正机构，同时受现实条件制约还需依托原有的司法行政部门管理体系运行。

然而从笔者掌握的情况来看，这一组织结构设置较为散乱，有的地方是在政府的统一主导下设置社区矫正服务中心。③ 有的地方是设立垂直领导的社区矫正执法体系，成立社区矫正执法大队

---

① 政府机构包括监狱、戒毒所、感化院、工读学校、劳动教养所等，非政府机构包括由社会开办的教养院、感化院、中途家庭、寄养家庭等，其中通过社区等提供社会化矫正的即为社区矫正机构。参见刘津慧：《我国社区矫正制度研究》，南开大学2007年博士学位论文，第105—106页。
② 刘强：《对"社区矫正"法律名称的商榷》，《上海政法学院学报》（法治论丛）2019年第4期。
③ 如北京阳光矫正服务中心，从监狱抽调民警，从社会招募辅助人员配合，集中资源、人员，以区县级社区矫正中心主要平台，集中设定调配等方式推进社区矫正工作。参见熊贵彬：《社区矫正三大管理模式及社会工作介入效果分析——基于循证矫正视角》，《浙江工商大学学报》2020年第2期。

和执法中队。① 还有的地方探索通过政府购买服务和民间力量参与建设帮教基地和中途之家，弥补了行政管理模式的结构单一缺陷。② 更多地方设置社区矫正机构却不是独立工作，而是采取对司法局加挂牌子的方式。区县一级无论是叫社区矫正管理局、社区矫正中心，还是社区矫正执法大队都属于司法局内设机构，实际上是一套人马两块牌子，仍是沿袭了旧有的司法厅—司法局—司法所垂直条线管理。这样设立的社区矫正机构能够更方便地通过行政手段指挥司法所开展具体工作，对于地方政府而言也省去了诸多机构改革成本，但是这种局限于司法行政机关内部的科层制运行在很大程度上也隔绝了外部力量的参与可能。

社区矫正机构还面临多重领导和多重指挥的矛盾，首先，地方政府设立社区矫正委员会负责工作统筹，委员会主任通常由地方党委政法委书记兼任，体现地方党委的全面领导和指挥；其次，社区矫正机构属于政府所设置部门，必须接受政府领导和指挥；最后，立法还规定司法行政部门主管本行政区域内的社区矫正工作，社区矫正机构同样在业务上须接受其领导和指挥。

对于社区矫正机构角色定位的理解，一方面，必须正确处理与司法行政机关的关系，以省级单位为例，类似于省级司法行政部门与省级监狱管理机关之间的关系。③ 在机构设置上隶属省政府部门管理机构，在业务上由省司法厅管理，行政级别较省司法厅

---

① 浙江天台县设立垂直领导的社区矫正执法体系，成立县级社区矫正执法大队，县域内再按照集中连片的原则分区组建若干执法中队。参见刘强、郭琪：《基层社区矫正机构设置创新研究——以浙江天台县的改革为视角》，《犯罪与改造研究》2015年第2期。
② 吴之欧：《论社区矫正中的"帮教基地"与"社区"的关系及完善》，《法学杂志》2017年第8期。
③ 吴宗宪、张锡君、钟卫东：《社区矫正机构探讨》，《中国司法》2020年第6期。

内设处室更高，具有相对独立运行的人、财、物管理体系和独立的信息公开网站，能确保队伍的相对稳定，社区矫正工作经费预算单独纳入财政年度预算，并随着财力的增长、工作任务的增加而逐步提高。另一方面，社区矫正机构起到了承上启下的关键作用，较司法行政部门而言业务职能更为专一。必须尽快理顺社区矫正机构的多重领导和多重指挥的体制，重构社区矫正机构角色定位，着力解决司法行政部门唱"独角戏"的问题，建立起由地方党委和政府通过社区矫正委员会进行统筹领导，司法行政部门、公安司法机关等多部门通过社区矫正委员会协同指导和保障，社区矫正机构运行相对独立，社会组织有序参与的基本工作格局。社区矫正机构起到了在一线组织协调开展具体工作的枢纽作用，司法所、社会工作者、基层的群众性自治组织、党组织以及相关单位和学校都是围绕并协助社区矫正机构开展社区矫正工作。

第二节 加强权力制衡：监督体系健全完善

当前，社会公众对社区矫正制度关注的热点和难点之一就在于如何有效监督，既要杜绝假借矫正名义逃避法律制裁，防止其沦为少数人徇私舞弊或谋取私利的工具，又要加强在社区矫正过程中对个体的人权保障和救济，确保法律系统在法治框架内良好运行，这就需要在社会治理场域中充分考虑加强权力制衡并强化相关监督体系建设。

一、人大监督

根据我国《宪法》规定，行政机关、检察机关、审判机关等都由人民代表大会产生，对它负责，受它监督。在社区矫正制度不断发展完善的过程中，人大监督社区矫正工作既有必然性，更有必要性，监督的必要性也正是其价值所在。

从法律规定来看，目前我国人大对社区矫正工作的监督可以分为三个层面。一是各级人民代表大会履行监督职权，包括对宪法、法律和行政法规的遵守执行情况进行监督，在会议期间对"一府一委两院"人事的任免以及工作报告审议监督。[①] 二是各级人大常委会履行监督职权，主要是在人大闭会期间审议关于社区矫正的重大事项[②]，开展各类执法检查履行监督职能，其中就包括听取社区矫正专项工作报告。[③] 三是各级人大代表开展监督，由于人大代表不同于人大常委会具有完整意义的监督权，但是在人大闭会期间人大代表同样可以作为"准监督主体"以个人名义持代表证依法开展监督，包括有权提出具体明确的工作意见、批评和建议，反映实际问题和情况。对人大代表提出的意见、批评和建议，相关职能部门须认真研究办理并且在规定期限内答复。但是目前监督主要集中于立法、修法问题，对于具体运行监督显著不足。据统计，2011—2016 年，全国和省一级人大代表先后以代表团或个人名义，就社区矫正相关工作提出议案、建议 25 件，

---

① 目前，就笔者所了解掌握的情况看，还没有地方人大对涉社区矫正的法律贯彻执行情况进行专项监督，由于社区矫正工作相对人民代表大会的整体工作而言占比较小，会议期间时间紧任务多，地方一级将其作为重大事项进行专门讨论或审议的几乎没有，各级人民代表大会对社区矫正在实践中的监督作用实际并未展开。

② 2010 年 6 月，长春市人大常委会审议通过了《长春市关于全面试行社区矫正工作的决定》，是我国地方一级人大常委会规范社区矫正工作的首个法规文件。参见张佳、姜涛：《依法决定重大事项 维护人民根本利益——市人大及其常委会行使重大事项决定权工作综述》，《长春日报》2014 年 9 月 9 日第 4 版。

③ 以"人大常委会监督社区矫正"在百度进行新闻搜索，发现在 2015—2021 年期间，多个省市、区县的人大常委会均组织社区矫正执法检查组，视察了社区矫正机构开展"依法实行社区矫正"实施情况的执法检查，同时也审阅公检法司等单位社区矫正相关资料并听取工作情况汇报。

其中涉及立法、修法问题的就有 16 件。[①]

在社区矫正制度由单纯的刑罚执行制度逐步完善扩充的过程中，还会涉及审前转处等司法行为。除了司法行政部门外，原本旁观行使法律监督职能的检察机关同样入场成为社区矫正制度运行的直接参与者，公安机关和法院也将更为深入地参与其中。此时，难免出现分工配合和程序衔接问题，由人大这一最为权威的监督主体对各机关实施监督更为必要。人大对社区矫正工作的监督因此需要进行模式转变，即由立法、修法等宏观视角转向执法、司法等具体运行问题，从人大层面监督各机关提高工作站位并加强工作协作配合，严格依照法定程序开展社区矫正，强化社区矫正工作开展的公信力，形成社区矫正工作合力。具体而言可以从两个方面进一步强化人大对社区矫正工作的监督，使其成为更具有实效的监督主体。

一是进一步加强程序监督。目前，各级人大（包括常委会）对社区矫正工作的监督模式更趋向于实体法是否执行到位、实体措施是否落实到位。而社区矫正制度作为一项新近立法仍处于发展完善阶段，更需要深入一线关注制度运行过程中存在的现实问题，对相关程序合法性、程序正当性问题也同样应当重视，加强监督。[②]

二是充分发挥人大代表的监督作用。笔者通过网络新闻检索，发现人大常委会对社区矫正的监督方式不够深入，基本都以组团走访考察、听取汇报为主。监督过程看似严肃认真、规范有序，其实并没有深入基层、深入群众，即便有问题也难以发现。由于走访考察流于形式，在座谈反馈问题提意见建议的时候往往只能

---

① 焦暄旺：《社区矫正议案提案回顾》，《社区矫正宣传网》2016 年 12 月 22 日，http://www.chjzxc.com/index/index/page.html?id=7749.
② 人大对社区矫正的程序监督还应包括程序固化形态和制度形态的监督，具体包括：对社区矫正决定、交付、执行、变更、解除的机制、流程是否合法、合理及正当的监督。

泛泛而谈，隔靴搔痒，以肯定成绩为主，缺乏针对性；形成决议谈及问题时，更多依赖于司法行政机关主动提供的材料，缺乏监督的主动性。人大代表本就源于人民选举产生，理应代表基层民情民意，地方人大在对社区矫正工作进行监督时，除了组团走访考察之外，还有必要支持人大代表（尤其是有法学、社会学、心理学等相关专业背景的代表）坚持群众路线实施更为灵活有效的监督，去发现在会议室和材料堆中无法考察到的问题，通过分散而扎实的实地调研掌握第一手运行情况，切实履行宪法和法律赋予的监督权。

二、检察监督

社区矫正的检察监督即检察机关依法对社区矫正机构、公安机关、人民法院等有关部门开展的社区矫正执法活动进行监督，并对在监督过程中发现的违法行为予以纠正或对需要规范完善的事项提出检察建议。[1] 这既是法律赋予检察机关的职能，也是社区矫正公权力依法依规行使的保障，在《社区矫正法》和《社区矫正法实施办法》中也有明确规定。[2] 在监督方式上，总体而言各地

---

[1] 目前，检察监督的范围主要包括社区矫正的相关判决、裁定、决定及其生效后的执行阶段。参见刘强：《社区矫正制度研究》，法律出版社，2007年，第498页。

[2] 《社区矫正法实施办法》第6条规定，检察机关对社区矫正的监督主要有七个方面内容：一是对社区矫正决定机关的监督，包括判处管制、宣告缓刑、裁定假释、决定暂予监外执行等活动。二是对社区矫正交付执行的监督，主要是对社区服刑人员交付执行活动是否合法进行监督。三是对社区矫正监管工作的监督，对社区矫正执行机关建档立卡、开展活动等矫正管理活动的监督，同时监督工作人员是否有侵害合法权益行为。四是对社区矫正执行变更的监督，是否对社区矫正期间违反规定的人员依法给予相应处罚，是否在暂予监外执行条件消失后依法收监。五是对社区矫正执行终止的监督。对社区服刑人员矫正期满，社区矫正执行机关是否解除管制、宣告解矫等以及社区服刑人员在矫正期间死亡的是否按规定履行相应终止手续等进行监督。六是受理申诉、控告和举报。七是对社会矫正中发现的职务加罪可以立案侦查。对社区矫正决定、执行机关进行检察监督过程中发现相关工作人员涉嫌职务犯罪的，随着国家监察体制改革的开展，职务犯罪案件查处职能由各级监察委承担，不属于检察监督内容。

检察机关主要通过两种方式履行职能：一是案卷检查，到社区矫正机构查档案、翻日志；二是走访谈话，深入社区矫正工作一线与相关人员交流，主动察访各类违法违规行为。对于监督发现的问题，发出书面检查建议书或纠正违法通知书，对于一些情节轻微的违规行为，也有口头通告纠正意见督促整改。

然而在现实运行中却存在着检察监督模式陈旧、监督约束乏力等现实问题。一方面，由于检察机关进行社区矫正监督的模式仍试图沿袭监禁刑监督模式，在监狱或者是看守所等固定监管场所进行监督时，地点相对固定，人员相对集中，监督较为便利。但社区矫正因其开放性、流动性，社区矫正工作机构数量多且社区分布分散，在开展监督工作时面临"点多、面广、线长"等困难。基层检察机关工作人员反映在实践中需要采取实地现场监督的方式，因此监督的工作量大而艰难，对于不少地区而言这些困难很难有效克服，只能重点监督、部分监督或者事后监督，这种"实地监督+事后监督"模式，势必不能全覆盖，即便有问题也容易被修饰掩盖。[1]

另一方面，不少地区社区矫正工作都未实现真正的信息化和智能化，相关基础性数据仍以纸质材料或电子文档为主，并未集成到相关网络办公平台，传统的建档立卡模式不利于实施法律监督。一是不利于检察机关核查相关台账记录，只能依赖社区矫正机构提供，并且所提供的台账记载信息往往非常简单，缺乏对动态变化和矫正措施实施效果的精准把握。[2] 二是事后核对信息导致

---

[1] 唐万辉等：《"互联网+社区矫正"检察监督模式研究》，《新时代智慧检务建设论文集》，北京正义网络传媒有限公司，2019年12月。
[2] 社区矫正的登记档案主要是法院、公安、监狱三个部门交付的法律文书和解除社区矫正法律文书，只有入口、出口的相关法律文书档案，而对在社区矫正期间这一最为关键环节的相关法律文书没有收集，反映社区服刑人员现实表现和社区矫正各环节的主要动态情况单靠建档立卡难以涵盖。

监督滞后。即便不少地区已经实行监督台账月核，但是一个月一核距离实时、随机核查仍有不小距离，也较为耗费各方精力，一旦形成固化模式后也容易流于形式，监督效果依赖于检察人员的工作责任心。① 三是系统各自独立信息共享不畅。目前，社区矫正参与部门都各自适用自己的信息系统，各自独立、互不共享。② 上述问题制约了检察机关开展社区矫正监督的效果。

　　检察监督对于社区矫正制度运行而言，并不具备直接的决定权或对违法行为进行变更改动的权力，检察机关享有的是督促整改或启动程序的权力，可以依法发出检察建议予以纠正，但受监督主体接到相关整改建议之后如何整改就不易把控，尤其是当其消极对抗不予采纳检察机关意见建议或仅做象征性整改之时，局面就会比较尴尬。③ 相关的法律规定对不予采纳理由是否充分却无从判断，这种不配合监督的行为也缺乏可执行性，检察监督难以有力推动落实。综上所述，社区矫正的检察监督工作面临的挑战关键其实在于两点，一个是及时发现问题，另一个是有效整改处理问题。受现实条件制约，既不能明显增加检察机关人手投入，又不宜不过多扰动社区矫正人员正常生活和社区矫正机构运行，必须协调好这两个方面问题。

---

① 因为随着人口流动性增大，非监禁刑罚跨地区判决、移送、执行增多，传统的社区矫正法律文书传递方式落后，花费时间长、效率低，往往造成法律文书送达延时，有时还会出现法律文书丢失的情况。
② 各部门社区矫正信息重复录入，造成司法资源的极大浪费；法院系统、公安机关、司法部门均没有与检察机关建立信息共享平台，检察机关的信息收集在很大程度上依赖于法院、公安机关、司法机关、监狱机关送达的文书。
③ 《社区矫正法》第62条规定"人民检察院发现社区矫正工作违反法律规定的，应当依法提出纠正意见、检察建议。有关单位应当将采纳纠正意见、检察建议的情况书面回复人民检察院，没有采纳的应当说明理由。"但现实中也多次发生执行机关收到检察建议，认为自己机构没有错误而不予采纳的情况。

及时有效获取并集成分析处理信息是开展好社区矫正检察监督的第一步。监督管理状态、教育帮扶情况等各项基础信息状态能帮助检察机关更为及时地判断社区矫正工作质量，采用建档立卡、登记备案等模式仅仅是完成了信息处理的第一步——获取信息，并且信息收集严重滞后，正如前文分析即便某些地区实行检察台账月核制度仍然不足以应对。以目前检察机关的司法资源投入情况，很难依靠人力进行大量的信息集成分析处理，需要结合社区矫正制度的特点对检察监督的线下流程先行梳理优化，然后再依靠信息化手段进行监督能力改造提升，提高大数据分析处理等能力，建好用好公、检、法、司等部门互通共享的社区矫正信息平台。笔者认为，可以将分散的物理空间监督以信息化方式集成到"互联网+"平台，将"静默化监督"作为主要运行机制去开发相关系统，以法律法规和社区矫正的权利义务为设置依据，以智能运行为主、人工维护为补充，对需要重点监督的各环节进行实时掌握。通过区块链等科技创新手段[1]，加强各类管理信息的实时采集更新，打通各部门各环节的信息交互，纳入信息工作平台进行系统动态监督，解决人力之不足的现状，切实提高效率。

强化检察机关在社区矫正中的监督效果，增强约束力和执行力，是开展好社区矫正检察监督的第二步。正如有学者所言，社区矫正对监督机关来说属于新生事物，以往采取"文来文往"的书面形式进行监督，难以起到实际效果。[2] 尽管在《社区矫正法实

---

[1] 2019年10月24日，在中央政治局第十八次集体学习时，习近平总书记强调，"把区块链作为核心技术自主创新的重要突破口""加快推动区块链技术和产业创新发展"。区块链技术因分布式记账和非对称加密等技术特点，具有不可伪造、全程留痕、可以追溯、公开透明、集体维护等特征，已在金融、公共服务等领域有所应用，目前亟待开发完善其在司法领域的应用。

[2] 刘立霞、单福荣：《社区矫正协同检察监督研究》，《法学杂志》2014年第2期。

施办法》中规定了检察机关对督促整改仍不到位可报告上级检察院、通报被建议单位上级机关等，必要时还可以报告同级党委、政府和人大等，但是此时的监督是一种单向的线性模式，并且都属于事后监督，缺乏与公安机关、法院、社区矫正机构、社区矫正人员等主体之间的协同互动，由于这种传统检察监督模式通常有一定滞后性，待问题发生后再来进行整改必然产生对抗性，接受监督的机关或消极对抗或主动遮掩，很难要求其积极配合深挖彻查。检察机关要转变监督中的角色定位，主动协调与各方的关系，达成协同工作的共识，以充分协商、合作共赢为原则，以严格遵守法律法规为导向，加强过程参与，重构检察监督的逻辑关系，变被动为主动，尽量在违法违规发生之前有效地进行规范提醒，规避风险，提高社区矫正工作质量。

三、公共监督

无论是人大监督还是检察监督，实际上还是在治理场域中通过国家公权力主导实施，这股监督力量相对于宽广的社会生活领域而言终究非常有限。根据现代议程设定理论，政务信息公开是公共监督制度发挥预期作用的前提条件，因为从监督的过程来看，必须以获取信息为首要环节，只有在收集足够信息的基础上，才能分析判断监督客体所实施行为是否违法违规，同时接受监督的客体如果确实存在问题，也很可能通过隐匿信息或者篡改信息等方式对抗监督。为了解决这一问题，就需要从多个渠道有效开展公共监督，以确保信息获取畅通。

"人民主权理论"为我国公共权力制衡提供了制度实施依据，在深化改革过程中，诸如信息公开不足、权利滥用寻租等现象严重损害了国家和政府的公信力，也引发了部分群众对公权力运行的质疑，因此国家也提出"阳光执政""阳光政府"等建设目标。①信息越透明，权力就越分散，因为信息与权力天然就有相互联结的趋向。信息不仅是提高社会生产力的驱动力量，也是决定权力分配的关键因素，对信息的占有本就是权力的一种重要表现形式，行使权力必然涉及信息采集、处理和分配。同时信息不对称也会带来一方对另一方具有优势地位，易引发权力寻租和滋生腐败。当然，这既是挑战也是机遇，我国在刑事司法活动中也开始尝试通过理念与制度的创新去适应融入这股信息化浪潮中。社区矫正的公共监督同样需要以信息公开和公共权力制衡为主导方向去实现多主体之间的协同合作治理。

但是社区矫正工作的信息化和信息公开又面临两难境地，既有保密和保护个人隐私的需要，又有阳光公开的监督需要。这一对矛盾关系在智慧社会建设过程中得到了较好的协调，一方面通过大数据等高新技术，刑事司法逐步由传统走向现代，由封闭转为开放，很多信息收集和公开的过程并不需要直接干预公民生活和司法运行。另一方面，因互联网具有分布式特点，多个主体在信息地位上处于平等状态，任何政府部门或社会组织都不可能完全控制网络，借助区块链等技术可以吸纳更多主体参与监督，实现在公共监督过程中的去中心化，确保信息公开的真实性，能够更为有效地监督制衡权力。

聚焦于社区矫正的公共监督方面，需要厘清信息公开与隐私保护之间的界限问题，进一步明确哪些信息需要公开接受监督，在何种范围内公开，哪些信息需要依法予以保护；建立起以信息

---

① 党的十七大报告中明确提出："确保权力正确行使，必须让权力在阳光下运行。要坚持用制度管权、管事、管人，建立健全决策权、执行权、监督权既相互制约又相互协调的权力结构和运行机制。"

化和信息公开为基础,以人民群众监督为主要方式的公共监督模式,最终不论是公民监督、社会舆论监督都可以归于此类。一是要按照《政府信息公开条例》中所提出的"以公开为常态、不公开为例外"原则,明确在社区矫正制度中的相关信息公开标准和规范,对社区矫正的措施种类确定、变更和解除等涉及社区矫正运行过程的信息尽量公开,最大限度确保人民群众监督权,严格保护或依申请公开涉及个人信息、隐私的不宜公开信息。二是科学确定公开范围,特别是关于一些容易发生权力寻租的群众较为关心的环节,如监管措施放宽等决定,可以考虑公开宣告调整内容,这样不仅可以起到监督效果,而且也是对社区矫正人员的正向激励,也有助于进一步恢复社区关系。① 三是在健全标签效应阻隔机制后,可以考虑在司法行政部门的网站开设政务公开专栏,对社区矫正人员接受矫正情况、拟变更矫正等级和措施情况隐去个人隐私信息,在网上予以公示并公布举报投诉电话,接受群众监督。

第三节　共建和谐社区:协同治理体系整合

美国学者弗里德曼认为,给予法律制度生命和真实性的是外面的社会世界,在现实世界有些规则是不用或被误用的。② 完善治理场域的关键在于改善某一特定范围(社区)内的多个主体之间

---

① 例如,对社区矫正人员从严管变为普管的,邀请村(居)民委员会、检察机关、矫正小组成员等参加,当众宣告变更矫正措施决定。
② 这一现象原因在于各种社会势力经常在对法律起作用,毁坏这里,恢复那里;加强这里,使那里消亡;选择哪部分法律起作用,哪部分不起作用。参见劳伦斯·M. 弗里德曼著:《法律制度——从社会科学角度观察》,李琼英、林欣译,中国政法大学出版社,2004年,第18页。

的关系。我国对"社区"概念的界定起始于20世纪90年代,民政部提出"社区建设"的概念,在党的十七大报告及我国"十二五"规划中都提到社区建设的目标是"管理有序、服务完善、文明祥和的社会生活共同体"。社区是社区矫正的运行基础,是相关治理场域的地理、人口和社会概念表现形式。[1]然而随着近二十年我国城市化进程的迅猛推进,从实体空间论,我国目前社区建设总体呈现出城乡二元化特点。笔者认为,除了实体物理空间的社区之外,随着国家信息化迅猛发展随之衍生出诸如贴吧、论坛、社区QQ(微信)群、校园表白墙等相应的网络空间社区,与现实生活有着千丝万缕联系,所产生的矛盾纠纷同样会产生现实影响力,也属于社区建设的延伸范围。

社区作为基础治理单元,取代了我国上千年的宗族乡绅基层治理。随着社区建设的推广实施,强化社区功能、建设和谐社区已具备现实基础条件,群众期待也日趋提升。由此,社区作为旧有单位与公社的社群组织替代物受到政府重视,并被视为基层民主的实践场所而迅速得到扶持,这其中也包括了对犯罪的治理和预防。[2]通过合作治理加强基层社区建设不仅是社会发展的实际需要,符合推进我国建设社会主义和谐社会的客观要求,同时在以人为本思想指导下通过基层参与民主化、社会管理多元化等科学治理措施,最终达成公民尚德守法、治安秩序井然、环境文明祥

---

[1] 社会学家在21世纪初曾将我国社区细分为四类:城市社区、农村社区、小城镇集镇社区、城乡联合社区。参见郑杭生:《社会学概论新修》(第三版),中国人民大学出版社,2003年,第275页。
[2] 进入21世纪,国家甚至将专属于公法的部分刑罚执行权让渡出来,供社会主体参与其中,希望在社区开发出一片构筑于地缘之上的熟人社会来执行改造犯罪、预防犯罪的社会功能,以缓解监狱压力,改善执行效果。参见董蕾:《公私权界分视角下的社区矫正》,《国家检察官学院学报》2014年第4期。

和的理想状态，也为我国社区矫正制度发展创新提供良好的环境保障。因命题宏大，研究精力有限，笔者在此仅结合社区矫正制度尝试探讨发展完善的方向与思路。

一、社区矫正与社区网格化治理

在社区矫正制度中的"社区"究竟如何理解，与"社会"的概念如何区分，这些问题决定了具体工作在多大场域范围内运行以及哪些主体直接参与。① 不同视角下在社区范围的划分上存在不同的颗粒度。有的以农村社区或城市社区人的自然活动疆界为划分标准，这种"社区"的覆盖面较广，相对而言社区的范围属于自然形成并不固定。② 还有人们生活中最常接触到的"社区"，相对覆盖范围较小，属于人为划定设置，主要由城镇的居民委员会（或并入城镇的村委会）改名而来。③ 这种"社区"没有行政级别，工作人员主体是社区干部，既不属于行政编也不属于事业编，接受街道一级的行政领导，向群众传达各种政务指示，也是掌握

---

① 社区和社会这两个概念区别在于：一是社会中的各种关系虽然繁杂但都不强调"共同性"，而社区则强调共同的社区亚文化和共同的社区意识等；二是社会不注重地域概念，社区则存在于特定的地域中；三是社区中的各种关系联结较社会更为紧密；四是社区的功能较社会而言更具有显著的专门化特征，尤其是城乡有明显差别。参见王贞：《论我国的社区矫正制度》，复旦大学 2008 年硕士学位论文，第 4-5 页。
② 一个完整的农村社区的地域范围通常是以其乡镇的聚居点为中心，并将由这个中心辐射到附近的各种服务功能的射线极限点连接起来，构成这个农村社区的地理区域。而一个完全的城市社区的地域范围，通常则是由其市区和包括若干小城镇及乡村的郊区构成的。参见吴克昌：《我国城市社区民主自治的理论与实践研究》，吉林大学 2005 年博士学位论文，第 25-26 页。
③ 在最初的"社区网格化管理"试点中，都是以"城市"为主要实验对象开展的，农村地区的网格化管理无论是以村组还是以片区为单位，都处于一种基本公共服务缺乏的状态。直至 2015 年中共中央办公厅、国务院办公厅印发了《关于深入推进农村社区建设试点工作的指导意见》才启动了相关农村社区建设试点。

和反馈民情的最前沿组织。如果以此为据,那么当前广大农村地区有很多地方仍不具备开展社区矫正的空间场所。

笔者认为,社区矫正制度的"社区"首先属于基层治理范畴,是社会治理和管理服务的基本单元,并且行政管辖范围应当能做到城乡统筹协调,能够起到承接地方党委和政府及司法行政部门、公安机关等各项治理任务、整合社会资源、提供服务保障的作用。因此,按照我国目前最基层的行政区划设置,在社区矫正制度中的"社区"应当从乡镇(街道)一级去观察分析,是基层社区网格在一定范围内的集合体。在这一层级,有较为完整的党组织和政府机构,有固定的办公和服务场所,通常公安机关设有派出所,司法行政部门设有司法所,教育部门建有学校,卫生部门设有医院等。根据《社区矫正法》的规定,部门一线工作力量下沉仅到司法所所在的乡镇(街道)一级。但一个乡镇(街道)人口少则数千,多则数十万,如果不能将治理抓手继续向更基层的地方倾斜下沉,则很难贴近人民群众日常生活。要解决好联系服务群众的"最后一公里"问题,社区网格化治理是我国正在进行并已凸显成效的有益实践探索。[①]

社区网格化管理模式是我国社会治理的特有产物,从党的十八届三中全会到十九大都明确指出了社区网格化治理对创新社会治理的重要作用,包括要拓展网格化的服务和管理内容,加强城乡社区治安防控网的建设。[②] 社区网格化治理在乡镇(街道)之下

---

① 在社会治理创新视域下,社区网格化服务管理作为一项推进城乡基层社区善治的有益探索,迎合了国家推动社会治理重心向基层下移和治理方式从管理向管理与服务并重的方向性转变,被顶层设计者和地方政府看作是能够有效应对基层社会治理问题的政策工具。
② 习近平:《决胜全面建成小康社会夺取新时代中国特色社会主义伟大胜利——在中国共产党第十九次全国代表大会上的报告》,新华社,2017年10月27日。

增加了"网格"这一层级单元,应对问题和风险,社区网格化管理模式拥有一整套系统的应对机制,从传统主体单一管控向网络化多元协同模式转换,能够使社区治理工作做细做扎实。我国在实践中已经逐步将基层社区网格建设为乡镇(街道)向下延伸行政管理和公共服务的平台。自 2020 年新冠病毒感染疫情暴发之后,这一治理模式迅猛发展,各个部门间的数据共享通道被打通,层级屏障也被一并击破,政府和社会选择共同构建起开放式、高效能的信息共享平台。① 但是社区网格化治理的经验与成效如何应用到社区矫正领域,目前尚未进入主流视野,有待进一步深入研究。

社区矫正人员的日常表现和矫正效果,最主要的发生和检验场域都集中在基层社区范围内,体现在日常生活的各个方面。从我国现行的社区矫正制度实施过程来看,虽然公、检、法、司等职能部门构成社区矫正的执行主体,但是距离接受矫正个体仍然较远,而社区基层组织(包括基层自治组织、基层党组织和群众组织)成为被动员和被参与的社会资源和力量,在涉及回归社会机制中的权利保障与促进上,社区基层组织也基本处于缺位的状态。党的十九大报告进一步提出"加强社区治理体系建设,推动社会治理重心向基层下移,发挥社会组织作用,实现政府治理和社会调节、居民自治良性互动"的实施路径。② 国家力量应当想办法充实进社区网格,与社区基层组织进行有机融合,在最基层的环

---

① 信息共享平台的数字化支撑,能够更加系统地搜集、整理和反馈居民信息,信息的精确性和预估风险的能力都得到提升,便于实现更加精细化的管理,提高社区治理能力和水平。参见王玉婷、吴娜、郑明山等:《社区网格化治理模式在疫情防控中的困境及对策研究》,《湖北经济学院学报(人文社会科学版)》2021 年第 11 期。

② 习近平:《决胜全面建成小康社会夺取新时代中国特色社会主义伟大胜利——在中国共产党第十九次全国代表大会上的报告》,人民日报 2017 年 10 月 28 日第 1 版。

第六章　合作治理功能视角下我国社区矫正治理场域完善

节进行合作治理，同时也要防范黑恶势力、家族宗族势力对农村基层政权的侵蚀和影响。① 乡镇（街道）对社区进行业务指导和保障，选聘组建社区网格员队伍进行基础性的排查走访和信息报送等工作。公安机关通过派出所对辖区内社区进行警力下沉，设置社区民警掌握社情民意、维护治安秩序。卫生部门在社区设有社区医院（门诊）和家庭医生等，能够为有治疗需求的社区矫正人员提供服务并督促按时诊治。而司法所、法院派出法庭、检察院派驻检察室等尽管与派出所同属乡镇（街道）一级的政法体系，有待进一步探索形成将主管工作下沉至社区网格参与协同治理的工作机制。

另外，应当充分发挥基层群众自治，基层社区村（居）委会是社会合作治理的主体之一，应当保障其实现自治功能，而不是作为行政化的治理工具去简单承接乡镇、街道的行政任务。② 社区去行政化改革涉及我国基层民主政治实践这一重要命题，也是全面深化改革、推进治理现代化的必然选择。③ 在去行政化之后，要重点发挥基层群众自治在社会治安综合治理方面的作用，如北京市朝阳区建立的"朝阳群众"治安志愿者组织，就是依托社区网格发挥群防、群治作用。自 2013 年"网络大 V"薛某某被拘以来，北京警方查处的一批明星、名人违法犯罪案件，很多都是依靠"朝阳群众"这类群众组织提供的举报线索。④ 除了监测异常、排查隐

---

① 在《中共中央国务院关于做好 2022 年全面推进乡村振兴重点工作的意见》的文件中明确要求，创建一批"枫桥式公安派出所""枫桥式人民法庭"。防范黑恶势力、家族宗族势力等对农村基层政权的侵蚀和影响。
② 2015 年，民政部、中央组织部联合发布《关于进一步开展社区减负工作的通知》中表明，先前社区居委会去行政化改革效果甚微，未能达到预期目标。
③ 王义：《从整体性治理透视社区去"行政化"改革》，《行政管理改革》2019 年第 7 期。
④ 张雪泓：《"朝阳群众"养成记》，《法人》2021 年第 11 期。

273

患之外，还应发挥基层群众矛盾纠纷调处、教育帮扶等功能，加强社区民主自治，健全社区管理、决策、监督等，通过社区内部沟通渠道消化解决内部矛盾问题，做到矛盾问题及时处理不上交，维护社区管理有序和社区整体和谐。

二、社区矫正与基层党团组织

我国社区矫正治理场域中最为鲜明的中国特色应是坚持和加强党的全面领导，始终将群众路线作为重要工作路线在社区矫正中深入贯彻。社区矫正不能仅理解为一项政府行政事务和法律事务，尽管政治治理已逐步被以法治为核心的新治理形态所取代，但是政治力量和政治动员在治理中仍可发挥重要的作用。

自2003年开展社区矫正试点工作以来，上海模式和北京模式都是在市委领导下，由政法委牵头组织。2020年，不论是新冠病毒感染疫情防控阻击战，还是脱贫攻坚战的成功经验都有力证明，在中国谈及社会治理离不开在党的全面领导下发挥基层党组织在国家治理体系和治理能力现代化进程中战斗堡垒的作用。这一点虽没有在《社区矫正法》中提及，但早已镌刻在中国的经济、法律、社会等各个方面，始终发挥举足轻重的作用。例如，湖北省2020年6月全面推行"党员下沉社区"，104万余名党员干部下沉社区服务民生解难题，完善共建共治共享的基层治理格局。然而，一些基层党组织没有深入领会相关精神，形式大于内容，理论学习多，实践锻炼少，在社区网格化治理中缺乏担当精神，脱离组织、监督、引领等工作任务，导致基层党组织在参与社会治理时出现"弱化、虚化、边缘化"的现象。[①]

在社区矫正过程中，社区矫正机构应主动加强与基层党团组

---

① 吴春：《基层党组织领导社区网格化协同治理的行动逻辑及路径选择》，《城市管理与科技》2021年第4期。

织协同互动,尝试建立专门的党员下沉岗位或功能型支部。将网格内党员干部、入党积极分子等党支部力量下沉基层治理,发挥党员干部带头作用,在各矫正小组中帮助矫正对象加强思想政治教育、学习四史、树立正确三观。尤其要引导年轻一代积极参与社会治理,加强思想引领和行为倡导。改革开放以来,以经济建设为中心,对以往的一些做法进行了调整,群众从以往人民公社、集体经济中解脱出来,直接参与社会治理程度反而减弱。当前年轻一代更习惯于通过互联网关注公共事务并表达观点意见,出现了"微博治理""知乎治理"等现象,也涌现出许多"键盘侠",空有关注千里之外热搜事件的热情,却缺乏直接参与身边日常社会治理的行动。归根结底是缺乏引导、缺乏氛围、缺乏渠道。可以学习借鉴北京市丰台区与北京大学法律援助协会协同开展矫正教育的经验[1],充分发动学生党团组织力量,以大学生开展社会实践、劳动教育为契机,吸纳专业性较强的如心理、教育、社会、法律方面的大学生建设专业化志愿服务队伍,实现多方共赢。

三、社区矫正的社会资源整合利用

一是加强信息网络资源整合,探索"互联网+"时代的"枫桥经验"。在外卖、网约车等有资本介入和明显利益导向的领域,信息化早已武装到牙齿,进入了数字控制时代,数字控制也从实转虚,不仅是比拼设备数量和配置,还包括虚拟的软件、数据、架构和算法,并通过对数据的处理和算法的管理产生网络时代的秩序。而在没有资本介入和利益导向的公共管理、社会服务领域,不少环节尚如同"刀耕火种"一般原始,想要全部依赖政府力量

---

[1] 唐飞:《北大学生任街道矫正中心的"导师"》,《人民调解》2005年第8期。

推进信息化建设非常艰难。一些部门对主管业务的认识实际还停留在"管理""权力""资源"等概念上,并未向"为人民服务"的服务型、发展型过渡转变。对于个别政府部门工作人员来说,信息化治理水平的高低并不必然影响自身的业绩考核和生活质量,有时信息化初期所产生的各种矛盾问题甚至会增加工作压力。

网上"枫桥经验"源于对互联网安全治理的现实需要。[①] 网络社区资源日益成为当前社区成员联系互动的重要平台,尤其是新冠病毒感染疫情后,基本各个社区都建立起了相关网络交流渠道,同时对社区内的人员行程信息等也可以依托大数据平台进行掌握。"枫桥经验"的法理本质是软法,网络软法的制定与实施主体既可以是群主、吧主等网民中的管理者,也可以是网络服务提供者,还可以是网络监管部门。因此要发挥治理效能既不能全部靠利益驱动或自由生长,那样会迷失方向而跑偏;同时也不能没有利益驱动,只靠政府唱独角戏难以形成足够的驱动力产生社会合力。多元主体可以共同合作加强网络空间治理,强化政企合作(尤其是互联网企业)和政社合作,勠力同心共建线上纠纷解决机制(ODR)。[②] 在社区矫正领域同样也可以移植应用这一机制,转变为集司法系统内部 ODR 与司法系统外部 ODR 于一体的双轨制 ODR

[①] 国务院 2015 年印发《关于积极推进"互联网+"行动的指导意见》,从国家战略高度将互联网与经济社会各领域融合发展纳入国家治理体系。2018 年 1 月,中央政法工作会议首次明确,要总结推广网上"枫桥经验",推动社情民意在网上了解、矛盾纠纷在网上解决、正面能量在网上聚合,努力使社会治理从单向管理向双向互动、线下向线上线下融合、单纯部门监督向社会协同转变。参见陈福连:《网上"枫桥经验":新时代网络空间治理共同体研究——以绍兴市公安局的实践为例》,《公安学刊(浙江警察学院学报)》2021 年第 6 期。

[②] 目前政企合作,从数量庞大的网络购物合同纠纷、网络产品责任纠纷、网络服务合同纠纷的 ODR 起步,再到转型后的网络知识产权侵权纠纷、网络金融借贷款合同纠纷、网络行政管理纠纷以及网络公益诉讼等 ODR。

发展格局，形成从"以网络舆情监测实现源头纠纷预防"到"以司法系统外部 ODR 实现非诉机制挺前"再到"以司法系统内部 ODR 实现法院裁判终局"的倒三角漏斗式 ODR 治理构架。① 当更为便捷高效的线上纠纷解决方案为人民群众广泛接受之时，无形中起到释放社会紧张情绪和净化社会环境的功效。

二是加强社会化教育资源整合，从思想上着手提高教育帮扶实效。从英美等西方国家社区矫正发展演变史可以看出，宗教为社区矫正的教育功能提供了有力支撑。这其实就是西方社会自古沿袭的一种特有社区矫正思想教育体系。但是在我国宗教力量不能介入法律和社会事务，并且教育与宗教分离是我国教育法的基本原则，介入违法犯罪者的社区矫正更是不可能。可见很多高度依赖社会支持的矫正教育在我国并不能简单移植，而是需要考虑在当前现实社会环境中的社会基础问题。思想政治教育的目的就是解决人的思想观念和行为规范等方面的问题，使其脱离完全受自然属性掌控的状态，逐渐获得社会属性，不仅适用于在校学生，而且思想政治教育的社会化同样适用于社区矫正人员。② 同时，不能谈及思想政治教育就泛政治化，其内容包括思想教育、政治教育、道德教育和心理健康教育四个方面，除了少部分违法犯罪人员存在明显政治立场问题，其他的大多数都属于后三者有所欠缺。《社区矫正法》中所规定的道德教育、心理辅导等都可归入其中。

---

① 韩烜尧：《论中国的线上纠纷解决机制（ODR）——"网上枫桥经验"的探索与发展》，《首都师范大学学报（社会科学版）》2021 年第 2 期。
② 传统观念认为，思想政治教育专属于学校教育范畴。思想政治教育社会化是指思想政治教育为了发挥自己的社会功能，适应社会发展的要求，打破对部门、单位的依赖、突破在部门、单位内部实施的局限，而面向社会特别是不确定的社会个体实施的状态、态势与格局。参见徐贵权：《论思想政治教育社会化》，《淮阴师范学院学报（哲学社会科学版）》2006 年第 2 期。

通过整合社会资源，充分调动各种有益的社会力量参与思想政治教育，是保证教育主体社会化的可行路径；开展多层次、多渠道、多规格的社会实践活动，根据个体心理状况、知识水平、道德觉悟等因人施教，是保证教育过程社会化的重要支撑。

三是加强学科专业资源整合，提升工作队伍整体素质。加强社区矫正中教育帮扶的专业队伍建设需要环节前置，从职业化和专业培养的角度来看，我国目前高等教育所设立的社区矫正相关学科专业主要包括公安类、监所管理类、法律执行类或者监狱学等。开设相关专业的学校以个别政法院校（本科专业）和各地区警察职业学院（专科专业）为主，这类院校学科建设基本以法律类、公安类为主体，在社区矫正专业的培养过程中能否有效支撑开展社会学、教育学、心理学等教学尚存有疑问，一般意义上的社会学、心理学等学科对社区矫正工作的重视程度和交叉融合又明显不足。另外，社区矫正机构还可以通过公开聘任、签署合作协议、共建教学实践基地等方式与高校、科研机构或教学科研工作者建立合作关系，构建培训体系，聘请兼职教师并逐渐建立兼职教师人才库，可以参与制定教育帮扶方案，加强工作人员在法学、社会学、管理学、心理学等方面的交叉培养，从而实现社区矫正工作队伍的专业化和结构多元化。

结　语

　　社区矫正制度是基于人道主义思想下国家法治理性发展的新生法律制度，旨在利用社区资源对违法犯罪者进行矫正的方法，以控制和治理犯罪为目标。较英美等国家已经较为成熟的社区矫正制度而言，我国虽然起步较晚，但是已经完成了从试点到立法的积极建设阶段，探索中国特色的社区矫正制度成为时代使命。我国自社区矫正工作试点以来，社区矫正的性质界定始终较为狭隘，在刑罚执行视角下，我国社区矫正面临多种实践困境。在制度发展方向上一个根本分歧在于，社区矫正制度与传统刑罚制度之间究竟是各自独立、功能互补，还是在传统刑罚制度内部进行的一次局部功能创新改良。现代国家和社会对社区矫正制度具有更高的功能期待。不再是简单地管得住、不脱管，而是如何真正帮助受矫正者改变社会认知和行为模式，达到矫正行为偏差个体，恢复社会关系，重建良好秩序的效果。面对这一新的时代需求，需要深入反思和审视社区矫正制度的基本理论，对社区矫正的性质、目的、概念进一步梳理，在国家治理体系和治理能力现代化重要背景下，基于社会治理视角对当前社会发展和治理形势探讨符合中国特色的社区矫正制度功能构建和实现的路径。

一、我国社区矫正制度的性质界定

因社区矫正制度在理论上不断整合而在实践中发散创新，其性质界定存有内在张力。社区矫正制度的特点主要有四点：一是就目的而言，以教育矫正为特点；二是在结果上，以实践考察为特点；三是在内容上，以开放参与为特点；四是在结构上，以多元统合为特点。其中，现代社区矫正制度最为核心的特征应是开放参与。

应该说，社区矫正首先是一种依照法律进行矫正的活动，同时提供了对违法犯罪行为人法律责任的判定和解决机制。社区矫正可以理解为通过法定程序将违法犯罪人的法律责任进行转化，确定矫正期间的权利义务，最终按照社会工作的运行规律开展个体矫正帮助并修复社会关系的一项法律制度。其性质不限于刑事执行范畴，既具有刑事司法属性，也具有社会工作属性，其系统结构以法律系统、个体系统和社会系统划分并进行相互沟通和耦合。

二、我国社区矫正制度的系统功能分析

对于社区矫正制度的功能界定，目前处于一种动态且模糊的状态，并且随制度发展还呈现出分化态势。我国社区矫正制度目前所暴露出的问题指向建构缺乏系统思维，仍将这一制度视为单纯的法律系统的内部运行形式。其系统功能结构模糊并且耦合不佳，未能随社会复杂性增长进行功能分化和理性选择，甚至功能逐渐异化失效，无法满足不同层次主体的需求。

社区矫正制度的功能随着人们思想认识和社会实践的发展而逐步分化，基于功能分化，系统的结构也在日趋复杂化，维系整个制度的稳定性，以便更好地对待和处置其所处人类社会现代化和全球化这一大环境的复杂性。现代社会的复杂性决定了法律制度需要不断进行功能分化，时至今日，社区矫正制度功能系统结构较其他法律制度更为复杂。按照法律系统、个体系统和社会系统这种三系统划分方式，目前在我国社区矫正制度中，法律系统性质定位单一，导致系统封闭，与其他系统耦合不足；社会系统尽管有多元主体，但呈单极化趋势导致社会治理功效不显；个体系统面临教育帮扶形式化，导致个体自我效能感难以发挥。最终三系统之间期望难以传导，功能难以互惠。

社区矫正制度的三个系统间耦合的机理在于，法律系统功能和社会系统功能依靠每一个个体进行串联，最终实现也必须基于个体系统功能的实现。而社会系统和个体系统的功能实现又必须以法律系统作为正当性基础，受法律制度的制约和保障。社会系统成为沟通法律与个体系统之间的缓冲区，为其提供治理场域和条件支持。理想状态是最大限度地维持一定张力，三者尽力完善自身、维持自身稳定的同时互促互进实现功能互惠。当整个制度欲发生某种改良时，应从法律系统着手，对个体系统产生积极影响，进而渗透至社会系统，最终实现三个系统之间的期望脉络同一化，达成整个制度系统内部的有效耦合和动态均衡。

三、我国社区矫正制度的结构化形塑

国家治理是一个系统工程，社区矫正制度功能结构形塑的背后首先蕴含着国家对治理理念和模式的选择。在国家治理体系和治理能力现代化背景下，模型的选择不再是唯一的。必须跳出我国从政治治理主导到行政治理主导再到法律治理主导的单一化治理嬗变历程，建立一种在系统性思维主导下的社区矫正合作治理网络，推动由单一到多元的治理结构转型，每种治理手段都要在体系中发挥其擅长的规制作用，打破科层组织的结构性壁垒，破解治理碎片化、治理封闭化和治理等级化造成的基层治理困境，进而追求系统整体性功能大于部分功能之和的治理效果。

随着我国宽严相济刑事政策的提出，需要结合社会发展演变进行功能选择和重心转移，即法律系统功能从惩罚制裁走向人权保障，社会系统功能从隔离防范走向合作治理，个体系统功能从监督管控走向教育帮扶。基于刑事一体化理论，打破学科壁垒，利用包括法学、社会学、教育学、心理学等在内的多学科有益成果对犯罪处遇问题进行多维度研究，基于法律—社会—个体三个维度功能视角对社区矫正制度予以结构化形塑，形成一种理想稳定的三角功能结构形态，两两衔接搭建纽带、互为支撑，建立起基于合作治理模式的社会治理共同体，最终通过刑事一体化之合力促使社区矫正制度实现功能闭环重构。

社区矫正制度功能实现需要根据系统结构去分层考虑，法律系统主要以加强人权保障为功能选择方向，起主导作用的是国家立法、司法和行政机关，通过程序机制的构建和完善得以实现系统功能；个体系统主要以通过落实教育帮扶为功能选择方向，起主导作用的是受矫正个体的参与配合，通过优化社区矫正实体措施得以实现，更精准合理而谨慎地施加监管干预，从加强个体自我效能感的角度有针对性地健全完善各类教育帮扶措施；社会系统功能主要以促进合作治理为功能选择方向，起主导作用的是社会机构和社会组织，依托治理场域构建完善而得以实现。从功能实现的逻辑顺序上，应沿着程序机制—实体措施—治理场域分别对法律系统、个体系统和社会系统进行功能分层实现，并导入一种功能互惠的良性循环之中。

四、我国社区矫正制度的功能实现路径

社区矫正制度的功能实现路径根据系统结构进行分层，其中法律系统处于宏观而抽象层面，当以人权保障功能为主导进行程序机制构建。个体系统属于微观操作层面，当以教育帮扶功能为主导进行实体措施改良。而社会系统则介于前两者之间，当以合作治理功能为主导进行治理场域完善。不断在法律、社会、个体系统之间加强联动，相应的法律程序在设计理念上需要开放化、社会化，搭建起功能之间的桥梁纽带。

（一）程序机制构建方面

社区矫正的运行过程可以概括为"筛选对象—决定适用—转化责任—矫正实施—保障救济"，需要以人权保障功能为主导对社区矫正制度中的前置调查评估机制、决定适用机制、保障救济机制和程序机制间的统合衔接等进行调整完善，并在此基础上从法律系统出发积极寻求与个体系统的耦合，再通过个体系统向社会系统渗透。

一是要对现有的调查评估机制的方法与内容进行丰富完善，合理筛选符合社区矫正条件的案件和对象。二是要适当扩大社区矫正制度的适用范围，对当前管制刑、资格刑适用范围和内容及时予以调整，同时做好劳动教养制度废止后的承接适用。三是对社区矫正决定适用机制进行完善，在"裁判式单一决策模式"之外建立一种"合意式复合决策模式"，并以决定适用为界进行前端和后端区分，做好审前转处程序与社区矫正制度的衔接，完善法律责任转化和标签效应阻隔机制。四是要对保障救济机制进行完

善，加强对社区矫正人员的主体地位、合法权利予以尊重保障和必要救济，尤其是对其知情权、程序选择权、辩护权和获得法律帮助等程序性权利应当形成制度性保障。

（二）实体措施改良方面

社区矫正实体措施的精细化是社区矫正理论和实践发展的必然趋势，措施的创新和完善最终需围绕"人"这一中心展开，完善同样应以法律系统、社会系统和个体系统的功能实现为导向，在三者间取得平衡。可以根据实体措施的类型和作用机理分为监督管理措施、矫正教育措施、帮扶支持措施和特殊矫正措施四类。

监督管理措施的完善应以保障个体系统的功能实现为导向，通过对不同类型个体的行为科学督导，帮助其建立一定的成功经验，获得起步阶段积极的自我效能感，为教育帮扶功能的实现拓展积极、肯定的组织情境影响，进而取得个体系统与法律系统、社会系统之间的协调。分类管理科学化、分级管理精细化、无感监管信息化是社区矫正监督管理措施发展完善的方向。

从犯罪和社会治理层面来看，矫正教育措施则需要完成从"改造"到"教育"的理念更新，必须在时限范围内完成由他律到自律的转变。同时要更为贴合个体矫正和犯罪治理的实际需求，进行教育内容和形式革新，以社区矫正为核心进行教育体系和教育内容的设计，注重人道、平等、尊重和沟通，唤起社区矫正人员主体意识和自我意识，有效地减少抵触和排斥心理。

帮扶支持措施的完善主要是加强对心理测评、心理咨询、就业指导等在内的多样化、个性化的咨询服务支持全面覆盖。同时适时转变生活帮扶理念，着眼于为社区矫正人员提供学习发展的机会，改善其生存能力和人际关系，形成符合能力增长趋向的自我效能感。随后从外部着手，进一步完善社会支持系统和社会交往网络提供社区矫正人员融入社会的必要保障支持。

此外，还需要考虑社区矫正人员的某些特殊情况，若在正常的社区环境内无法提供相应的矫正环境，则有必要针对学龄青少年、不良瘾癖者以及精神卫生问题者提供更为特殊和专业的社区矫正措施。

（三）治理场域完善方面

通过完善社会系统治理场域，在场域中发挥合作治理功能，实现多元主体分工合作、负载均衡和组织整合，与法律系统、个体系统之间在功能分化之后形成一种均衡的有机团结，为人权保障和教育帮扶功能的实现提供现实基础。

一是完善社区矫正职能分工。包括对组织领导体系、部门协同体系以及社区矫正机构角色定位的完善。地方各级党委和政府发挥组织领导作用，成为掌舵者，抓根本、抓重点、抓关键，其主要任务是制定政策、推广落实、培育力量、配置资源、考核监督。从专项经费共同使用、专门平台共享数据、专门队伍共同指导、专门项目共同研究、专门荣誉共同评选等五个方面进一步促进部门协同。理顺社区矫正机构的多重领导和多重指挥体制，重构社区矫正机构角色定位，形成司法行政部门、公安司法机关等多部门通过社区矫正委员会协同指导和保障，社区矫正机构相对独立运行，社会组织有序参与的治理场域。

二是在社会治理场域中充分考虑加强权力制衡，通过人大监督、检察监督和公共监督对公权力进行约束，杜绝假借矫正名义逃避法律制裁，防止其沦为少数人徇私舞弊或谋取私利的工具。

三是社会治安协同治理。在社区矫正制度中注重对当前新的基层治理实践经验进行吸收和融合，包括社区网格化治理与社区矫正的融合、基层党团组织在社区矫正中作用的发挥，探索社区矫正对信息网络、社会化教育、学科专业等有益资源的整合利用。

　　本书研究的内容在理论界受关注度并不高，与刑事司法领域一些热门课题相比有很大差距。与社区矫正相关的立法也较晚，法律位阶不高，社会公众对社区矫正制度的了解认识远不及刑法、民法等法律制度；同时这一研究内容涉及的学科范围又很大，其研究视域非常宽广，涉及法学、社会学、教育学、医学、心理学等学科。应该说，本书只是关于社区矫正制度研究的起点，试图勾勒描绘一个更为科学、理想的社区矫正制度理论框架，很多内容都有进一步深挖的研究价值，笔者在今后的学术生涯中还将持续关注这方面的理论研究与实践进展。改革创新远非一日之功，很多观点需要留待时间和实践检验。笔者始终相信，社区矫正制度的发展完善是一个长期的过程，我国其他的刑事司法制度也是经过数十年的不断总结、反思才达成今日的法治文明。我国目前社区矫正制度的理论分歧和现实困境不能视而不见，广泛吸收借鉴交叉学科理论成果或许能从纷繁复杂的现象中梳理出若干较为清晰的发展脉络，并做到结合社会发展及时调整实践路径，切实发挥社区矫正制度在防控犯罪、治理社会方面应有的功效。

参考文献

一、期刊

[1] 吴宗宪. 我国社区矫正法的历史地位与立法特点 [J]. 法学研究, 2020 (4).

[2] 田兴洪, 蒋晓宇.《中华人民共和国社区矫正法》立法评析及完善对策 [J]. 温州大学学报 (社会科学版), 2020 (4).

[3] 郑丽萍. 互构关系中社区矫正对象与性质定位研究 [J]. 中国法学, 2020 (1).

[4] 鲁兰. 日本更生保护制度沿革及新动向 [J]. 犯罪与改造研究, 2019 (3).

[5] 詹建红. 论刑事诉讼功能的契约化嬗变 [J]. 中国刑事法杂志, 2011 (5).

[6] 连春亮. 社区矫正的属性及其契约化规制 [J]. 山东警察学院学报, 2016 (2).

[7] 宋敏, 解连峰. 法社会学视角下的社区矫正研究 [J]. 齐齐哈尔大学学报 (哲学社会科学版), 2016 (6).

[8] 张凯. 检视与推进：我国社区矫正制度深

化路径之探讨[J]. 河北法学, 2017 (2).

[9] 陈光中. 社区矫正发展及其立法问题[J]. 中国司法, 2017 (5).

[10] 崔会如, 张文俊. 刑事法律修改背景下社区矫正工作的变化与调适[J]. 中国监狱学刊, 2017 (1).

[11] 陈伟. 社区矫正检察监督机制的改革与完善[J]. 湖北社会科学, 2017 (3).

[12] 陈伟, 谢可君. 社区矫正中人身危险性理论适用探究[J]. 山东警察学院学报, 2016 (2).

[13] 苏春景, 赵茜. 康复主义之下的美国罪错少年社区教育矫正[J]. 比较教育研究, 2020 (5).

[14] 高德胜, 贾晓旭. 从报复到矫正的历史经典——1870年美国监狱大会《原则宣言》的考据[J]. 社会科学战线, 2016 (5).

[15] 田宏杰. 立法扩张与司法限缩: 刑法谦抑性的展开[J]. 中国法学, 2020 (1).

[16] 尹露. 中国特色社区矫正的功能定位与进路选择[J]. 河北法学, 2018 (10).

[17] 杨学锋. 标签效应的衍生与整合理论之引介[J]. 中国刑警学院学报, 2020 (1).

[18] 康树华. 社区矫正的历史、现状与重大理论价值[J]. 法学杂志. 2003 (9).

[19] 周国强. 国外社区矫正的理论基础及其发展评估[J]. 山东社会科学. 2005 (3).

[20] 高铭暄. 结合《刑法修正案(八)》谈我国社区矫正的本土化发展[J]. 中国司法, 2011 (5).

[21] 吴艳华, 张凯, 吴春. 论我国社区矫正风险评估体系的

构建与完善［J］.中国监狱学刊，2012（2）.

［22］詹建红，李纪亮.困境与出路：我国刑事程序分流的制度化［J］.当代法学，2011（6）.

［23］但未丽.社区矫正概念的反思与重构［J］.武汉理工大学学报（社会科学版），2008（1）.

［24］詹建红，崔玮.职务犯罪案件监察分流机制探究——现状、问题及前瞻［J］.中国法律评论，2019（6）.

［25］江山河.美国社区矫正的起源、发展、现状及对中国的启示［J］.青少年犯罪问题，2019（2）.

［26］司绍寒.社区矫正执行程序研究［J］.中国司法，2013（11）.

［27］张昱.论社区矫正中刑罚执行和社会工作的统一性［J］.社会工作，2004（5）.

［28］邱兴隆.从一元到多元：一般预防论的流变［J］.法学评论，2000（5）.

［29］但未丽.社区矫正的"北京模式"与"上海模式"比较分析［J］.中国人民公安大学学报（社会科学版），2011（4）.

［30］詹建红，许晏铭.论监察调查与刑事诉讼程序的衔接［J］.社会科学战线，2019（8）.

［31］詹建红.论契约精神在刑事诉讼中的引入［J］.中外法学，2010（6）.

［32］张传伟.社区矫正"1+X"运行模式［J］.法学论坛，2010（1）.

［33］汤啸天.社区矫正试点与矫正质量的提高［J］.当代法学，2004（4）.

［34］王云海.法治式劳动改造论［J］.中国刑事法杂志，2002（5）.

[35] 陶广峰. "刑"的起源新解 [J]. 兰州大学学报, 1989 (2).

[36] 司法部基层工作指导司. 英国的社区矫正制度 [J]. 人民司法, 2003 (6).

[37] 徐贵权. 论思想政治教育社会化 [J]. 淮阴师范学院学报 (哲学社会科学版), 2006 (2).

[38] 杨陈. 论宪法中的人民概念 [J]. 政法论坛, 2013 (3).

[39] 邓平. 一切刑事犯罪是否都算作敌我矛盾？是否都看作专政对象？绝不可把人民中间的犯法分子都当作专政对象 [J]. 法学研究, 1958 (3).

[40] 陆小云, 刘亚楠, 苏克刚. 共建共治模式下社区服刑人员的多重困惑与纾解 [J]. 南京工程学院学报 (社会科学版), 2021 (1).

[41] 高艳东. 从仇恨到接纳罪犯：个人与社会立场间的刑法抉择 [J]. 环球法律评论, 2006 (3).

[42] 董蕾. 公私权界分视角下的社区矫正 [J]. 国家检察官学院学报, 2014 (4).

[43] 王义. 从整体性治理透视社区去"行政化"改革 [J]. 行政管理改革, 2019 (7).

[44] 张伯平. 行刑成本与帮教社会化——谈立法上的一些思考 [J]. 犯罪与改造研究, 2002 (10).

[45] 吴春. 基层党组织领导社区网格化协同治理的行动逻辑及路径选择 [J]. 城市管理与科技, 2021 (4).

[46] 冯卫国. 寻求更加有效的犯罪治理——走向国家与社会合作共治 [J]. 甘肃理论学刊, 2015 (1).

[47] 陈福连. 网上"枫桥经验"：新时代网络空间治理共同体研究——以绍兴市公安局的实践为例 [J]. 公安学刊（浙江警

察学院学报），2021（6）.

［48］韩烜尧.论中国的线上纠纷解决机制（ODR）——"网上枫桥经验"的探索与发展［J］.首都师范大学学报（社会科学版），2021（2）.

［49］唐皇凤.常态社会与运动式治理——中国社会治安治理中的"严打"政策研究［J］.开放时代.2007（3）.

［50］凌斌.法律与情理：法治进程的情法矛盾与伦理选择［J］.中外法学，2012（1）.

［51］率永利.县域社区矫正治理体系建设初探［J］.中国司法，2020（3）.

［52］杜力.在国家与社会之间：政党嵌入与国家——社会关系理论的反思与重构［J］.中共福建省委党校（福建行政学院）学报，2021（2）.

［53］刘强.对"社区矫正"法律名称的商榷［J］.法学家，2018（2）.

［54］熊贵彬.社区矫正三大管理模式及社会工作介入效果分析——基于循证矫正视角［J］.浙江工商大学学报，2020（2）.

［55］刘强，郭琪.基层社区矫正机构设置创新研究——以浙江天台县的改革为视角［J］.犯罪与改造研究，2015（2）.

［56］吴之欧.论社区矫正中的"帮教基地"与"社区"的关系及完善［J］.法学杂志，2017（8）.

［57］吴宗宪，张锡君，钟卫东.社区矫正机构探讨［J］.中国司法，2020（6）.

［58］戚兴伟."犯罪分子"称谓之弊探讨［J］.犯罪研究，2018（4）.

［59］王平.社区矫正对象的身份定性与汉语表达［J］.中国

司法, 2020 (2).

[60] 李晓瑜. 我国收容教养制度之检视与重构 [J]. 预防青少年犯罪研究, 2020 (2).

[61] 鞠青, 关颖. 中国工读教育研究报告 [J]. 中国青年研究, 2007 (3).

[62] 刘双阳. 从收容教养到专门矫治教育：触法未成年人处遇机制的检视与形塑 [J]. 云南社会科学, 2021 (1).

[63] 包涵. 强制或医疗：社区戒毒制度的"名与实"之辨 [J]. 华东理工大学学报（社会科学版）, 2020 (3).

[64] 刘强. 我国社区矫正应尽快建立风险控制的中途住所 [J]. 中国司法, 2019 (4).

[65] 宋龙飞. 社区禁毒协议的法律性质探析 [J]. 云南警官学院学报, 2013 (6).

[66] 宋远生. 行刑社会化视角下精神病犯罪人的处遇 [J]. 犯罪研究, 2015 (4).

[67] 张晓凤. 论我国刑事强制医疗制度和社区矫正制度之衔接与完善——以被解除强制医疗人回归社会为视角 [J]. 南海法学, 2019 (5).

[68] 赵伟, 等. 严重精神疾病社区管理和治疗的主动性社区治疗模式（综述）[J]. 中国心理卫生杂志, 2014 (2).

[69] 李姚姚. 治理场域：一个社会治理分析的中观视角 [J]. 社会主义研究, 2017 (6).

[70] 游伟, 谢锡美. "严打"政策的回顾与科学定位 [J]. 华东政法学院学报, 2004 (1).

[71] 郝守才. 我国海峡两岸缓刑制度的比较研究 [J]. 法学杂志, 1991 (6).

[72] 徐勇. 现代国家的建构与村民自治的成长——对中国村民自治发生与发展的一种阐释 [J]. 学习与探索, 2006 (6).

[73] 揭爱华. 单位：一种特殊的社会生活空间 [J]. 浙江大学学报（人文社会科学版）, 2000 (5).

[74] 江国华. 中国宪法中的权力秩序 [J]. 东方法学, 2010 (4).

[75] 薛较言. 在实际斗争中学习锻炼——我校师生结合专业实习参加严厉打击刑事犯罪斗争 [J]. 中国政法大学学报, 1983 (4).

[76] 崔敏. 反思八十年代"严打" [J]. 炎黄春秋, 2012 (5).

[77] 刘华. 论法定刑的适度与协调原则——兼评重刑化说与轻刑化说 [J]. 政法论坛（中国政法大学学报）, 1993 (3).

[78] 江普生. 严打整治斗争的回顾与思考 [J]. 公安研究, 2003 (7).

[79] 刘强, 金峰. 对江苏省如东县社区矫正机构分类管理创新的思考 [J]. 中国司法, 2020 (9).

[80] 何显兵, 廖斌. 论社区矫正分级处遇机制的完善 [J]. 法学杂志, 2018 (5).

[81] 张凯. 国外社区矫正监督工作实践对我国的启示 [J]. 人民论坛, 2013 (12).

[82] 许垚, 庄晨曦. 提升"互联网+监管"发展水平推进国家治理体系和治理能力现代化 [J]. 宏观经济管理, 2021 (5).

[83] 张再生, 李鑫涛. 治理体系现代化的路径探索——基于天津市行政管理体制改革实践的分析 [J]. 行政管理改革, 2016 (10).

[84] 李卫红. 刑事和解的实体性与程序性 [J]. 政法论坛, 2017 (2).

[85] 齐延平. 中国人权法学的学科独立性初探——以2008年的研究成果为基础 [J]. 山东大学学报（哲学社会科学版）,

2009（3）.

［86］高德胜，王瑶，王莹．隐性思想政治教育在犯罪人社区矫正中的运用［J］．东北师大学报（哲学社会科学版），2016（3）.

［87］王文琤．监外罪犯心理矫正工作现状与思考［J］．犯罪研究，2007（4）.

［88］李玉焕，等．心理矫正对社区非监禁性服刑人员心理健康的影响［J］．精神医学杂志，2013（5）.

［89］金碧华．对社区矫正假释犯对象在社会保障方面的社会排斥问题研究［J］．社会科学，2009（5）.

［90］戴艳玲．社区矫正帮困扶助的基本实践及其发展［J］．中国司法，2015（8）.

［91］贾晓文．社区服刑人员家庭成员参与社区矫正研究与思考［J］．犯罪与改造研究，2018（11）.

［92］贺赛平．国外社会支持网研究述评［J］．国外社会科学，2001（1）.

［93］上海市闵行区人民法院．罪错未成年人再犯现象透析［J］．人民司法，2015（1）.

［94］梅传强．论"后劳教时代"我国轻罪制度的建构［J］．现代法学，2014（2）.

［95］敦宁．后劳教时代的刑事制裁体系新探［J］．法商研究，2015（2）.

［96］李本森．劳动教养与监狱、社区矫正吸收并合与可行性探讨［J］．中国刑事法杂志，2011（10）.

［97］张昕航．试论社区矫正适用对象的完善——以劳动教养为视角［J］．中国司法，2006（2）.

［98］陈瑞华．论协商性的程序正义［J］．比较法研究，2021（1）.

［99］尤金亮，田兴洪．劳动教养废除后社区矫正制度的应然走向［J］．刑法论丛，2015（3）．

［100］陈瑞华．司法裁判的行政决策模式——对中国法院"司法行政化"现象的重新考察［J］．吉林大学社会科学学报，2008（4）．

［101］林山田．刑法改革与刑事立法政策［J］．月旦法学杂志，2003（1）．

［102］刘立霞，单福荣．社区矫正协同检察监督研究［J］．法学杂志，2014（2）．

［103］张国庆，杨建成．信息公开与权力平衡：新时期中国政府有效监督的现实路径［J］．天津社会科学，2009（3）．

［104］刘建华．刑事司法研究领域的互联网思维——评《网络时代刑事司法理念与制度的创新》［J］．暨南学报（哲学社会科学版），2015（6）．

［105］陈金钊．法律如何调整变化的社会——对"持法达变"思维模式的诠释［J］．清华法学，2018（6）．

［106］韩兆柱，杨洋．新公共管理、无缝隙政府和整体性治理的范式比较［J］．学习论坛，2012（12）．

［107］王文华．论刑法中重罪与轻罪的划分［J］．法学评论，2010（2）．

［108］张大维，邢敏慧．社区矫正对象社会支持需求评量与精准供给——基于W市351名对象的调查［J］．上海城市管理，2019（4）．

［109］宋立宵．审前调查评估时限与案件审限冲突的原因及解决——兼谈《社区矫正法》第18条［J］．河南司法警官职业学院学报，2020（3）．

［110］肖乾利，薛宁夫．社区矫正审前调查评估制度研究［J］．宜宾学院学报，2019（7）．

［111］陈贤东，张学文．浅析人民法院视角下的审前社会调查制度适用与完善［J］．南方论刊，2018（6）．

［112］任文启．完善我国社区矫正审前调查评估制度的思考——基于文本和现实的比较分析［J］．甘肃政法学院学报，2016（2）．

［113］陈珠，叶凌．刑事案件审前社会调查制度实证研究——以长乐法院审前社会调查运行情况为样本［J］．福建警察学院学报，2014（1）．

［114］陈向明．定性研究方法评介［J］．教育研究与实验，1996（3）．

［115］张素敏．管制刑社区矫正的困境与出路［J］．河南司法警官职业学院学报，2018（3）．

［116］陈蓉．管制刑适用的倡导——以社区矫正的扩大适用为视角［J］．江西警察学院学报，2018（3）．

［117］马锦鸿，陈峥．刑法禁止令适用的困境与对策［J］．四川警察学院学报，2016（6）．

［118］王利荣．行刑一体化视野下的矫正体制架构——写在《社区矫正法》征求意见之际［J］．当代法学，2017（6）．

［119］刘松山．宪法文本中的公民"政治权利"——兼论刑法中的"剥夺政治权利"［J］．华东政法学院学报，2006（2）．

［120］吴宗宪．论对剥权犯实行社区矫正的必要性［J］．中国司法，2012（2）．

［121］吴宗宪．论我国社区矫正的适用对象［J］．北京师范大学学报（社会科学版），2017（3）．

[122] 桑本谦, 魏征. 法律经济学视野中的"违法必究"——从伦敦警方拒受"低级别案件"切入[J]. 法学论坛, 2019 (6).

[123] 卢莹. 香港认罪少年控前转处机制及启示[J]. 青少年犯罪问题, 2019 (4).

[124] 胡必坚, 范卫国. 社区矫正与附条件不起诉[J]. 湖北社会科学, 2013 (9).

[125] 储洁印, 袁泉. 社区矫正适用对象范围界定及其法律完善研究[J]. 学理论, 2012 (6).

[126] 余频. 附条件不起诉监督考察与社区矫正的对接路径探究[J]. 南海法学, 2019 (2).

[127] 卢建平. 法国违警罪制度对我国劳教制度改革的借鉴意义[J]. 清华法学, 2013 (3).

[128] 袁彬. 刑法制裁措施多元化的功能审视与结构完善[J]. 法学评论, 2018 (4).

[129] 郭云忠. 新刑事诉讼法的功能定位[J]. 中国检察官, 2014 (23).

[130] 李川. 修复、矫治与分控：社区矫正机能三重性辩证及其展开[J]. 中国法学, 2015 (5).

[131] 邱兴隆. 撩开刑罚的面纱——刑罚功能论[J]. 法学研究, 1998 (6).

[132] 储槐植. 认识犯罪规律, 促进刑法思想现实化——对犯罪和刑罚的再思考[J]. 北京大学学报（哲学社会科学版）, 1988 (3).

[133] 张昱. 论社区矫正中刑罚执行和社会工作的统一性[J]. 社会工作, 2004 (5).

[134] 肖乾利, 吕沐洋.《社区矫正法》实施效果考察[J].

宜宾学院学报，2021（4）.

[135] 杨学锋．标签效应的衍生与整合理论之引介［J］．中国刑警学院学报，2020（1）.

[136] 徐太军．形式合法性和实质合法性——论卢梭的政治合法性思想［J］．南京航空航天大学学报（社会科学版），2014（1）.

[137] 尹金凤，蒋书慧．社会控制与文化同化：芝加哥学派亚文化研究的理论遗产及其当代价值［J］．学术研究，2020（8）.

[138] 刘毅，王义兵．社区矫正创新机制探析——兼论江苏省南通市"矫务长制"［J］．中国司法，2021（4）.

[139] 刘政．社区矫正的惩罚功能重塑与惩罚机制重构［J］．法学论坛，2019（6）.

[140] 徐艳群，吴国亮．关于完善我国行政听证制度的思考［J］．江西社会科学，2006（2）.

[141] 梁雅丽．刑罚执行程序的盲点 建议将辩护律师权利延伸至刑罚执行程序中［J］．中国律师，2012（6）.

[142] 李培林．转型背景下的社会体制变革［J］．求是，2013（15）.

[143] 翟中东．通过社会治理实现当代中国犯罪控制［J］．犯罪与改造研究，2006（5）.

[144] 刘永强，何显兵．关于社区矫正工作者的定位及其队伍建设［J］．河北法学，2005（9）.

[145] 张毅林．试析社区矫正现状及发展方向［J］．中国司法，2005（3）.

[146] 储槐植，闫雨．刑事一体化践行［J］．中国法学，2013（2）.

[147] 冯卫国，储槐植．刑事一体化视野中的社区矫正［J］．

吉林大学社会科学学报，2005（2）.

［148］关爽，郁建兴．国家主导的社会治理：当代中国社会治理的发展模式［J］．上海行政学院学报，2016（2）.

［149］徐顽强．社会治理共同体的系统审视与构建路径［J］．求索，2020（1）.

［150］王顺安．论《社区矫正法》的五大立法目的与十大引申意义［J］．中国司法，2020（5）.

［151］郭航．社区矫正与认罪认罚从宽制度衔接问题研究［J］．新疆大学学报（哲学人文社会科学版），2018（5）.

［152］陈兴良．刑法教义学中的类型思维［J］．中国法律评论，2022（4）.

［153］王平．社区矫正对象的身份定性与汉语表达［J］．中国司法，2020（2）.

［154］施忠华．认罪认罚案件中成年人附条件不起诉制度构建与思考［J］．中国检察官，2021（5）.

［155］李勇．企业附条件不起诉的立法建议［J］．中国刑事法杂志，2021（2）.

［156］司法部预防犯罪研究所课题组．社区矫正衔接机制建设研究报告［J］．中国司法，2016（6）.

［157］冀洋．我国轻罪化社会治理模式的立法反思与批评［J］．东方法学，2021（3）.

［158］周光权．转型时期刑法立法的思路与方法［J］．中国社会科学，2016（3）.

［159］陈瑞华．警察权的司法控制——以劳动教养为范例的分析［J］．法学，2001（6）.

［160］刘仁文．劳教制度的改革方向应为保安处分［J］．法

学，2013（2）.

[161] 赵秉志. 动教养制度改革的方向与方案［J］. 法学研究，2010（1）.

[162] 方明. 市场经济与刑法功能的重新定位［J］. 青海社会科学，1995（4）.

[163] 史柏年. 刑罚执行与社会福利：社区矫正性质定位思辨［J］. 华东理工大学学报（社会科学版），2009（1）.

[164] 苏春景，赵茜. 中国与英国社区矫正教育比较分析［J］. 比较教育研究，2016（8）.

[165] 何显兵. 论社区矫正的根据［J］. 广西政法管理干部学院学报，2005（2）.

[166] 狄小华. 关于社区矫正若干问题的思考［J］. 犯罪与改造，2005（6）.

[167] 张德军. 刑罚人道主义研究［J］. 法学论坛，2008（5）.

[168] 刘慧明. 催生与谨慎：社区矫正路径探寻——宽严相济刑事政策理论与实践研究之四［J］. 西部法学评论，2009（6）.

[169] 宋敏，解连峰. 法社会学视角下的社区矫正研究［J］. 齐齐哈尔大学学报（社会科学版），2016（6）.

[170] 刘东根. 恢复性司法及其借鉴意义［J］环球法律评论，2006（2）.

[171] 王胜利，方旭东. 迪尔凯姆"集体意识"的现代性与和谐社会［J］. 柳州师专学报，2008（6）.

[172] 郑丽萍. 互构关系中社区矫正对象与性质定位研究［J］. 中国法学，2020（1）.

[173] 田心铭. 对立统一规律的系统阐述——《矛盾论》研读［J］. 贵州师范大学学报（社会科学版），2011（3）.

[174] 陈岚．浅论刑事诉讼的价值和目的［J］．湖北社会科学，2011（12）．

[175] 连春亮．社区矫正中文化的教化和规制［J］．宜宾学院学报，2021（3）．

[176] 赵炜佳．论枫桥经验的犯罪合作治理意蕴［J］．交大法学，2021（2）．

[177] 高格．刑罚思想与刑法修改完善［J］．国家检察官学院学报，1994（6）．

[178] 张丽艳，苗威．伏尔泰与中国儒家思想［J］．东疆学刊，1999（3）．

[179] 詹建红．社会管理创新中的刑事诉讼理念展开［J］．社会治理法治前沿年刊，2012（1）．

[180] 玉光吉．整合资源、创新形式：社区矫正教育工作新思路［J］．中国社会工作，2018（36）．

[181] 屈学武．保安处分与中国刑法改革［J］．法学研究，1996（5）．

[182] 詹建红．认罪认罚从宽制度在职务犯罪案件中的适用困境及其化解［J］．四川大学学报（哲学社会科学版），2019（2）．

[183] 武玉红．我国社区矫正中"公益劳动"的转向——基于英国社区服务令的思考［J］．青少年犯罪问题，2012（5）．

[184] 涂欣筠．新社会防卫论及其对我国刑事政策的启示［J］．理论探索，2017（2）．

[185] 刘黎明．社区矫正不能忽视惩罚性措施［J］．检察日报，2014（3）．

[186] 王莹．论行政不法与刑事不法的分野及对我国行政处罚法与刑事立法界限混淆的反思［J］．河北法学，2008（10）．

［187］刘原．认罪认罚具结书的内涵、效力及控辩应对［J］．法律科学（西北政法大学学报），2019（4）．

［188］王文华．论刑法中重罪与轻罪的划分［J］．法学评论，2010（2）．

［189］姚莉，詹建红．刑事程序选择权论要——从犯罪嫌疑人、被告人的角度［J］．法学家，2007（1）．

［190］连春亮．社区矫正价值取向新思维：风险管控主义［J］．宜宾学院学报，2018（4）．

［191］詹建红．刑事案件律师辩护何以全覆盖——以值班律师角色定位为中心的思考［J］．法学论坛，2019（4）．

［192］姚凯．自我效能感研究综述——组织行为学发展的新趋势［J］．管理学报，2008（3）．

二、专著

［1］陈玲．美国刑事诉讼法［M］．上海：上海社会科学院出版社，2016．

［2］梁成意．中国公民基本权利［M］．北京：中国政法大学出版社．2016．

［3］吴宗宪．社区矫正比较研究［M］．北京：中国人民大学出版社，2011．

［4］陈卫东．刑事审前程序与人权保障［M］．北京：中国法制出版社，2008．

［5］王平，何显兵．西方国家社区矫正的历史演变及启示［M］．北京：中国人民公安大学出版社，2017．

［6］徐勇．国家治理的中国底色与路径［M］．北京：中国社会科学出版社，2018．

［7］梅义征．社区矫正制度的移植、嵌入与重构—中国特色社区矫正制度研究［M］．北京：中国民主法制出版社，2015.

［8］梅义征．社区矫正、社区治理与社区安全［M］．上海：上海人民出版社，2020.

［9］黄建武．法的实现——法的一种社会学分析［M］．北京：中国人民大学出版社，1997.

［10］吴宗宪．社区矫正导论：第2版［M］．北京：中国人民大学出版社，2020.

［11］皇甫涛．社区矫正理论创新与制度实践［M］．武汉：武汉大学出版社，2020.

［12］周健宇．社区矫正人员教育帮扶体系比较研究［M］．北京：法律出版社，2020.

［13］王平．社区矫正制度研究［M］．北京：中国政法大学出版社，2014.

［14］翟中东．矫正的变迁［M］．北京：中国人民公安大学出版社，2013.

［15］储槐植．刑事一体化论要［M］．北京：北京大学出版社，2007.

［16］陈光中．诉讼法理论与实践——刑事诉讼卷［M］．北京：人民法院出版社．2001.

［17］陈光中．《公民权利和政治权利国际公约》与我国刑事诉讼改革［M］．北京：商务印书馆．2005.

［18］魏晓娜．刑事正当程序原理［M］．北京：中国人民公安大学出版社．2006.

［19］崔会如．社区矫正实现研究［M］．北京：中国长安出版社，2010.

［20］冯卫国．行刑社会化研究——开放社会中的刑罚趋向［M］．北京：北京大学出版社，2003．

［21］冯全．中国缓刑制度研究［M］．北京：中国政法大学出版社，2009．

［22］高铭暄，陈璐．《中华人民共和国刑法修正案（八）》解读与思考［M］．北京：中国人民大学出版社，2011．

［23］高贞．社区矫正执行体系研究［M］．北京：法律出版社，2017．

［24］贾宇．社区矫正导论［M］．北京：知识产权出版社，2010．

［25］詹建红．刑事诉讼契约研究［M］．北京：中国社会科学出版社，2010．

［26］郭建安，郑霞泽．社区矫正通论［M］．北京：法律出版社，2004．

［27］金碧华．支持的"过程"：社区矫正假释犯对象的社会支持网络研究［M］．北京：法律出版社，2014．

［28］连春亮．社区矫正理论与实务［M］．北京：法律出版社，2015．

［29］刘强，武玉红．社区矫正制度惩罚机制完善研究［M］．北京：中国人民公安大学出版社，2016．

［30］刘强，姜爱东．社区矫正评论：第七卷［M］．北京：中国法制出版社，2017．

［31］刘强．社区矫正制度研究［M］．北京：法律出版社，2007．

［32］刘志伟．中国社区矫正立法专题研究［M］．北京：中国人民公安大学出版社，2017．

［33］汤道刚．社区矫正制度分析［M］．北京：中国社会出版社，2010.

［34］田兴洪．社区矫正中的社区参与模式研究［M］．北京：法律出版社，2017.

［35］王耀忠．非监禁刑研究［M］．北京：法律出版社，2016.

［36］王顺安．社区矫正研究［M］．济南：山东人民出版社，2008.

［37］武玉红．社区矫正管理模式研究［M］．北京：中国法制出版社，2011.

［38］张明楷．犯罪论的基本问题［M］．北京：法律出版社，2017.

［39］张建明．社区矫正实务［M］．北京：中国政法大学出版社，2013.

［40］张传伟．我国社区矫正运行模式研究［M］．济南：山东大学出版社，2010.

［41］赵秉志．社区矫正法（专家建议稿）［M］．北京：中国法制出版社，2013.

［42］周国强．社区矫正公民参与机制研究［M］．镇江：江苏大学出版社，2016.

［43］王思斌．社会学教程：第3版［M］．北京：北京大学出版社，2010.

［44］汪明亮．犯罪生成模式研究［M］．北京：北京大学出版社，2007.

［45］但未丽．社区矫正：立论基础与制度构建［M］．北京：中国人民公安大学出版社，2008.

[46] 江山河．犯罪学理论［M］．上海：上海人民出版社，2008．

[47] 刘强．美国社区矫正演变史研究——以犯罪刑罚控制为视角［M］．北京：法律出版社，2009．

[48] 刘仁文，等．立体刑法学［M］．北京：中国社会科学出版社，2018．

[49] 陈秉璋，陈信木．道德社会学［M］．新北：桂冠图书股份有限公司，1988．

[50] 毛泽东．毛泽东选集：第一卷［M］．北京：人民出版社，2008．

[51] 吴宗宪．未成年犯矫正研究［M］．北京：北京师范大学出版社，2012．

[52] 中共中央文献研究室．十八大以来重要文献选编：上［M］．北京：中央文献出版社，2014．

[53] 郑杭生．社会学概论新修：第3版［M］．北京：中国人民大学出版社，2003．

[54] 习近平．决胜全面建成小康社会夺取新时代中国特色社会主义伟大胜利——在中国共产党第十九次全国代表大会上的报告（2017年10月18日）［M］．北京：人民出版社，2017．

[55] 强世功．法制与治理——国家转型中的法律［M］．北京：中国政法大学出版社，2003．

[56] 江泽民．江泽民文选：第二卷［M］．北京：人民出版社，2006．

[57] 冯中越．社会性规制评论：第2辑［M］．北京：中国财政经济出版社，2014．

[58] 郭开元．未成年人法制教育和不良行为矫治研究报告

[M]．北京：中国人民公安大学出版社，2013．

［59］郗杰英．预防闲散未成年人违法犯罪研究报告［M］．北京：中国档案出版社，2002．

［60］李蓉．社区矫正程序实证研究［M］．湘潭：湘潭大学出版社，2011．

［61］梁根林．刑罚结构论［M］．北京：北京大学出版社，1998．

［62］中共中央文献研究室，中央档案馆．建党以来重要文献选编（1921—1949）：第二十六册［M］．北京：中央文献出版社，2011．

［63］邓小平．邓小平文选：第二卷［M］．北京：人民出版社，1994．

［64］刘渝峡．社区矫正制度研究［M］．成都：西南交通大学出版社，2016．

［65］兰洁．教育改造学［M］．北京：法律出版社，1999．

［66］周健宇．社区矫正人员教育帮扶体系比较研究［M］．北京：法律出版社，2020．

［67］王平．社区矫正制度研究［M］．中国政法大学出版社，2012．

［68］郑杭生．社会学概论新修：第4版［M］．北京：中国人民大学出版社，2013．

［69］袁登明．刑罚执行社会化研究［M］．北京：中国人民公安大学出版社，2005．

［70］林钰雄．刑事诉讼法：上册·总论编［M］．北京：中国人民大学出版社，2005．

［71］吴宗宪．西方犯罪学：第2版［M］．北京：法律出版

社，2006.

［72］黄建武．法的实现——法的一种社会学分析［M］．北京：中国人民大学出版社，1997.

［73］姚建龙．法学的童真［M］．上海：上海三联书店，2015.

［74］余虹．艺术与归家——尼采·海德格尔·福柯［M］．北京：中国人民大学出版社，2005.

［75］雷小政．未成年人刑事司法风险评估：场域、样本与方法［M］．北京：对外经济贸易大学出版社，2019.

［76］陈波，等．社会科学方法论［M］．北京：中国人民大学出版社，1989.

［77］杨诚，王平．罪犯风险评估与管理：加拿大刑事司法的视角［M］．北京：知识产权出版社，2009.

［78］邱兴隆．罪与罚讲演录［M］．北京：中国检察出版社，2003.

［79］房传珏．现代观护制度之理论与实际［M］．台北：三民书局，1976.

［80］梁根林．当代刑法思潮论坛（第三卷）：刑事政策与刑法变迁［M］．北京：北京大学出版社，2016.

［81］苏力．也许正在发生：转型中国的法学［M］．北京：法律出版社，2004.

［82］李小龙．墨子［M］．北京：中华书局，2007.

［83］樊崇义．刑事诉讼法实施问题与对策研究［M］．北京：中国人民公安大学出版社，2001.

［84］王爱立，姜爱东．中华人民共和国社区矫正法释义［M］．北京：中国民主法制出版社，2020.

［85］中国法律年鉴编辑部．中国法律年鉴2018［M］．北京：中国法律年鉴出版社，2018．

［86］刘仁文．刑法的结构与视野［M］．北京：北京大学出版社，2010．

［87］陈兴良．口授刑法学［M］．北京：中国人民大学出版社，2007．

［88］张明楷．刑法学［M］．北京：法律出版社，2011．

［89］高铭暄．刑法学原理：第三卷［M］．北京：中国人民大学出版社，1994．

［90］王思斌．社会工作概论［M］．北京：高等教育出版社，2014．

［91］张昱．矫正社会工作［M］．北京：高等教育出版社，2009．

［92］敦宁．刑事制裁体系变革论［M］．北京：法律出版社，2018．

［93］陈兴良．刑法的格物［M］．北京：北京大学出版社，2019．

［94］马克昌．近代西方刑法学说史略［M］．北京：中国检察出版社，2004．

［95］刘豪兴．人的社会化［M］．上海：上海人民出版社，1993．

［96］袁登明．行刑社会化研究［M］．北京：中国人民公安大学出版社，2005．

［97］吴宗宪．监狱学导论［M］．北京：法律出版社，2012．

［98］许章润．犯罪学［M］．北京：中国人民公安大学出版社，1991．

[99] 张庆芳. 恢复性司法. 刑事法评论：第12卷 [M]. 北京：中国政法大学出版社, 2003.

[100] 中国社会科学院语言研究所词典编辑室. 现代汉语词典 [M]. 北京：商务印书馆, 1980.

[101] 孙正聿. 哲学通论 [M]. 上海：复旦大学出版社, 2005.

[102] 陈光中. 刑事诉讼法学 [M]. 北京：中国人民公安大学出版社, 2004.

[103] 马克思, 恩格斯. 马克思恩格斯全集：第42卷 [M]. 北京：人民出版社, 1979.

[104] 公丕祥. 法制现代化的理论逻辑 [M]. 北京：中国政法大学出版社, 1999.

[105] 金其高. 犯罪学 [M]. 北京：中国方正出版社, 2004.

[106] 林立. 波斯纳与法律经济分析 [M]. 上海：上海三联书店, 2005.

[107] 杨天宇. 周礼译注 [M]. 上海：上海古籍出版社, 2004.

[108] 张晋藩, 徐世虹. 中国法制通史：第二卷 [M]. 北京：法律出版社, 1999.

[109] 徐岱. 中国刑法近代化论纲 [M]. 北京：人民法院出版社, 2003.

[110] 薛梅卿, 等. 清末民初监狱法制辑录 [M]. 北京：中国政法大学出版社, 2017.

[111] 左坚卫. 缓刑制度比较研究 [M]. 北京：中国人民公安大学出版社, 2004.

[112] 马克思, 恩格斯. 马克思恩格斯全集：第3卷 [M].

北京：人民出版社，1979.

［113］杨永华，方克勤．陕甘宁边区法制史稿（诉讼狱政篇）［M］．北京：法律出版社，1987.

［114］中共中央文献研究室．建国以来重要文献选编：第三册［M］．北京：中央文献出版社，1992.

［115］樊凤林．刑罚通论［M］．北京：中国政法大学出版社，1994.

［116］吴宗宪．非监禁刑研究［M］．北京：中国人民公安大学出版社，2003.

［117］郑文辉．中国程序法［M］．广东：中山大学出版社，2004.

［118］中共中央文献研究室．建国以来重要文献选编：第七册［M］．北京：中央文献出版社，1993.

［119］高宣扬．鲁曼社会系统理论与现代性［M］．北京：中国人民大学出版社，2016.

［120］付子堂．法律功能论［M］．北京：中国政法大学出版社，1999.

［121］邹瑜．法学大辞典［M］．北京：中国政法大学出版社，1991.

［122］沈宗灵．比较法研究［M］．北京：北京大学出版社，1998.

［123］王雨田．控制论、信息论、系统科学与哲学［M］．北京：中国人民大学出版社，1986.

［124］王顺安．社区矫正理论研究［M］．北京：中国政法大学出版社，2007.

［125］秦明瑞．系统的逻辑——卢曼思想研究［M］．北京：

商务印书馆，2019.

［126］中国法律年鉴编辑部．中国法律年鉴2020［M］．北京：中国法律年鉴社，2020.

［127］宋林飞．西方社会学理论［M］．南京：南京大学出版社，1997.

三、译著

［1］［美］大卫·E. 杜菲．美国矫正政策与实践［M］．吴宗宪等，译．北京：中国人民公安大学出版社．1992.

［2］［法］C. L. 孟德斯鸠．论法的精神［M］．彭盛，译．北京：当代世界出版社．2008.

［3］［美］博登海默．法理学法哲学与法律方法［M］．邓正来，译．北京：中国政法大学出版社．2017.

［4］［美］罗伯特·J. 桑普森，约翰·H. 劳布．犯罪之形成——人生道路及其转折点［M］．汪明亮等，译．北京：北京大学出版社，2006.

［5］［荷］W. A. 邦格．犯罪学导论［M］．吴宗宪译．北京：中国人民公安大学出版社，2009.

［6］［英］丹宁勋爵．法律的正当程序［M］．李克强，杨百揆，刘庸安，译．北京：法律出版社，2016.

［7］［德］托马斯·魏根特．德国刑事诉讼程序［M］．岳礼玲，温小洁，译．北京：中国政法大学出版社，2004.

［8］［德］李斯特．论犯罪、刑罚与刑事政策［M］．许久生，译．北京：北京大学出版社，2016.

［9］［美］斯蒂芬·E. 巴坎．犯罪学：社会学的理解［M］．秦晨等，译．上海：上海人民出版社，2010.

[10] ［意］切萨雷·龙勃卢梭. 犯罪人论［M］. 黄风, 译. 北京：中国法制出版社, 2000.

[11] ［法］埃米尔·涂尔干. 社会分工论［M］. 渠敬东, 译. 北京：生活·读书·新知三联书店, 2020.

[12] ［美］劳伦斯·M. 弗里德曼. 法律制度——从社会科学角度观察［M］. 李琼英, 林欣, 译. 北京：中国政法大学出版社, 2004.

[13] 中共中央马克思恩格斯列宁斯大林著作编译局. 马克思恩格斯文集：第一卷［M］. 北京：人民出版社, 2009.

[14] ［法］布迪厄, ［美］华康德. 实践与反思：反思社会学导引［M］. 李猛, 李康, 译. 北京：中央编译出版社, 1997.

[15] ［德］卡尔·曼海姆. 重建时代的人与社会——现代社会结构研究［M］. 张旅萍, 译, 南京：译林出版社, 2011.

[16] ［法］孟德斯鸠. 论法的精神［M］. 张雁深, 译. 北京：商务印书馆, 1961.

[17] ［美］丹尼斯·朗. 权力论［M］. 陆震纶, 郑明哲, 译. 北京：中国社会科学出版社, 2001.

[18] ［德］尼克拉斯·卢曼. 法社会学［M］. 宾凯等, 译. 上海：上海人民出版社, 2013.

[19] ［英］皮特·雷诺. 解读社区刑罚——缓刑、政策和社会变化［M］. 刘强, 王贵芳, 译. 北京：社会科学文献出版社, 2005.

[20] ［德］乌尔里希·贝克. 风险社会［M］. 何博闻, 译. 南京：译林出版社, 2004.

[21] ［英］安东尼·吉登斯. 超越左与右［M］. 李惠斌, 杨

313

雪冬，译．北京：社会科学文献出版社，2005.

[22][日]大谷实．刑事政策学[M]．黎宏，译．北京：法律出版社，2000.

[23][意]贝卡里亚．论犯罪与刑罚[M]．黄风，译．北京：中国法制出版社，2002.

[24][奥]尤根·埃利希．法律社会学基本原理[M]．叶名怡，袁震，译．北京：中国社会科学出版社，2009.

[25][意]贝卡利亚．论犯罪与刑罚[M]．黄风，译．北京：法律出版社，2002.

[26][法]米歇尔·福柯．规训与惩罚[M]．刘北城等，译．北京：生活·读书·新知三联书店，2019.

[27]中共中央马克思恩格斯列宁斯大林著作编译局．马克思恩格斯选集：第一卷[M]．北京：人民出版社，1972.

[28][法]E·迪尔凯姆．社会学方法的准则[M]．狄宇明译，北京：商务印书馆，1995.

[29][法]埃米尔·涂尔干．乱伦禁忌及其起源[M]．汲喆等，译．上海：上海人民出版社，2006.

[30][美]克莱门斯·巴特勒斯．矫正导论[M]．孙晓雳等，译．北京：中国人民公安大学出版社，1991.

[31][法]雷蒙·阿隆．社会学主要思潮[M]．葛智强，译．北京：华夏出版社，2000.

[32]中共中央马克思恩格斯列宁斯大林著作编译局：马克思恩格斯选集：第三卷[M]．北京：人民出版社，2012.

[33][德]尼克拉斯·卢曼．法社会学[M]．宾凯等，译．上海：上海人民出版社，2020.

[34][英]威廉·葛德文.政治正义论:下卷[M].何慕李,译.北京:商务印书馆,1980.

[35][美]波斯纳.法理学问题[M].苏力,译.北京:中国政法大学出版社,1994.

[36][英]B. Malinowski.文化论[M].费孝通,译.北京:商务印书馆,1946.

[37][美]杰弗里·C.亚历山大.社会学的理论逻辑(第四卷)古典思想的现代重构:塔尔科特·帕森斯[M].赵立玮,译.北京:商务印书馆,2016.

[38][美]罗伯特·金·默顿.论理论社会学[M].何凡兴,李卫红,王丽娟,译.北京:华夏出版社,1990.

[39][美]罗·庞德.通过法律的社会控制 法律的任务[M].沈宗灵,董世忠,译.北京:商务印书馆,1984.

[40][美]弗里德曼.法律制度[M].李琼英,林欣,译.北京:中国政法大学出版社,1994.

[41][美]乔纳森·特纳.社会学理论的结构:上[M].邱泽奇等,译.北京:华夏出版社,2001.

[42][德]鲁曼.社会中的法[M].李君韬,译.台北:五南图书出版股份有限公司,2009.

四、学位论文

[1]范绍庆.现代理性官僚制在中国的命运[D].武汉:华中师范大学,2005.

[2]袁红玲.我国触法未成年人处遇之审视与重构[D].重庆:西南政法大学,2015.

［3］李鹰．行政主导型社会治理模式之逻辑与路径——以行政法之社会治理功能为基点［D］．武汉：武汉大学，2012.

［4］杜延玺．社区矫正措施有效性实证研究——以B市为例［D］．长春：吉林大学，2019.

［5］贡太雷．惩戒·法治·人权——关于社区矫正制度的法理研究［D］．重庆：西南政法大学，2014.

［6］王维．社区矫正制度研究［D］．重庆：西南政法大学，2006.

［7］谢忠峰．社区矫正制度的反思与完善——以我国某省为例［D］．长春：吉林大学，2014.

［8］王顺安．社区矫正理论研究［D］．北京：中国政法大学，2007.

［9］姜敏．对贝卡里亚刑法思想的传承和超越——《论犯罪与刑罚》解读［D］，重庆：西南政法大学，2009.

［10］肖姗姗．中国特色未成年人司法体系的构建［D］．武汉：中南财经政法大学，2018.

［11］姜宇鹏．管制刑行刑方式研究［D］，长春：吉林大学，2015.

［12］汪友海．暂予监外执行制度研究［D］，重庆：西南政法大学，2017.

［13］陆敏．非监禁刑论纲——从刑事一体化的角度［D］．北京：中国政法大学，2005.

［14］刘津慧．我国社区矫正制度研究［D］．天津：南开大学，2007.

［15］张凯．中国大陆地区社区矫正制度研究［D］．重庆：西南政法大学，2018．

五、报纸文章

［1］姜晓萍．社会治理须坚持共建共治共享［N］．人民日报，2020－09－16．

［2］俞军民．完善罪错未成年人分级处遇制度［N］．检察日报，2021－04－08．

［3］熊波．分层次构建罪错未成年人分级处遇制度［N］．检察日报，2019－02－24．

［4］王纳，晓马．在社区矫正期间吸毒，小伙被撤销缓刑收监［N］．广州日报，2014－03－17．

［5］李红梅．强制医疗遇尴尬［N］人民日报，2014－07－04．

［6］中国共产党第十八届中央委员会．中共中央关于全面深化改革若干重大问题的决定［N］．人民日报，2013－11－16．

［7］卢建平．智慧社会的犯罪治理［N］．人民法院报，2019－01－02．

［8］张友直．解决司法所"一人所"问题刻不容缓［N］．法制日报，2019－02－17．

［9］李婕．完善专门矫治教育适用程序［N］．检察日报，2021－06－17．

［10］王顺安．社区矫正的"北京模式"［N］．法制早报，2005－06－06．

［11］周强．关于在部分地区开展刑事案件认罪认罚从宽制度

试点工作情况的中期报告——2017年12月23日在第十二届全国人民代表大会常务委员会第三十一次会议上［N］．人民法院报，2017－12－24．

［12］王殿学，闫坤．劳教制度正式废止 违法行为矫治法不会启动［N］．南方都市报，2013－12－29．